新能源汽车关键技术研发系列

新能源汽车大数据分析与应用技术

王震坡 刘 鹏 张照生 编著

机械工业出版社

本书涵盖了新能源汽车的车联网技术、大数据应用的业务需求、大数据分析与基础理论、大数据的采集与处理、车辆运行大数据统计分析与应用实例等内容，详细介绍了车联网车载数据采集、网络通信等方法的实现和应用，并以较多实例展示了新能源汽车大数据的应用，可为从事车联网和大数据分析工作的研究人员和相关工作者提供借鉴和参考，对新能源汽车大数据的平台构建、数据管理、数据应用有很实用的指导意义。

图书在版编目（CIP）数据

新能源汽车大数据分析与应用技术 / 王震坡，刘鹏，张照生编著. —北京：机械工业出版社，2018.5（2024.1 重印）

（新能源汽车关键技术研发系列）

ISBN 978-7-111-59638-7

Ⅰ.①新… Ⅱ.①王… ②刘… ③张… Ⅲ.①互联网络–应用–新能源–汽车–研究 Ⅳ.①U469.7

中国版本图书馆 CIP 数据核字（2018）第 071838 号

机械工业出版社（北京市百万庄大街22号　邮政编码100037）
策划编辑：何士娟　　责任编辑：张利萍　何士娟
责任校对：潘　蕊　　封面设计：张　静
责任印制：邓　敏
北京富资园科技发展有限公司印刷
2024年1月第1版第5次印刷
169mm×239mm・14.75 印张・277 千字
标准书号：ISBN 978-7-111-59638-7
定价：89.90 元

电话服务　　　　　　　　　　网络服务
客服电话：010-88361066　　　机 工 官 网：www.cmpbook.com
　　　　　010-88379833　　　机 工 官 博：weibo.com/cmp1952
　　　　　010-68326294　　　金 书 网：www.golden-book.com
封底无防伪标均为盗版　　　　机工教育服务网：www.cmpedu.com

丛书序

在新能源汽车成为战略新兴产业之一等国家战略的背景下，以纯电动汽车和燃料电池汽车、插电式混合动力汽车为代表的新能源汽车，作为能源网络中用能、储能和回馈能源的终端，成为我国乃至经济新体系中的重要组成部分。我国经过4个五年计划的科技攻关，基本掌握了新能源汽车的整车技术和关键零部件技术，实现了跨越式发展，并逐步实现了产业化。

但是，在世界这个完全开放的市场中，中国新能源汽车核心关键技术尚未彻底突破，技术竞争压力越来越大，加快新能源汽车持续创新、推进中国汽车产业技术转型升级，是中国科技发展的重大战略需求。中国的新能源汽车技术还需要不断创新，快速发展。

本套丛书将聚焦于新能源汽车整车、零部件关键技术，以及与新能源汽车配套的科技体系和产业链，邀请行业内各领域一直从事研究和试验工作的产品第一线技术人员编写，内容系统、科学，极具实用性，希望能够为我国新能源汽车的持续发展提供技术支撑和智力支持。

前　言

随着电子信息技术的进一步发展，电气化、智能化及网联化成为当今汽车工业发展的主旋律。本书是在新能源汽车国家大数据联盟的支持下出版的一本跨领域的专著，是新能源汽车+车联网+大数据知识的全面融合。

近几年来，随着计算机和信息技术的迅猛发展和普及应用，行业应用系统的规模迅速扩大，行业应用所产生的数据呈爆炸性增长。动辄达到数百太字节（1TB=1024GB）甚至数十至数百拍字节（1PB=1024TB）规模的行业/企业大数据已远远超出了现有传统的计算技术和信息系统的处理能力。因此，寻求有效的大数据处理技术、方法和手段已成为业界的迫切需求。

车联网（Connected Vehicles）是由车辆位置、行驶速度、行驶路线等构成的信息交互网络，是一种向信息通信、环保、节能、安全方向发展的车-网联合技术。数据是车联网的基础，车联网打通了传统数据孤岛，在人—车—基础设施之间进行信息交互，连点成线，连线成网，实现人—车—环境的信息通信无缝融合。

因为结构简单、电子设备配置齐全，所以新能源汽车是车联网的最佳载体。新能源汽车运行所产生的数据规模极其庞大，车辆技术和大数据技术的结合，能挖掘出更有价值的资源和财富。在未来发展中，大数据与车辆技术的结合将会成为非常有前景的学科和研究领域，需要大量的人才和资源进行支撑。

目前全世界的专家、学者、相关行业人员，以及政府、高校、公司等各大组织机构都在致力于研究和开发车辆大数据相关领域，并推进该领域的进步和发展。

本书涵盖了新能源汽车的车联网技术、大数据应用的业务需求、大数据分析与基础理论、大数据的采集与处理、车辆运行大数据统计分析与应用实例等内容，详细介绍了车联网车载数据采集、网络通信等方法的实现和应用，并以较多实例展示了新能源汽车大数据的应用，可为从事车联网和大数据分析工作的研究人员和相关工作者提供借鉴和参考，对新能源汽车大数据的平台构建、数据管理、数据应用有很强的指导意义。国内还没有像这样将新能源汽车行业和大数据应用结合起来的图书。本书适合与新能源汽车行业相关的从业人员，从事相关科研项目或相关专业的教师、学者，以及本科生、研究生阅读。

本书在撰写过程中得到了科技部高新技术发展及产业化司，国家自然科学基金委员会，北京市科委双新处、科室处、新能源汽车发展促进中心以及其他有关单位和领导的大力支持与帮助，在此对他们表示衷心的感谢。本书是项目"大数据驱动的服务运营系统性优化与管理——以新能源汽车为例"（项目批准号：91746210）、课题"基于大数据的新能源公交客车运行监测与管理关键技术研究"（课题编号：2017YFC0840205）和课题"电动汽车产业培育要素分析研究"（课题编号：2171100003217074）的研究成果之一。

限于作者水平和条件所限，书中难免有不妥和错漏之处，恳请读者批评指正。

编著者
2018 年 1 月

目 录

丛书序
前言
第1章 导论 ··· 1
  1.1 汽车电气化与智能化 ··· 1
    1.1.1 电气化 ··· 1
    1.1.2 智能化 ··· 2
  1.2 信息化的车联网 ··· 3
    1.2.1 车联网技术 ··· 3
    1.2.2 国内外发展历史及现状 ··· 7
    1.2.3 车联网发展趋势 ···10
  1.3 大数据简介 ··11
    1.3.1 大数据的产生与发展 ··12
    1.3.2 大数据的概念与特征 ··13
    1.3.3 大数据的价值与挑战 ··15
  1.4 车辆大数据与应用 ···18
    1.4.1 汽车行业大数据应用 ··19
    1.4.2 新能源汽车大数据应用 ··20

第2章 新能源汽车车联网技术 ···23
  2.1 新能源汽车与数据采集 ···24
    2.1.1 纯电动汽车 ··24
    2.1.2 混合动力电动汽车 ··26
    2.1.3 燃料电池电动汽车 ··30
  2.2 车辆数据通信技术 ···31
    2.2.1 CAN 总线的数据交换原理 ······································32
    2.2.2 CAN 总线的特征和分层结构 ···································34
    2.2.3 CAN 总线在汽车控制系统中的应用 ··························35
    2.2.4 FlexRay 总线 ··35

目 录

- 2.3 车载设备应用 ····· 36
  - 2.3.1 汽车厂商领域 ····· 36
  - 2.3.2 公共交通领域 ····· 37
  - 2.3.3 私人交通领域 ····· 39
- 2.4 新能源汽车车联网大数据平台 ····· 40
  - 2.4.1 新能源汽车大数据平台的应用背景 ····· 40
  - 2.4.2 新能源汽车大数据平台的架构 ····· 42
  - 2.4.3 新能源汽车大数据平台的功能 ····· 43
- 2.5 新能源汽车车联网应用实例分析 ····· 44
  - 2.5.1 车联网技术在智慧交通方面的应用 ····· 44
  - 2.5.2 车联网在新能源汽车上的应用 ····· 46

第3章 新能源汽车大数据应用流程 ····· 50

- 3.1 数据采集 ····· 50
  - 3.1.1 数据采集方法 ····· 50
  - 3.1.2 新能源汽车数据采集 ····· 51
  - 3.1.3 小结 ····· 54
- 3.2 数据预处理 ····· 54
  - 3.2.1 数据预处理目标 ····· 54
  - 3.2.2 数据预处理方法 ····· 55
  - 3.2.3 新能源汽车数据预处理 ····· 66
  - 3.2.4 小结 ····· 68
- 3.3 数据存储 ····· 69
  - 3.3.1 数据存储技术路线 ····· 69
  - 3.3.2 新能源汽车数据存储 ····· 70
  - 3.3.3 小结 ····· 72
- 3.4 数据探索与分析 ····· 72
  - 3.4.1 数据探索与统计 ····· 73
  - 3.4.2 数据挖掘与应用 ····· 75
  - 3.4.3 新能源汽车数据探索与分析 ····· 80
  - 3.4.4 小结 ····· 82
- 3.5 数据可视化 ····· 83
  - 3.5.1 数据可视化工具 ····· 84
  - 3.5.2 新能源汽车数据可视化 ····· 90
  - 3.5.3 小结 ····· 93

第 4 章 数据分析的基础理论 … 94

4.1 相关与回归分析 … 94
4.1.1 相关分析 … 94
4.1.2 一元线性回归分析 … 99
4.1.3 多元线性回归分析 … 109
4.1.4 非线性回归模型 … 114
4.1.5 小结 … 117

4.2 聚类方法 … 117
4.2.1 聚类方法概要 … 118
4.2.2 K-means 方法 … 121
4.2.3 层次聚类 … 122
4.2.4 类别数的确定方法 … 125
4.2.5 小结 … 127

4.3 分类方法 … 127
4.3.1 分类方法概要 … 127
4.3.2 K-近邻 … 129
4.3.3 贝叶斯分类 … 132
4.3.4 分类的评判 … 135
4.3.5 小结 … 138

4.4 诊断方法 … 139
4.4.1 离群点诊断概要 … 139
4.4.2 基于统计的离群点诊断 … 140
4.4.3 基于距离的离群点诊断 … 142
4.4.4 基于密度的离群点挖掘 … 144
4.4.5 基于聚类的离群点挖掘 … 145
4.4.6 小结 … 146

4.5 时间序列数据分析与预测 … 146
4.5.1 时间序列概述 … 146
4.5.2 时间序列的描述分析 … 148
4.5.3 长期趋势分析 … 151
4.5.4 季节变动分析 … 153
4.5.5 循环变动分析 … 154
4.5.6 时间序列的预测 … 155
4.5.7 小结 … 157

目 录

第 5 章　新能源汽车的运行大数据统计分析与应用实例 ·············· 158
- 5.1　新能源汽车大数据的应用概述 ·············· 158
  - 5.1.1　大数据标准化 ·············· 158
  - 5.1.2　大数据应用领域 ·············· 159
- 5.2　新能源汽车技术分析与应用 ·············· 160
  - 5.2.1　动力电池系统故障分析 ·············· 160
  - 5.2.2　动力电池系统健康状态评估 ·············· 170
  - 5.2.3　动力电池系统梯次利用分析 ·············· 175
- 5.3　新能源汽车使用行为分析与应用 ·············· 180
  - 5.3.1　驾驶行为分析与应用 ·············· 180
  - 5.3.2　充电行为分析 ·············· 185
  - 5.3.3　行驶里程分析 ·············· 189
- 5.4　新能源汽车宏观经济分析与应用 ·············· 195
  - 5.4.1　分时租赁应用 ·············· 195
  - 5.4.2　对城市交通运行的影响分析 ·············· 204

第 6 章　大数据分析在未来交通出行中的应用及发展前景 ·············· 213
- 6.1　未来的交通出行 ·············· 213
  - 6.1.1　未来的汽车出行 ·············· 213
  - 6.1.2　未来的交通网络 ·············· 214
- 6.2　未来交通出行中大数据的分析与应用 ·············· 215
  - 6.2.1　未来汽车行业——以人为本 ·············· 216
  - 6.2.2　未来交通系统——智慧出行网络 ·············· 218
  - 6.2.3　未来社会发展——国计民生 ·············· 220
- 6.3　未来新挑战 ·············· 222
  - 6.3.1　数据的安全性 ·············· 222
  - 6.3.2　数据的复杂性 ·············· 223
  - 6.3.3　计算的复杂性 ·············· 223
  - 6.3.4　系统的复杂性 ·············· 224

参考文献 ·············· 225

第 1 章 导　论

汽车作为人们日常出行中重要的交通工具，自 1886 年发明以来经过了 100 多年的发展历程。这不仅仅是汽车的发展历史，也代表了现代工业文明的发展轨迹。可以说汽车是人类技术发展方向的一个重要载体，人类每一次的技术进步都会在车辆制造上有相应的体现。进入 21 世纪以来，人们对于汽车改造的主要方向是让汽车在满足原有运载能力的基础上实现节能减排以及车辆网联化的目的。本章将对目前汽车的发展趋势进行介绍，并着重介绍目前在汽车工业领域研究发展十分迅猛的车联网技术和车辆大数据分析与应用技术。

1.1　汽车电气化与智能化

1.1.1　电气化

随着社会的迅速发展，能源危机已成为世界上绝大多数国家都必须要面对的问题。作为不可再生能源，化石能源将在可预见的未来成为稀缺资源。而汽车是消耗化石能源的主要工业品之一，其尾气排放引起的环境污染问题也日益严峻。在节能减排的迫切需求下，新能源汽车凭借其能源经济性与环境友好性在汽车产业中得到了企业和消费者的一致青睐。

新能源汽车在解决能源与环境问题上有着巨大的潜力。首先，作为电气化核心部件，驱动电机的效率非常高，最高能达到 97%，相对于发动机大约 30% 的热效率有着巨大的优势。此外，电机的全工况效率很高，有着"双 80"的说法，即 80% 以上的工况下的效率都是在 80% 以上的，这是传统内燃机远达不到的。而且在驱动电机的配合下，能够实现传统动力总成的效率最大化。以君越 30H 为例，在驱动电机的配合下，发动机可以采用米勒循环（或称阿特金森循环），发动机最高效率可达 40%，而通过双电机与双行星排的配合，可以让发动机一直工作在最高效区域。

目前，全球几乎所有主流车企都在大力推广新能源汽车。在美国、日本、欧洲等发达国家，政府纷纷出台各种扶持和优惠政策，在技术研发、税收、补贴等方面提供支持来大力推动新能源汽车发展，引导新能源汽车产业从由政府主导市场消费推动。虽然新能源汽车目前还处于产业化和商业化的初期阶段，但发展新能源汽车已成为全球汽车业未来发展的重点方向。

1.1.2 智能化

随着互联网技术、通信技术、人工智能、计算机技术的快速发展，智能化已经成为一种潮流和趋势。从智能手机、智能家电，到企业的智能制造、智能物流等，智能化已经渗透到社会的各行各业。在"工业4.0""智能交通""智慧城市"和"互联网+"的大背景下，汽车智能化已经成为汽车产业发展的重要潮流和趋势。

智能汽车在解决能源、安全和环境问题上具有巨大的潜力，例如：通过采用自动驾驶技术能够减少90%由于人为操作引起的交通事故；通过车-车通信和智能速度规划，在智能化发展的前期可以将道路通行率提高10%以上，在高度自动化阶段可以将道路通行率提高50%～90%；在节能减排方面，通过经济性驾驶和整体智能交通规划，能源消耗至少能降低15%～20%。由于智能汽车存在的巨大潜力，汽车的智能化已经成为行业发展的热点，并且正在引发行业的巨大变革。可以预见，汽车的电动化与智能化将会对传统的汽车行业格局产生很大的冲击。如果说汽车的电气化只是将汽车的动力由内燃机换为电动机，对传统汽车行业的格局的改变有限，那么汽车的智能化就是把一辆汽车变化成一辆有着自己智慧的机器。

在车辆智能化的背景下，世界各国纷纷制定相应的汽车智能化研究计划，欧盟、美国和日本均发布政策法规来推动智能网联汽车发展。中国在《中国制造2025》中也明确给出了汽车智能化技术的总体目标，即制定中国自主驾驶标准：基于多源信息融合、多网融合，利用人工智能、深度挖掘及自动控制技术，配合智能环境和辅助设施实现自主驾驶；可改变出行模式、消除拥堵、提高道路利用率；装备自动驾驶系统的汽车，综合能耗较常规汽车降低10%，排放减少20%，交通事故次数减少80%，基本消除交通死亡。在《中国制造2025》后，国家工业和信息化部、发改委、测绘局等相关部委出台多部政策，从汽车智能化、网联化、智能制造、地图信息采集、大数据等多个方面促进智能汽车的发展。

1.2 信息化的车联网

物联网被称为是继计算机、互联网之后世界信息产业发展的第三次浪潮。在中国，物联网已经被正式列为国家五大新兴战略性产业之一，而车联网是战略新兴产业中物联网与智能汽车两大领域的重要交集技术。通过车联网技术，汽车厂商能够为消费者提供全方位的个性化服务，提升消费者的使用体验；此外，通过汽车、道路和基础设施的相互联通（图1-1和图1-2），能够有效提高道路通行效率，减少交通碰撞事故的发生；另外，车联网技术还能够降低交通对环境的影响，在环境保护方面也发挥着重要的作用。

图1-1　汽车与汽车的相互联通

图1-2　汽车与基础设施的相互联通

1.2.1　车联网技术

根据中国物联网校企联盟的定义，车联网（Internet of Vehicles）是由车辆位置、速度和路线等信息构成的巨大交互网络。通过 GPS、RFID、传感器、摄像头图像处理等装置，车辆可以完成自身环境和状态信息的采集；通过互联网技术，所有车辆可以将自身的各种信息传输汇聚到中央处理器；通过计算机技术，这些车辆的信息可以被分析和处理，从而计算出不同车辆的最佳路线，并及时汇报路况、安排信号灯周期。简言之，车联网是以车、路以及道路的基本设施为节点组成网络，用以实现车与车、车与人、车与路的信息交换，利用先进的技术（包括网络技术、传感器技术、控制技术、计算技术、智能技术等）实现安全防护、智能驾驶、车辆售后服务、位置服务等，最终达到提高交通效率、提升道路通行能力、降低交通事故等目的。

车联网的基本架构如图 1–3 所示。

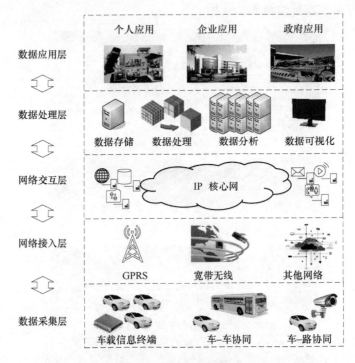

图 1–3　车联网的基本架构

根据车联网的基本框架结构，为保证车联网系统顺利工作，首先要通过感知技术、车载信息终端以及路边系统设备，实现对车辆自身的位置、速度、加速度、行进方向等行驶和运行信息以及车辆外在属性（如道路、人和环境）等信息的提取，通过轻量级的车载设备完成车辆相关信息的收集和处理，同时接收和执行来自上层的智能交通和信息服务等交互控制指令。在该过程中，汽车既是数据的收集和感应器，也是实时信息的发布者。

第 1 章
导　论

接着基于 GPRS、3G、4G 以及未来通信网络（5G）等移动通信网络和宽带无线城域网络基础设施，实现运行系统（车辆信息系统、路网信息、信息采集基站系统和运行管控服务中心系统）和运营系统（运营管控平台系统、关键服务子系统）之间的数据传输。然后通过移动无线网和专用核心网实现汽车信息源与数据中心之间的信息传输，提供用户终端连接和对用户终端的管理，完成对业务的承载。作为承载网络提供到外部网络的接口，从而实现对汽车各种服务、管理和服务交互过程的控制。

最后，数据平台能够对在线车辆和设施产生的海量数据的存储和处理提供支撑，同时集成其他基础服务数据，为智能交通管控和车载信息服务提供支撑。智能交通管理中心拥有超大的数据库和数据分析能力，用以存储、分析从路边设施传来的数据，并根据分析结果发送相应指令。车载信息服务与运营中心负责面向不同类型用户提供开放多样的车载信息服务，同时提供安全可靠的运营支撑环境，支持具有新型服务形态和商业模式的车联网应用的开展。

为实现以上过程及服务，有一些关键的技术需要解决，包括异构无线网络的融合、全面的感知、智能化信息处理、与新能源汽车的整合。具体来说，车联网需要解决的关键性技术问题可总结为以下 4 条。

（1）异构无线网络的融合

在车联网中将有多种不同的无线通信技术并存，包括 WLAN（如 IEEE 802.11a/b/g/n/p 协议）、WIMAX（IEEE802.16a/e）、超宽带通信 UWB（IEEE 802.15.3a）、2G/3G/4G/5G 蜂窝通信、LTE 以及卫星通信等网络。不同的网络有不同的通信方式和特点，适用于不同的场景。为了达到信息共享的目的，车载网中的很多信息需要在不同的网络中传递。同时，车辆作为一个移动单元，在移动过程中将发生水平切换和垂直切换，也需要进行移动性管理。因此，需要在车联网环境下考虑异构无线网络的融合，实现无缝的信息交换和无缝的网联切换需求。

（2）全面的感知

车联网想要为地面交通提供极限通行能力，首先必须依赖于全面的感知，包括对整个道路的感知和对车辆的感知，从而分别结合道路和车辆获取相应的状态信息。如今，各种不同类型的感知节点已经大量应用于地面交通。如何将这些多元的感知节点进行有效的利用是一个非常关键的问题。它涉及感知节点的选择、功能定位（如汇聚节点）、布局、特征提取与分析以及多元信息的融合。车内感知和车外感知考虑的重点不一样，而道路的感知与车辆状态的感知关注的重点也不一样。比如，道路感知对路面是否结冰很关心，但车辆感知可能更关心车辆的行驶速度和当前的位置。

(3) 智能化信息处理

车联网不仅涉及众多的节点，而且可能存在各种各样的业务并发运行的情况，因此车联网需要考虑云计算或并行处理提高运算能力。车联网收集到的交通信息量非常巨大，如果不对这些数据进行有效处理和利用，就会迅速被新的信息所湮没。因此需要采用数据挖掘、人工智能等方式提取有效信息，同时过滤掉无用信息。考虑到车辆行驶过程中需要依赖的信息具有很大的时间和空间关联性，有些信息的处理需要非常及时。另外，很多车联网的应用与车辆行驶的速度和当前的位置有密切的关系，因此如何基于速度和位置做移动预测，并建立业务自适应的触发机制显得非常必要。

(4) 与新能源汽车的整合

新能源汽车和未来的交通基础设施之间存在密切的互动关系，也是车联网中一个重要组成部分。尽管新能源汽车在环保方面比传统汽车做得更好，但在近期内，续驶里程、充电时间和电量可持续性等都是其软肋。目前新能源汽车的续驶里程还十分有限，因此车联网必须与智能电网相融合，提前规划好充电路径，以满足长时间行驶的需求。此外，新能源汽车拥有比传统的内燃机汽车更先进的远程信息处理和导航技术，这样可以更好地对交通流量进行控制，减少交通拥堵，并从整体上提高交通安全性。不同服务提供商之间通过数据交换也可以允许增值服务的跨地区共享，以信息通信技术为基础的导航系统可以将新能源汽车更好地集成到交通基础设施中。

车联网具有广阔的应用前景和商用价值，车联网能提供的主要应用见表 1-1。

表 1-1　车联网能提供的主要应用

分类	具体应用
交通管理方面	智能停车场管理系统、智能收费系统、自动路径导航系统、智能车辆调度系统、智能交通信号灯管理系统等
公共交通方面	智能公交车查询系统、智能收费系统等
物流运输方面	物流监测系统、智能车辆管理系统、货物实时监测系统等
公共安全方面	智能预警系统、疲劳驾驶监测系统、车辆状况监测系统、智能超速超载报警系统等
商业增值服务方面	视频会议、网络游戏、在线影音、数据下载、网络学习、网络办公等

目前世界各车企均展开了车联网系统的研究，市场上的主流车联网系统有：奔驰智能车联网系统、宝马 iDrive、奥迪 MMI、通用 OnStar、福特 SYNC、海马 HM-Link、上汽 inkaNet、比亚迪云服务、凯迪拉克 CUE 系统、丰田 G-BOOK、英菲尼迪 InTouch、观致云平台和沃尔沃 Sensus 等。

1.2.2 国内外发展历史及现状

（1）美国

早在20世纪50年代，部分美国私营公司开始研发汽车自动控制系统。20世纪60年代，美国政府交通部门开始研究电子路径引导系统（ERGS）。

1999年，美国联邦通信委员会将5.9GHz的75MHz带宽用作DSRC。DSRC则成为车辆和基础信息通信的重要通信技术。

2002年，DSRC技术的标准化促进了移动通信网络，尤其是车联网的研究和应用。2004年，美国电气和电子工程师协会（IEEE）开始基于ADTM标准对802.11P进行修订并开始制定WAVE标准。

2004年，美国计算机协会在美国费城第一次召开关于"车联网"的国际标准研讨会，并创造"VANET"一词，即常说的车联网。

2006年，美国交通运输部（DOT）联手部分汽车制造商，对V2V安全应用程序原型进行开发和测试，提高车载安全系统在自适应控制方面的性能。同年，提出车辆基础设施一体化（VII）概念。

2009年5月，启动商用车基础设施一体化工程。同年12月，DOT发布了《智能交通系统战略研究计划：2010—2014》，目标是利用无线通信建立一个全国性多模式的地面交通系统，形成车辆、道路基础设施、乘客的便携式设备之间互联的交通环境。

2011年8月—2012年初，针对车联网技术，美国在六个不同地区进行了现实环境下驾驶员安全驾驶测试，用以评估用户对新的V2V技术的接受程度。2012年秋天—2013年秋天，美国继续开展对安全驾驶模型的研究工作，以测试车联网安全技术的有效性。

2012年12月，DOT发布了《2015—2019 ITS战略计划》（图1-4），就有关美国下一代智能交通系统（Intelligent Transport System，ITS）战略研究计划草案进行了对话与讨论，确立了下一代ITS研究和发展的重点和主题，以满足新兴的研究需求，进一步提高车联网的安全性、流畅性并加强环境保护。

图1-4 智能交通战略研究计划（2015—2019）

2014年，美国研究与特殊项目管理局发布了"智能交通战略研究计划（2015—2019）"。该计划在下一个五年里会将研究重点集中于互联汽车、自动驾驶、新兴功能、企业数据、协同性及加速产业扩张六大领域。

如今美国车联网进入快速发展阶段，具体表现为：硬件价格大幅下降，大部分客户可以接受；美国车联网服务所提供的信息服务、安全保障、即时通信、多媒体娱乐等方面已经可以全方位满足用户要求。

（2）日本

日本是全球车联网的先行者。1981年，本田汽车公司与日本消费电子厂商阿尔派合作共同研发推出了世界第一款陀螺仪车载导航，并在此基础上率先推出了车联网服务，与移动互联网相融合，增强汽车用户的黏性。

20世纪80年代中期—90年代中期，日本相继完成了路-车通信系统、交通信息通信系统、超智能车辆系统、安全车辆系统等方面的研究。

2000年4月，日本ETC国家行动计划开始正式实施，目标是2003年3月前在全国范围内建设至少900个收费站，实现高速公路联网不停车收费和服务系统。

2003年7月，智能交通系统战略委员会发布了《日本智能交通系统战略规划》，对智能交通系统的短期和中长期的发展构想做出了战略规划。同年车联网信息系统道路交通信息通信系统（VICS）基本覆盖全日本。截至2013年年末，日本安装该系统的车辆已超3000万辆，占同期日本汽车保有量的40%。

2011年，日本全国高速公路系统引进"ITS站点智能交通系统"，它能够及时向车载导航系统快速提供海量交通信息和图像，有效缓解了交通拥堵并改善了驾驶环境。

2013年，本田汽车公司在高端车讴歌上推出了基于云端的车联网服务"Acura Link"（图1-5），包括紧急救援、车辆防盗、远程控制、远程诊断、保养通知、人工搜索和实时路况等功能。凭借着先进的车联网技术，本田讴歌用户从此不再是一个人的驾驭，在其背后有一整套完备的云端体系，及时地推送细致周到的服务提升驾驶体验。

（3）欧洲

在欧洲，"以项目促发展"是欧洲车联网产业的一个显著特点，同时欧洲车联网产业把交通信息和安全作为主要攻坚方向。

2009年8月，欧盟发布一份政策文件，要求成员国的政府及相关行业落实eCall计划。eCall计划是指在车辆内安装一个黑匣子，当汽车发生重大交通事故时，系统能自动拨打欧盟国家统一急救电话112。欧盟要求其各成员国从2011年开始推行这项计划，并于2014年全部车辆必须安装完毕。各大汽车制造商和运营商也同时利用这个机会提供其他在线服务。

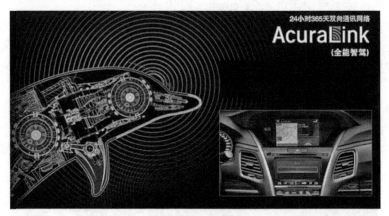

图 1-5 Acura Link

2011 年 1 月，欧盟委员会正式启动车联网项目 Drive C2X（图 1-6），以解决道路拥堵、空气污染以及交通事故等问题。

2014 年 7 月，历时 3 年半的 Drive C2X 项目宣告成功，实现了拥堵预警、修路预警、事故车预警、天气预警、前方急制动预警、碰撞前预警、限速提示、红绿灯速度优化等功能。7 月 16 日，Drive C2X 在柏林公布了其试验结果。数据表明，如果这一体系的渗透率达到 100%，则可减少 23% 的死亡率和 13% 的受伤率，同时能够显著提升环境保护和交通运行效率。

图 1-6 Drive C2X 项目

（4）中国

2007 年 12 月初，通用汽车公司与上汽集团成立了一家名为上海安吉星信息服务公司的合资企业，在亚洲市场推出通用汽车的 Onstar 服务。

2009 年，赛格导航、好帮手、城际通等企业陆续推出相关 Telematics 车载信息服务系统，标志着中国进入 Telematics 时代。

2010 年，中国国际物联网（传感网）博览会暨中国物联网大会提出了"车联网"概念，但没有实际的技术和产品推出。同年 10 月，国务院在"863"计划中提出智能车、路协同关键技术研究以及大城市区域交通协同联动控制关键技术研究。

2014 年 7 月，阿里巴巴与上汽集团签订合作协议，开展互联网汽车应用的相关研发，打造布局互联网汽车生态圈。

2016 年 7 月，上汽集团推出搭载阿里巴巴 YunOS 操作系统的全球首款量产互联网汽车 RX5（图 1-7）。

图 1-7　全球首款量产互联网汽车 RX5

1.2.3　车联网发展趋势

车联网将会是未来互联网的一部分，未来的车辆将能够同周围的其他车辆或环境共享信息和服务，如驾驶信息、生态驾驶信息、交通状况信息以及周围的车辆和环境信息。车联网所带动的新兴服务将是未来互联网服务不可分割的组成部分。

1. 未来的车辆配置

对于未来的车联网发展，未来的车辆均应配置以下功能：

① 自动控制模块：自动驾驶。

② 车辆状态感知模块：胎压、车速、车身系统、硬件配置是否工作正常。

③ 周围环境感知：交通信息、道路信息。

④ 驾驶员身体状态感知：疲劳度、注意力。

⑤ 无线通信模块：与路侧单元、周围车辆、控制中心通信。

⑥ 辅助驾驶模块：语音控制、导航控制、定位精确。

⑦ 娱乐信息模块：网络购物、聊天、上网、多媒体下载、电子商务等。

⑧ 其他硬件配置：车辆身份证、数字仪表、自动空调、感应刮水器、灯光控制、电控座椅、智能玻璃（娱乐信息、导航等模块数据可以在前风窗玻璃上显示）。

⑨ 软件配置：智能交通控制系统、智能人车协同系统、自我学习。

2. 车联网发展趋势

未来的车联网发展趋势，主要体现在以下几个方面：

① 智能交通：车辆本身就是一个通信集线器，它允许货物和数码设备连接互联网，提供车队管理和货运信息服务。例如：跟踪和定位货物、了解货物状态等这些服务将嵌入整个货物供应链和物流链。

② 集成式移动服务：传统的一些互联网服务，如社交网络等以后将迅速出现在我们的车上。

③ 智能协同交通：车辆的传感器收集信息，通过某种方式将数据发往云中心，云中心将数据隔离起来（网络安全），然后将数据分发到不同的部门，利用这些数据进行交通控制。

④ 敏捷的导航系统：安装卫星导航系统的汽车将接近100%。卫星导航系统根据每辆车提供的流量数据而不是传统的基础设施采集数据。部分导航系统将与主流的交通管理控制系统一体化，使车辆能快速获取系统的指示和建议。

在世界信息产业第三次浪潮物联网蓬勃发展的大背景下，车联网的发展前景更加巨大。各国目前都把先行抢占车联网市场当作重要战略目标，各汽车制造商、IT 企业都对这块蛋糕虎视眈眈，也直接促使目前车联网产业规模初具雏形。目前车联网在解决交通拥堵、行车安全、驾驶者体验、环境保护等方面取得了一定的成绩，而车联网真正想深入人们的生活，其信息采集的安全度及公民的隐私问题也需要正确的制度去约束。随着目前国家大力支持以及相关车企的持续投入，相信在不久的将来车联网一定会彻底地改变人们的出行体验。

1.3 大数据简介

随着计算方法、物联网等技术的发展，数据正以前所未有的速度增长和累积，大数据时代已经来到。大数据开启了一个令人激动的全新时代。大量化、多样化的数据展现出无与伦比的商业价值，彻底颠覆了我们长久以来形成的固化的思维方式。各大产业开始争先恐后拥抱大数据，用尽一切手段去挖掘深藏在数据背后的巨大价值。

1.3.1 大数据的产生与发展

人类历史上从未有哪个时代和今天一样产生如此海量的数据，数据的产生已经完全不受时间、地点的限制。从开始采用数据库作为数据管理的主要方式开始，人类社会的数据产生方式大致经历了三个阶段。正是数据产生方式的巨大变化，才最终导致大数据的产生。

1. 运营式系统阶段

数据库的出现使得数据管理的复杂性大大降低。现实生活中，数据库大都为运营系统所采用，作为运营系统的数据管理子系统，比如超市的销售记录系统、银行的交易记录系统、医院病人的医疗记录等。人类社会数据量第一次大的飞跃正是建立在运营系统开始广泛使用数据库的基础上。这个阶段最主要的特点是数据往往伴随着一定的运营活动而产生并记录在数据库中，比如超市每销售出一件产品，就会在数据库中产生一条对应的销售记录。这种数据的产生方式是被动的。

2. 用户原创内容阶段

互联网的诞生促使人类社会数据量出现第二次大的飞跃。但是真正的数据爆发产生于Web2.0时代，而Web2.0最重要的标志就是用户原创内容（User Generated Content，UGC）。这类数据近几年一直呈现爆炸式的增长，主要有两方面的原因：首先是以博客、微博为代表的新型社交网络的出现和快速发展，使得用户产生数据的意愿更加强烈；其次就是以智能手机、平板电脑为代表的新型移动设备的出现，这些易携带、全天候接入网络的移动设备使得人们在网上发表意见的途径更为便捷。这个阶段数据的产生方式是主动的。

3. 感知式系统阶段

人类社会数据量第三次大的飞跃最终导致了大数据的产生，即今天我们正处于这个阶段。这次飞跃的根本原因在于感知式系统的广泛使用。随着技术的发展，人们已经有能力制造极其微小的带有处理功能的传感器，并开始将这些设备广泛地布置于社会的各个角落，通过这些设备来对整个社会的运转进行监控。这些设备会源源不断地产生新数据。这种数据的产生方式是自动的。

简单来说，数据的产生经历了被动、主动和自动三个阶段。这些被动、主动和自动的数据共同构成了大数据的数据来源，但其中自动式的数据才是大数据产生的根本原因。

随着数据量的增长，大数据处理技术也有了飞速的发展，MapReduce这一并行处理技术的发展提高了数据的处理速度。云计算、分布式文件存储系统等技术的发展为大数据分析、处理及储存提供了支撑。此外，Spark的出现大大提高了数据处理效率。Spark是一个开源的适用于大数据的高可靠、高性能、分布式并行计算框架，是隶属于加州大学伯克利分校的 AMP 实验室的产品。Spark 支持在大数据集上进行复杂的查询；能够轻量级地进行快速处理并且进行结果准确的有效服务；支持多语言编程，易于使用；兼容性很好，能够与 Yam、Mesos、Hive、HBase 和 HDFS 等多个框架进行很好的兼容。目前国内很多公司在实际生产环境中已经或准备大规模使用 Spark。

同时，现有计算机计算能力的提高也使大数据的快速高效处理变得更加可行，计算机领域的摩尔定律揭示了信息技术进步的速度，广义的运算能力包括单位价格可购买和使用的硬盘存储空间，这个指标以远超过摩尔定律的速度增长。存储容量增长和成本的下降，是加速大数据时代来临的主要原因之一。20 世纪 70 年代以后，计算机用集成电路的集成度迅速从中小规模发展到大规模、超大规模的水平，微处理器和微型计算机应运而生，各类计算机的性能迅速提高。硬件技术的发展及计算速度的迅速提高为大数据时代海量数据的快速运算提供了技术支持。

1.3.2　大数据的概念与特征

大数据本身是一个比较抽象的概念，单从字面来看，它表示数据规模的庞大。但是仅仅数量上的庞大显然无法看出大数据这一概念和以往的"海量数据"（massive data）、"超大规模数据"（very large data）等概念之间的区别。对于大数据尚未有一个公认的定义，不同的定义基本是从大数据的特征出发，通过这些特征的阐述和归纳试图给出其定义。在这些定义中，比较有代表性的是 3V 定义，即认为大数据需满足 3 个特点：规模性（volume）、多样性（variety）和高速性（velocity）。除此之外，还有提出 4V 定义的，即尝试在 3V 的基础上增加一个新的特性。关于第 4 个 V 的说法并不统一，国际数据公司（International Data Corporation，IDC）认为大数据还应当具有价值性（value）。大数据的价值往往呈现出稀疏性的特点。而 IBM 认为大数据必然具有真实性（veracity）。维基百科对大数据的定义则简单明了：大数据是指利用常用软件工具捕获、管理和处理数据所耗时间超过可容忍时间的数据集。研究机构 Gartner 给出了这样的定义：大数据是需要新处理模式才能具有更强的决策力、洞察发现力和流程优化能力来适应海量、高增长率和多样化的信息资产。

目前工业界普遍认为大数据具有以下特征：

（1）规模性（volume）

规模性也称数据体量巨大。目前，大数据的规模尚是一个不断变化的指标，单一数据集的规模范围从几十太字节（TeraByte, Trillion byte, TB, 1TB=1024GB，即万亿字节）到数拍字节，即千万亿字节（Petabyte, PT, 1PT=1024TB）不等。各方研究者虽然对大数据量的统计和预测结果并不完全相同，但一致认为数据量将急剧增长。

（2）多样性（variety）

多样性即数据类型多样。从生成类型上可分为交易数据、交互数据、传感数据；从数据来源上可分为社交媒体数据、传感器数据、系统数据；从数据格式上可分为文本、图片、音频、视频、光谱等；从数据关系上可分为结构化、半结构化、非结构化数据；从数据所有者可分为公司数据、政府数据、社会数据等。

（3）高速性（velocity）

数据的增长速度快，以及要求数据访问、处理、交付等速度快。数据创建、处理和分析的速度持续加快，其原因是数据创建的实时性属性，以及需要将流数据结合到业务流程和决策过程中的要求。速度影响数据时延——从数据创建或获取到数据可以访问的时间差。目前，数据以传统系统不可能达到的速度产生、获取、存储和分析。在对时间敏感的流程中，对某些类型的数据必须实时地分析，以对业务产生价值。

（4）价值性（value）

大数据价值巨大。大数据能够通过规模效应将低价值密度的数据整合为高价值、作用巨大的信息资产。如美国社交网站 Facebook 有十几亿用户，网站对这些用户信息进行分析后，广告商可根据结果精准投放广告。对广告商而言，这些用户的数据价值上千亿美元。

（5）易变性（variability）

大数据具有多层结构。弗雷斯特研究公司（Forrester Research）分析师布赖恩·霍普金（Brian Hopkins）和鲍里斯·埃韦尔松（Boris Evelson）指出，大数据具有多层结构，这意味着大数据会呈现出多变的形式和类型。相对比传统的业务数据，大数据存在不规则和模糊不清的特性，造成很难甚至无法使用传统的应用软件进行分析。

（6）准确性（veracity）

准确性也称真实性，包括可信性、真伪性、来源/信誉的有效性和可审计性等子特征。一方面，对于网络环境下如此大量的数据需要采取措施确保其真实性、客观性，这是大数据技术与业务发展的迫切需求；另一方面，通过大数据分析，真实地还原和预测事物的本来面目也是大数据未来发展的趋势。IBM 商业价值研究院在发布的《分析：大数据在现实世界中的应用》报告中指出，追求高数据质量是一项重要的要求和挑战。但是，即使最优秀的数据清理方法也无法消除某些数据固有的不可预测性，例如天气、经济或者客户最终的购买决定。不确定性的确认和规划的需求是大数据的一个维度，这是随着高层管理者需要更好地了解围绕在他们身边的不确定性而引入的维度。

1.3.3 大数据的价值与挑战

大数据是待挖掘的金矿,大数据应用已经突显出了巨大的价值,触角已延伸到零售、金融、教育、医疗、体育、制造、影视、政府等各行各业。可以说,谁能掌握和合理利用大数据核心资源,谁就能在接下来的技术变革中占据绝对的优势。

大数据能够帮助企业分析大量数据而进一步挖掘市场机会和细分市场,企业利用用户在互联网上的访问行为分析其偏好,能为每个用户勾勒出一副"用户画像",为具有相似特征的用户组提供精确服务满足用户需求,甚至为每个客户量身定制。这一变革将大大缩减企业产品与最终用户的沟通成本。大数据能够帮助企业分析大量数据而进一步挖掘细分市场的机会,最终能够缩短企业产品研发时间,提升企业在商业模式、产品和服务上的创新力,大幅提升企业的商业决策水平。因此,大数据有利于企业发掘和开拓新的市场机会;有利于企业将各种资源合理利用到目标市场;有利于制定精准的经销策略;有利于调整市场的营销策略,大大降低企业经营的风险。

大数据从诞生开始就是从决策的角度出发的,它能够有效地帮助各个行业的用户做出更为准确的决策,从而实现更大的价值。虽然不同行业的业务不同,所产生的数据及其所支撑的管理形态也千差万别,但从数据的获取、数据的整合、数据的加工、数据的综合应用、数据的服务和推广以及数据处理的生命线流程来分析,所有行业的模式是一致的。这种基于大数据决策的特点是:

① 量变到质变。由于数据被广泛挖掘,决策所依据的信息完整性越来越高,有信息的理性决策比例在迅速扩大,"拍脑袋"盲目决策的比例在急剧缩小。

② 决策技术含量、知识含量大幅度提高。由于云计算的出现,人类没有被海量数据所淹没,而是能够高效处理、生产有价值的决策信息。

③ 大数据决策催生了很多过去难以想象的重大解决方案。

正确利用大数据给人们的生活带来了极大的便利,但与此同时,大数据与传统数据在规模、格式上迥然不同的特点也给传统数据的管理方式带来了极大的挑战。具体来说,大数据时代下的挑战可总结为以下三方面。

1. 大数据集成

数据的广泛存在性使得数据越来越多地散布于不同的数据管理系统中。为了便于进行数据分析,需要进行数据的集成。数据集成看起来并不是一个新的问题,但是大数据时代的数据集成却有了新的需求,因此也面临着新的挑战。

(1) 广泛的异构性

传统的数据集成中也会面对数据异构的问题,但是在大数据时代,这种异构性出现了新的变化。主要体现在:

① 数据类型从以结构化数据为主转向结构化、半结构化和非结构化三者的融合。

② 数据产生方式的多样性带来的数据源变化。传统的电子数据主要产生于服务器或者是个人电脑，这些设备位置相对固定。随着移动终端的快速发展，手机、平板电脑、GPS 等产生的数据量呈现爆炸式增长，且产生的数据带有很明显的时空特性。

③ 数据存储方式的变化。传统数据主要存储在关系数据库中，但越来越多的数据开始采用新的数据存储方式来应对数据爆炸，比如存储在 Hadoop 的分布式文件系统中。这就必然要求在集成的过程中进行数据转换，而这种转换的过程是非常复杂和难以管理的。

（2）数据质量

数据量大不一定就代表信息量或者数据价值的增大，相反很多时候意味着信息垃圾的泛滥。一方面，很难有单个系统能够容纳下从不同数据源集成的海量数据；另一方面，如果在集成的过程中仅仅简单地将所有数据聚集在一起而不作任何数据清洗，就会使得过多的无用数据干扰后续的数据分析过程。大数据时代的数据清洗过程必须更加谨慎，因为相对细微的有用信息混杂在庞大的数据量中。如果信息清洗的粒度过细，则很容易将有用的信息过滤掉；如果清洗粒度过粗，则又无法达到真正的清洗效果。因此，在质与量之间需要进行仔细的考量和权衡。

2. 大数据分析

传统意义上的数据分析主要针对结构化数据展开，且已经形成了一整套行之有效的分析体系。首先利用数据库来存储结构化数据，在此基础上构建数据仓库，根据需要构建数据立方体进行联机分析处理（On-Line Analytical Processing，OLAP），可以进行多个维度的下钻（drill-down）或上卷（roll-up）操作。从数据中提炼更深层次的知识的需求促使数据挖掘技术的产生，并发明了聚类、关联分析等一系列在实践中行之有效的方法。这一整套处理流程在处理相对较少的结构化数据时极为高效。但是随着大数据时代的到来，半结构化和非结构化数据量的迅猛增长，给传统的分析技术带来了巨大的冲击和挑战，主要体现在：

（1）数据处理的实时性（timeliness）

随着时间的流逝，数据中所蕴含的知识价值往往也在衰减，因此很多领域要求对数据进行实时处理。随着大数据时代的到来，更多应用场合的数据分析从离线（offline）转向了在线（online），开始出现实时处理的需求。大数据时代数据的实时处理面临着一些新的挑战，主要体现在数据处理模式的选择及改进。在实时处理的模式选择中主要有三种思路：流处理模式、批处理模式以及二者的融合。虽然已有的研究成果很多，但是仍未有一个通用的大数据实时处理框架。各种工具实现实时处理的方法不一，支持的应用类型都相对有限，这导致实际应用中往往需要根据自己的业务需求和应用场景对现有的这些技术和工具进行改造。

（2）动态变化环境中索引的设计

关系数据库中的索引能够加速查询速率，但是传统的数据管理中模式基本不会发生变化，因此在其上构建索引主要考虑的是索引创建、更新等的效率。大数据时代的数据模式随着数据量的不断变化可能会处于不断的变化之中，这就要求索引结构的设计简单、高效，能够在数据模式发生变化时很快地进行调整来适应。在数据模式变更的假设前提下，设计新的索引方案将是大数据时代的主要挑战之一。

（3）先验知识的缺乏

传统分析主要针对结构化数据展开，这些数据在以关系模型进行存储的同时就隐含了这些数据内部关系等先验知识。比如我们知道所要分析的对象会有哪些属性，通过属性我们又能大致了解其可能的取值范围等。这些知识使得我们在进行数据分析之前就已经对数据有了一定的理解。而在面对大数据分析时，一方面是半结构化和非结构化数据的存在，这些数据很难以类似结构化数据的方式构建出其内部的正式关系；另一方面很多数据以流的形式源源不断地到来。对于这些需要实时处理的数据，很难有足够的时间去建立先验知识。

3. 大数据隐私问题

隐私问题由来已久，计算机的出现使得越来越多的数据以数字化的形式存储在电脑中，互联网的发展则使数据更加容易产生和传播，因此数据隐私泄露问题越来越严重。

（1）隐性的数据暴露

很多时候人们有意识地将自己的行为隐藏起来，试图达到隐私保护的目的。但是互联网尤其是社交网络的出现，使得人们在不同的地点产生越来越多的数据足迹。这种数据足迹具有累积性和关联性，单个地点的信息可能不会暴露用户的隐私，但是如果有办法将某个人的很多行为从不同的独立的点聚集在一起时，他的隐私就很可能会暴露。这种隐性的数据暴露往往是个人无法预知和控制的。从技术层面来说，可以通过数据抽取和集成来实现用户隐私的获取。而在现实中，通过所谓的"人肉搜索"方式往往能更快速、准确地得到结果。这种"人肉搜索"方式的实质就是"众包"（crowdsourcing）。大数据时代的隐私保护面临着技术和人力层面的双重考验。

（2）数据公开与隐私保护的矛盾

如果仅仅为了保护隐私就将所有的数据都加以隐藏，那么数据的价值将无法体现。数据公开是非常有必要的，政府可以从公开的数据中来了解整个国民经济社会的运行，以便更好地指导社会的运转；企业则可以从公开的数据中了解客户的行为，从而推出针对性的产品和服务，使其利益最大化；研究者则可以利用公开的数据，从社会、经济、技术等不同的角度来进行研究。因此大数据时代的隐私性主要体现在不暴露用户敏感信息的前提下进行有效的数据挖掘，这有别于在传统信息安全领域更加关注文件的私密性等安全属性。统计数据库数据研究中最早开展的就是数据隐私性技术方面的研究，近年来逐渐成为相关领域的研究热点。

（3）数据动态性

大数据时代数据的快速变化除了要求有新的数据处理技术应对之外，也给隐私保护带来了新的挑战。现有隐私保护技术主要基于静态数据集，而在现实中数据模式和数据内容时刻都在发生着变化。因此在这种更加复杂的环境下实现对动态数据的利用和隐私保护将更具挑战。

大数据以及相关的分析处理技术是一把双刃剑，合理使用可以服务企业、政府和社会，为人们的生活带来便利，提高社会运行效率；然而使用不当则会变成巨大的灾难。因此，为了更好地利用大数据服务社会，造福民众，要搭建面向全社会开放合作、互动创新的大数据技术体系和产业生态，充分挖掘大数据的潜力，同时加快完善大数据安全保障机制和能力，让大数据发展有章可循，有法可依。

1.4 车辆大数据与应用

汽车不仅仅是运输工具，还是大数据的发生器和承载器。大数据在提升汽车产业的生产制造水平、改变汽车经营业务模式、改善消费者体验、推动智慧社会发展、建设汽车强国过程中将发挥巨大且重要的作用。现阶段大数据正在多个业务环节推动着汽车产业进一步升级：

① 在汽车产品研发环节，大数据助力提升产品研发品质。

② 在营销环节，大数据助力汽车精准营销。

③ 在使用环节，借助大数据能够准确掌握车辆位置、车辆故障、驾驶行为等信息，结合具体使用场景和互联网技术，支撑智能导航、车辆故障预警等领域拓展创新，推动建立便捷用车、经济用车、安全用车的社会用车新局面。

④ 在后市场环节，以车辆识别代号为核心，以零部件编码、材料编码为主要纽带的大数据体系，使得整车与零部件信息的精确匹配成为可能，为汽车后市场的繁荣发展奠定基础。

在汽车大数据产业时代，以数据驱动的互联、互动为核心的智能制造体系即工业4.0，将覆盖汽车生产制造全领域。厂商将从集中式生产转变为分散式生产，从只有产品转变为"产品+数据"，从生产驱动价值转变为数据驱动价值，产业结构将发生重大转移。

1.4.1 汽车行业大数据应用

作为制造业的巨头,汽车产业从造车端到用车端的整个价值链条的各环节,都将持续产生数据并利用数据不断自我优化,从而与大数据紧密地联系在一起。汽车大数据是一个巨大的战略宝库。汽车产业中的数据收集、分析和利用方式正在发生重大转变,车联网技术也正在诸多方面改变着人们的车辆购置和使用习惯。车辆大数据的应用可以覆盖到整个汽车产业链,涵盖到汽车生产制造、汽车销售、汽车养护等各个产业链条。车辆大数据技术和应用必将推动汽车产业全产业链的变革,为企业带来新的利润增长点和竞争优势。

① 车企可以利用数据挖掘技术,通过整合汽车媒体、微信、官网等互联网渠道数据,扩大线索入口,提高非店面的新增潜在客户线索量,并挖掘保有客户的增购、换购、荐购线索,从新客户和保有客户两个维度扩大线索池。利用大数据原理,定义线索级别并进行购车意向分析,提高销售线索的转化率。利用汽车大数据对用户进行多维度的画像扫描,对客户进行细分,从购买需求、购买能力、购买目的、行为偏好等方面建立客户分层模型。在数据的基础上,洞察客户群体,找到购车潜在客户,定位高净值车主,唤醒沉睡的车主,打造一个营销的闭环。通过食、住、娱等方面,来分析购车潜在客户的行为喜好,针对不同的潜在客户群进行精准的营销推广投放,提高汽车销量。

② 对于汽车厂商来说,汽车生产环节完成并成功上市并不意味着任务完成,真正的考验才刚刚开始,消费者拿到产品后的真实用户评价是决定一款汽车产品成败的最关键的因素。互联网的快速发展为所有人提供了一个庞大的信息互通的平台,汽车用户通过互联网沟通交流并相互分享购车经历、用车经验,同时也会真实地吐露产品的优缺点——这些信息构成了最精准的汽车用户口碑数据。借助汽车大数据平台将全网汽车用户评价数据融合分析,实时洞察用户对于产品和品牌的舆论走向,维护品牌形象,同时基于用户反馈意见进行产品设计改进及产品性能改进,提高产品可靠性,降低产品故障率。

③ 车企可以通过数据挖掘技术进行服务升级。大数据应用于客户管理方面可以提升客户满意度,改善售后服务。通过建立基于大数据的客户关系管理系统,了解客户需求,掌握客户动态,为客户提供个性化服务,促使产品回厂维修及保养,提高配件销量,增加售后产值,提高保有客户的利润贡献度。

在汽车的衍生业务方面,大数据挖掘也有很大的利用空间。比如通过对驾驶员总行驶里程、日行驶时间以及急制动次数、急加速次数等驾驶行为数据在云端的分析,有效地帮助保险公司全面了解驾驶员的驾驶习惯和驾驶行为,有利于保险公司发展优质客户,提供不同类型的保险产品;此外,基于车联网数据的驾驶行为分析,可以对驾驶员的驾驶操作安全性和能耗水平进行评价,提供驾驶操作建议,帮助驾驶员优化驾驶行为,提高车辆行驶安全性和经济性。

在无人驾驶汽车领域,大数据技术为无人驾驶技术的实现提供了基础技术支持。百度无人驾驶汽车可自动识别交通指示牌和行车信息,具备雷达、相机、全球卫星导航等电子设施,并安装同步传感器。车主只要在导航系统中输入目的地,汽车即可自动行驶,前往目的地。在行驶过程中,汽车会通过传感设备上传路况信息,在大量数据基础上进行实时定位分析,从而判断行驶方向和速度。无人驾驶汽车行驶的越多,得到的数据越多,汽车将会判断得越准确,行为也会越智能。

1.4.2 新能源汽车大数据应用

随着我国对新能源汽车推广力度的不断加大,具备绿色环保特性的新能源汽车是未来汽车产业发展的必然趋势,它将逐步取代传统燃油汽车成为寻常百姓的日常出行交通工具。相比于传统汽车,电动汽车的电气化程度更高,机械结构相对简单,可以采集的数据项更丰富,可以支持多方面、深层次的数据分析需求。新能源汽车大数据平台近年来发展迅速,大数据挖掘方法在新能源汽车大数据管理平台的数据展示、运行数据分析、故障数量统计等方面具有得天独厚的数据优势。利用新能源汽车大数据分析为消费者提供车辆运行状态分析以及安全预警等服务能够促进新能源汽车产业的发展,优化新能源汽车用户的使用体验。

目前由于动力电池技术水平的限制,新能源汽车面临着充电时间长和续驶里程不足的问题。此外新能源汽车一系列安全事故的发生使得其安全问题,尤其是动力电池的安全问题得到了研究人员和消费者的高度重视。

1. 安全预警与管理

新能源汽车的优点在于无尾气排放、噪声小,满足环境保护要求。然而,相比于传统汽车,由于用电设备设施的增加,新能源汽车同时也存在动力电池发热量大、线路多、电器控制系统复杂等缺点。一旦车辆设计不合理,装配不合理,车辆使用、操作不当或日常车辆维护不当或发生碰撞等意外,电池或各类电器控制设备就极容易在工作运行时发生火灾,给驾驶员和乘客带来安全隐患。近年来频繁发生的新能源汽车火灾事故也给车辆生产企业敲响了警钟。因此如何实现对新能源汽车安全隐患的有效监控并提前预警是亟须解决的问题,目前大多数安全预警和管理研究都是基于实验数据开展的。随着大数据挖掘技术和方法的发展,越来越多的大数据方法被应用到我们的实际生活和工程应用当中。从新能源汽车的电池安全角度分析,可以利用当前大数据中的云计算技术和电动汽车车载终端设计一种电池安全预警系统,实现对电池运行、充放电、检修、防盗等全方面监测、数据云同步、云服务端的高性能数据分析、事故预警和全领域电池追踪,以提高人身和电池安全,减少电池事故发生数量,加快救援速度,延长电池寿命。用以保障新能源汽车的电池安全,实现新能源汽车的安全预警与管理。

2. 车辆运行管理和统计

新能源汽车的运营统计分析系统主要实现车辆整体性能统计分析、电池组性能统计分析、车辆运营统计分析、统计报表分析及图表打印等功能。电池性能的统计分析模块是新能源汽车特有的，该模块给出了电池组充电的统计分析结果、电池组放电的统计分析结果、不同电池组行驶里程统计分析结果以及电池组性能评价统计分析结果。系统处理的数据主要来自监控子系统通过车载终端收到的实时数据及定期传回的历史数据，统计分析的结果相应地以直方图、曲线图、报表的形式给出。通过以上分析结果，可以充分了解新能源汽车的整车性能以及运行情况，而通过上述运行统计分析可以实现新能源汽车设计最优化。而要实现这样的运行统计功能，就需要建立起相应的大数据平台，对相应的数据进行收集与分析。

3. 车辆技术分析

（1）电池 SOC 估计

电池的荷电状态（State of Charge，SOC）是电池动力性能，是估计汽车续驶里程的重要指标，对其估算的准确性直接影响驾驶员对电池状态的掌握和行驶计划的制定，甚至关乎其对电动汽车的接受程度。但是，电池 SOC 不能直接测量，只能通过电池端电压、充放电电流及内阻等参数进行估算。并且这些参数还会受到充放电倍率、电池老化、环境温度变化及汽车行驶状态等多种不确定因素的影响。因此，SOC 的准确估计成为当下新能源汽车企业和相关研究机构研究的重点。目前，动力电池 SOC 估计方法主要有放电实验法、安时积分法、开路电压法、线性模型法和卡尔曼滤波方法等，这些方法往往基于实验采集数据，在实时性、适用性和估算精度等方面尚存不足。随着大数据时代的到来，新能源汽车数据采集和大数据处理技术得到了迅猛的发展，基于数据驱动方法的 SOC 估计模型的优势逐渐显现，如基于大数据的神经网络方法、支持向量回归法以及模糊逻辑算法等，都能够快速、方便、高精度地估算 SOC。

（2）续驶里程预测

续驶里程是指新能源汽车上动力电池以全充满状态开始到标准规定的试验结束时所走过的里程，是新能源汽车的经济性指标之一。对续驶里程的精确预测是新能源汽车发展的必然趋势。根据从出发地到目的地之间的所有与路径相关的数据，由大数据技术来决定哪些信息是重要的并且提取关键特性，可以输入相关预测模型来估计续驶里程。收集天气、路况、道路类型（高速公路或市区道路）、道路等级等多种不同数据，同时把车辆行驶的历史（整车历史能耗值、历史行驶工况）、实时数据以及车辆和电池的性能考虑在内，并通过大数据技术对其进行整理分析，最终得到精度较高的估算值。

（3）动力电池系统运行管理

电池管理系统（Battery Management System，BMS）通过检测电池组中各单体电池的状态来确定整个电池系统的状态，并根据它们的状态对动力电池系统进行对应的控制调整和策略实施，实现对动力电池系统及各单体的充放电管理以保证动力电池系统安全稳定地运行。作为新能源汽车的核心之一，电池管理系统在很多功能方面仍存在不足。在新能源汽车蓬勃发展的当下，可以通过海量实时数据、历史数据和技术的积累对电池管理系统的功能进行不断完善，如优化硬件设计、提高软件的自适应性和提高数据挖掘与分析能力。

4. 充电站（桩）运营管理

充电桩运营是指以城市为单位，建立充电桩（站）的基础信息、运营等数据应用服务一体化，以充电桩运营（监控）中心为支撑，从充电桩监管到开展运营业务，为设备厂家、新能源汽车用户、新能源汽车销售门店和政府部门提供大数据分析、行业调查、统计报告和应用集成等多元化服务。

整体来看，充电桩运营涉及对分散在市区内的充电设施的资产（设备）管理、计量计费、支付结算、统计分析、运行管理、用户管理、客户服务、集中监控、维护保养、查询、呼叫中心等功能，为新能源汽车充电服务网络的运营管理提供有力的支撑，保证新能源汽车充电运营的高效有序，实现运营智能化、规范化管理。

对于用户来说，通过智能手机可实现空闲充电桩查询、站点导航、预约充电、扫码充电、移动支付、远程控制、用户反馈等多种功能，将会使充电变得高效、便捷；而对于运营商而言，实现充电数据实时监控、即时推送用户充电安全警示、实时追踪运营车辆、远程控制车桩安全等多种管理功能，将会大大提高服务质量。同时，基于充电站运营大数据，分析用户的充电行为，包括充电时间、充电方式（快慢充）以及充电量等，可以发现运营中存在的问题并有针对性地制定解决措施，提高充电站（桩）的服务能力和流量[1]。

---

[1] 参考 http://www.zhev.com.cn/news/show-1488695818-2.html

第 2 章

新能源汽车车联网技术

在经历几次经济危机之后，全球范围内，各领域的科技创新逐渐成为各国制定发展战略的侧重点，抢占科技制高点的竞赛日益激烈，全球进入空前的创新密集和产业振兴时代。作为新兴产业和科技创新的代表，物联网将是下一个推动世界高速发展的"重要生产力"，是继互联网之后的另一个万亿级市场。物联网通过智能感知、识别技术与普适计算等通信感知技术，广泛应用于网络融合中，也因此被称为继计算机、互联网之后世界信息产业发展的第三次浪潮。从"智慧地球"到"感知中国"，都体现出决策者对物联网的高度关注。作为与人们日常需求相关程度最高的交通领域，物联网的作用更具体地体现在车、路、人三者关系的协调上，即车联网（Connected Vehicles）。车联网是由车辆位置、速度和路线等信息构成的巨大交互网络。

车联网技术可以实现以下功能：

① 通过装载在车辆上的电子标签获取车辆的行驶属性和系统运行状态信息。

② 通过卫星定位技术获取车辆行驶位置等参数，通过 3G/4G 等无线传输技术实现信息传输和共享。

③ 通过各类传感器获取车辆内、车辆间、车辆与道路间、桥梁等交通基础设施的使用状况。

④ 通过互联网信息平台，实现对车辆运行的监控，并提供各种交通综合服务。

目前随着新能源汽车在我国的普及，新能源汽车的车联网技术也在不断地发展。本章将对新能源汽车的构型、车联网的总线通信技术进行相应的论述，同时对目前车辆所使用的车联网车载设备以及车联网的应用实例进行分析。

2.1 新能源汽车与数据采集

按照新能源汽车的驱动原理和技术现状,一般将其划分为纯电动汽车(Electric Vehicle,EV)、混合动力电动汽车(Hybrid Electric Vehicle,HEV)和燃料电池电动汽车(Fuel Cell Electric Vehicle,FCEV)三种类型。

2.1.1 纯电动汽车

纯电动汽车是指利用动力电池作为储能动力源,通过动力电池向驱动电机提供动能,驱动电机运转,从而驱动电动汽车前进的一种新能源汽车,其基本结构如图2-1所示。

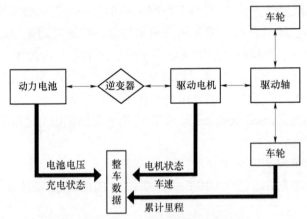

图2-1 纯电动汽车典型的基本结构

与燃油汽车比,纯电动汽车具有以下优点:
① 零排放,零污染,噪声小。
② 结构简单,使用维修方便。
③ 能量转换效率高,同时可回收制动和下坡的能量,提高能量的利用效率。
④ 可在夜间利用电网的廉价"谷电"进行充电,起到平抑电网峰谷差的作用。

纯电动汽车作为机械、电子、能源、计算机、信息技术等多种高新技术的集成,是典型的高新技术产品,其最终目标是实现智能化、网联化和轻量化。目前,研制和开发的关键技术主要有动力电池、驱动电机、电机控制、车身和底盘设计及能量管理技术等。新能源汽车的数据对提高这些关键技术的研发速度、降低研发成本及验证技术可靠性等方面的作用是十分显著的,因此获取和统计新能源汽车的数据便尤为重要。车辆的数据采集也是实现车联网的第一步，包括信息采集与识别、数据传输和信息处理。下面我们以纯电动汽车为例介绍所采集的类型多样的数据信息。

如图 2-2 所示，纯电动汽车整车数据采集项一共有 11 项，包括：车辆状态、充电状态、运行模式、车速、累计里程、总电压、总电流、SOC、DC/DC 变换器状态、档位及绝缘电阻。

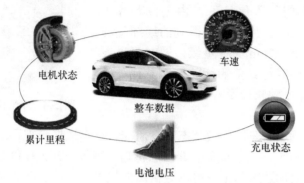

图 2-2　整车数据采集实物图

针对纯电动汽车的驱动特点，数据采集应该包含驱动电机的数据，共 10 项：驱动电机数量、总成信息、状态、序号、控制器温度、转速、温度、转矩、输入电压及电机控制器直流母线电流。

对于新能源汽车，动力电池的使用寿命及安全性问题是整车成本控制及安全监控的关键。为了保证在车辆行驶过程中，动力电池能够稳定高效地提供动力，在电池即将发生内部故障时能及时地检测并实时预警，在车辆的全寿命周期内分析电池工作状态，为动力电池生产企业、动力电池管理系统提供足够丰富的数据反馈……这就要求对动力电池的数据进行全面的数据采集。对于动力电池数据采集的信息项目主要为与电池相关的极值数据，如图 2-3 所示。

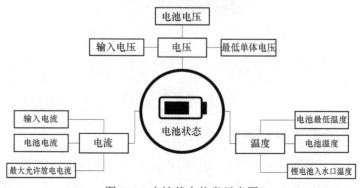

图 2-3　电池状态信息示意图

电池状态信息数据包括：电池电压、电池电流、电池温度探针数、探针温度值、高压 DC/DC 变换器状态、电池最低单体电压、电池最低单体箱号、当前最大允许放电电流、锂电池系统故障等级等。

车辆的道路行驶信息对于安全事故追踪、交通路网优化及智慧城市交通设计都有着重要的作用，因此对于车辆位置数据信息采集的需求便应运而生。车辆的位置信息可以由定位芯片采集，精度应达到 5m，由此处理得到的经纬度的精度可以确定为 5~20m 的数量级，同时可以根据 GPS 的数据计算得到车辆行驶方向及行驶速度，对车辆位置、行驶轨迹及行驶速度进行监控，如图 2-4 所示。

图 2-4　车辆位置信息示意图

为了更加准确地对车辆行驶状态进行监控，整车数据应被详细完备地记录并传输，如图 2-5 所示。这些整车数据信息将为车辆数据分析提供准确可靠的数据依据，如通过纵向加速度的记录可以分析路面坡度、电机驱动特性及车辆质量对于车辆轴向加速度的影响。通过转向盘转角的记录可以计算出方向角速度，结合速度、转向盘转角及横向加速度可以对车辆的转弯状态进行判断，同时也可以反应驾驶员在转弯过程中的驾驶习惯。

图 2-5　整车数据信息

2.1.2　混合动力电动汽车

混合动力汽车是指汽车动力传动系统由两个或多个能同时运转的单个动力传动系统联合组成的汽车。汽车的行驶功率依据实际的汽车行驶状态由单个动力传动系统单独或多个动力系统共同提供。如果其中一个动力传动系统为纯电动汽车动力传动系统,则该混合动力汽车为混合动力电动汽车。混合动力电动汽车按照驱动系统能量流和功率流的配置结构关系以及动力传输路线,可以分为串联式混合动力汽车、并联式混合动力汽车和混联式混合动力汽车。

(1)串联式混合动力电动汽车(图2-6)

由内燃机直接带动发电机发电,产生的电能通过控制单元传到电池,再由电池传输给电机化为动能,最后通过变速机构来驱动汽车。电池在发电机产生的能量和电动机需要的能量之间进行调节,从而保证车辆正常工作。

串联式混合动力电动汽车具有下述特点:

① 车载能量源环节的混合。

② 单一的动力装置。

③ 车载能量源由两个以上的能量联合组成。

串联式混合动力电动汽车实现了车载能量源的多样化,可充分发挥各种能量源的优势,并通过适当的控制实现它们的最佳组合,满足汽车行驶的各种特殊要求。

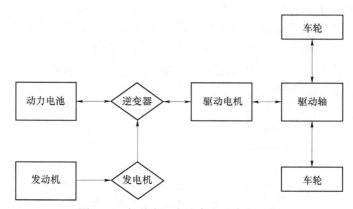

图2-6 串联式混合动力电动汽车结构

(2)并联式混合动力电动汽车(图2-7)

采用发动机和驱动电机两套独立的驱动系统驱动车轮。发动机和驱动电机通常通过不同的离合器来驱动车轮,可以采用发动机单独驱动、驱动电机单独驱动或者发动机和驱动电机混合驱动三种工作模式。当发动机提供的功率大于车辆所需的驱动功率时,驱动电机工作于发电状态,给动力电池充电。与串联式混合动力相比,它需要两个驱动装置,即发动机和驱动电机。而且,在相同的驱动性能要求下,由于驱动电机系统与发动机可以同时提供动力,并联式比串联式所需的发动机和驱动电机的单机功率要小。

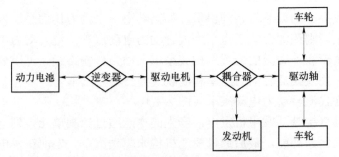

图 2-7 并联式混合动力电动汽车结构

并联式混合动力电动汽车具有下述特点：
① 机械动能的混合。
② 具有两个或多个动力装置。
③ 每一个动力装置都有自己单独的车载能量源。

（3）混联式混合动力电动汽车

内燃机系统和电机驱动系统各有一套机械变速机构。两套机构或通过齿轮系，或采用行星轮式结构结合在一起，可以综合调节内燃机与电机之间的转速关系，更加灵活地根据工况来调节内燃机的功率输出和电机的运转。

如图 2-8 所示，混联式混合动力电动汽车动力传动系统具有两个电机系统，即发电机和电机驱动系统，兼备了串联混合动力车载能量源的混合以及并联混合动力机械动能的混合，驱动模式灵活，能量效率更高。在实际应用中主要有两种方案，即开关式和功率分流式。

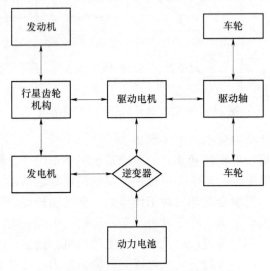

图 2-8 混联式混合动力电动汽车结构

开关混联式混合动力汽车的结构如图 2-9 所示，离合器起到了在串联结构和并联结构之间切换的作用：若离合器打开，则该混合动力传动系为简单的串联式结构；若离合器接合且发电机不工作，则该混合动力传动系为简单的并联式结构；若离合器接合且发电机工作于发电模式，则混合动力传动系为复杂的混联式结构。功率分流混联式混合动力汽车的结构如图 2-10 所示，它巧妙地利用了行星轮系功率分流以及三个自由度的特点，发动机、发电机以及驱动轴分别与行星轮系的三个轴相连。在正常工作时，发动机的输出动力自动分流为两部分：一部分直接输出到驱动轴，与电机驱动系统输出的动力联合组成并联式结构；另一部分输出到发电机，发电机发出的电能与动力电池组组成串联式结构。

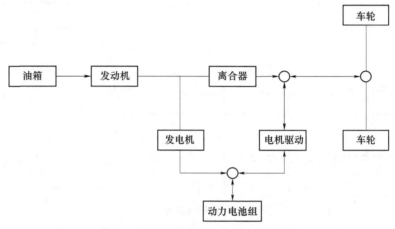

图 2-9　开关混联式混合动力电动汽车

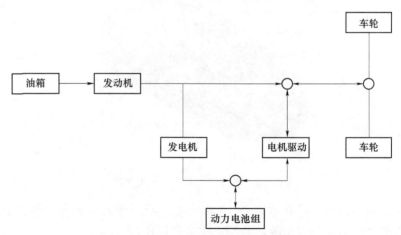

图 2-10　功率分流混联式混合动力电动汽车

混合动力电动汽车与纯电动汽车相比，主要多出了发动机和一套变速机构，所以在采集车辆数据时需要注意发动机的相关参数信息，例如发动机状态、曲轴转速、燃油消耗率、机油温度、冷却液温度、机油压力及进气压力等。

2.1.3 燃料电池电动汽车

燃料电池电动汽车的动力系统主要由燃料电池发动机、燃料存储装置（主要用于储氢）、驱动电机、动力电池组等组成（图 2-11 和图 2-12），采用燃料电池发电作为主要能量源，通过电机驱动车辆前进。燃料电池是利用氢气和氧气（或空气）在催化剂的作用下直接经电化学反应产生电能的装置，排放物只有水，具有无污染等优点。

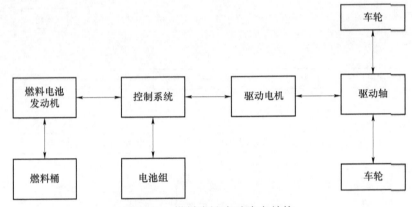

图 2-11 燃料电池电动汽车结构

图 2-12 燃料电池电动汽车实物图

燃料电池电动汽车具有效率高、节能环保、运行平稳、噪声小等优点。燃料电池作为电动汽车的动力来源，其特点主要表现在：

① 能量转化率高。燃料电池的能量转化率可高达60%～80%，是内燃机的2～3倍。

② 不污染环境。燃料电池的燃料是氢和氧，生成物是清洁的水，它本身工作不产生 CO 和 CO_2，也没有硫和微粒排出，没有高温反应，也不产生 NO_x。如果使用车载的甲醇重整催化器供给氧气，仅会产生微量的 CO 和较少的 CO_2。

但现阶段，燃料电池的许多关键技术还处于研发试验阶段。此外，燃料电池的理想燃料——氢气，在制备、供应、储运等方面距离产业化还有一些技术与经济问题有待解决。

作为燃料电池必不可缺少的反应催化剂——贵金属铂（Pt）被大量应用。按照现有燃料电池对铂金的消耗量，地球上所有储量都能用来制造车用燃料电池，也仅能满足几百万辆车的需求。因此如何降低贵金属铂的用量也是燃料电池电动汽车推广应用的技术和资源瓶颈之一。

相比于纯电动汽车，燃料电池电动汽车的电能来源于燃料电池发生的化学反应，因此多出了燃料电池和储氢瓶并需要采集与之相关的参数信息，如燃料电池电压、燃料电池电流、燃料消耗率、燃料电池温度探针总数、探针温度值、氢系统中最高温度、氢系统中最高温度探针代号、氢气最高浓度、氢气最高浓度传感器代号、氢气最高压力、氢气最高压力传感器代号、高压 DC/DC 变换器状态等。

2.2 车辆数据通信技术

随着电子技术的迅速发展和在汽车上的广泛应用，汽车电气化程度越来越高。从发动机控制到传动系统控制，从行驶、制动、转向系统控制到安全保证系统及仪表报警系统，从电源管理到为提高舒适性而做的各种努力，使汽车电子系统形成了一个复杂的大系统。这些系统除了各自的电源线外，还需要互相通信，不难想象，若仍沿用常规的点对点的布线方式进行布线，那么整个汽车的布线将会如一团乱麻，其布线网络如图 2-13 所示。若采用总线方式布线（如 CAN 总线），则其布线图如图 2-14 所示。

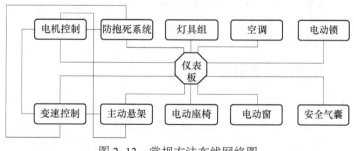

图 2-13　常规方法布线网络图

图 2-14 CAN 总线布线网络图

CAN（Controller Area Network）即控制器局域网络。由于其高性能、高可靠性及独特的设计，CAN 越来越受到人们的重视。

CAN 最初是由德国的博世公司为汽车监测、控制系统而设计的。现代汽车越来越多地采用电子装置控制，如发动机的定时、注油控制，加速、制动控制（ASC）及复杂的抗锁定制动系统（ABS）等。由于这些控制需检测及交换大量数据，采用硬接信号线的方式不但烦琐、昂贵，而且难以解决问题，采用 CAN 总线可以使上述问题便得到很好的解决。

1993 年，CAN 成为国际标准 ISO11898（高速应用）和 ISO11519（低速应用）。CAN 的规范从 CAN 1.2 规范（标准格式）发展为兼容 CAN 1.2 规范的 CAN2.0 规范（CAN2.0A 为标准格式，CAN2.0B 为扩展格式）。目前应用的 CAN 器件大多符合 CAN2.0 规范。

在 CAN 2.0B 规范的基础上，对 CAN 的 29 位识别符进行具体的定义，建立起 J1939 协议的编码系统，从而形成 SAEJ1939 协议。目前它已成为货车和客车的通用通信协议。CAN 规范和 J1939 协议的区别在于仲裁场的 29 位识别符。

CAN 格式帧转换为 J1939 格式帧是通过协议数据单元（Protocol Data Unit, PDU）来实施的。J1939 的 PDU 由 P、R、DP、PF、PS、SA 和 DATA 七部分组成，它对应于 CAN 协议扩展帧的 29 位识别符加上数据场。

SAEJ1939 协议在货车和客车上得到了广泛应用，但对于拥有更多电子设备的轿车却没有统一的应用层协议。

2.2.1 CAN 总线的数据交换原理

CAN2.0A 和 CAN2.0B 应用两种格式的数据帧。这两种格式的数据帧都由 7 个段码组成。标准版的 ID 码为 11 位，可以识别 2048 个不同的信息。扩展版的 ID 码为 29 位，可以识别 5.12×10^8 个不同信息。CAN 总线标准版（CAN 2.0A）数据帧格式见表 2-1 和表 2-2。

表 2–1　CAN 总线标准版（CAN 2.0A）数据帧格式

起始位	仲裁段		控制段	数据段	CRC 段	证实段	结束段
1 位	11 位	1 位	6 位	0～8 字节	16 位	2 位	7 位

表 2–2　CAN 总线标准版（CAN 2.0B）数据帧格式

		7	6	5	4	3	2	1	0
字节 1	帧信息	FF	RTR	×	×	DLC（数据长度）			
字节 2	帧 ID1	×	×	×	×	×	ID.10	ID.9	ID.8
字节 3	帧 ID2	ID.7—ID.0							
字节 4	数据 1	数据							
字节 5	数据 2	数据							
字节 6	数据 3	数据							
字节 7	数据 4	数据							
字节 8	数据 5	数据							
字节 9	数据 6	数据							
字节 10	数据 7	数据							
字节 11	数据 8	数据							

　　CAN 总线协议的总线仲裁是按位进行的，需要比较不同节点在同一位数据传输时间内总线请求优先级的高低。因此，最高数据传输速度随总线长度的增加而降低。

　　CAN 总线协议是一种非破坏性的通过竞争来进行总线仲裁的协议。当多个节点同时要求占用总线进行数据传输时，为了防止一个节点破坏另一个节点的数据，CAN 总线协议控制器在仲裁段传输过程中，根据标识码的大小对总线进行仲裁，标识码较小的信息具有较高的总线占用优先级。当在一条总线上要传送两种不同格式的信息时，如果这两种不同格式的信息具有相同的基本标识码（BID），那么在进行总线竞争时，标准格式帧的优先级将始终高于扩展格式帧的优先级。

　　按 CAN 总线协议传输的数据，都需要一个网络内唯一的标识码来指定信息内容（如发动机转速或冷却液温度）和信息发送的优先级。若某一个节点的 CPU 要将信息发送给一个或多个节点，则首先应将待发信息及其标识码发送给指定的 CAN 总线控制器。为此，CPU 须首先初始化 CAN 总线控制器的数据交换功能，然后用 CAN 总线控制器构建并发送信息。一旦网络中某一节点的 CAN 总线控制器获得总线控制权，网络中所有其他节点就都成为接收节点。所有正确接收到该信息的节点都要进行信息检验，以确定所收信息是否与本节点有关，然后放弃无关信息，对有关信息进行处理。这种方法使系统构建非常灵活，对每个独立节点来说，都不需要物理目的地址。如果要增加的新节点是纯粹的接收站，则不需要对现有节点的硬软件做任何修改，就能方便地向现有 CAN 总线网增加新节点。该协议也允许多站同时接收信息（广播式）和分布式过程信息共享，即采用该协议可以传送多个控制器共用的测量信息。对于基于 CAN 总线的汽车计算机控制系统，所有的控制单元可以共享同一个传感器。

2.2.2 CAN 总线的特征和分层结构

CAN 总线是一种串行数据通信协议，其通信接口集成了 CAN 协议的物理层和数据链路层功能，可完成对通信数据的成帧处理，包括位填充、数据块编码、循环冗余检验、优先级判别等工作。

CAN 总线特点如下：

① 可以多主方式工作，网络上任意一个节点均可以在任意时刻主动地向网络上的其他节点发送信息，而不分主从，通信方式灵活。

② 网络上的节点（信息）可分成不同的优先级，可以满足不同的实时要求。

③ 采用非破坏性位仲裁总线结构机制，当两个节点同时向网络上传送信息时，优先级低的节点主动停止数据发送，而优先级高的节点可不受影响地继续传输数据。

④ 可以采用点对点、一点对多点（成组）及全局广播几种传送方式接收数据。

⑤ 直接通信距离最远可达 10km（速率 5kbit/s 以下）。

⑥ 通信速率最高可达 1MB/s（此时距离最长 40m）。

⑦ 节点数实际可达 110 个。

⑧ 采用短帧结构，每一帧的有效字节数为 8 个。

⑨ 每帧信息都有 CRC 校验及其他检错措施，数据出错率极低。

⑩ 通信介质可采用双绞线、同轴电缆和光导纤维，一般采用廉价的双绞线即可，无特殊要求。

⑪ 节点在错误严重的情况下，具有自动关闭总线的功能，切断它与总线的联系，以使总线上的其他操作不受影响。

CAN 总线的分层结构，按照 IEEE 802.2 和 802.3 标准，物理层划分为物理信令子层（Physical Signaling Sublayer，PSS）、物理媒体附属装置（Physical Medium Attachment，PMA）和媒体相关接口（Medium Dependent Interface，MDI）。数据链路层划分为逻辑链路控制（Logic Link Control，LLC）和媒体访问控制（Medium Access Control，MAC）。

CAN（2.0B）定义了 MAC 子层和 LLC 子层的一部分，并描述与 CAN 有关的外层。LLC 子层的主要功能是为数据传送和远程数据请求提供服务，确认由

LLC 子层接收的报文已被接收，并为恢复管理和通知超载提供信息。MAC 子层是 CAN 协议的核心，它描述由 LLC 子层接收到的报文和对 LLC 子层发送的认可报文，具有数据封装/拆装、帧编码、媒体访问管理、错误监测、出错标定等功能。MAC 子层由一个被称为故障界定的管理功能实时监控，它具有识别永久故障或短暂扰动的自检机制。

物理层的功能是实现有关电气特性信号在不同节点间的传送。物理层定义了信号怎样进行发送，涉及位定时、位编码和同步的描述。在这部分技术规范中，未定义物理层中的驱动器和接收器特性，以便设计时根据具体应用，对发送媒体和信号电平进行优化。

2.2.3 CAN 总线在汽车控制系统中的应用

现代汽车的计算机控制系统一般包括发动机控制、自动变速器控制、防抱死制动控制、安全气囊控制等几个控制单元。这类汽车的各计算机控制单元间往往没有通过总线构成网络，而是独立进行控制，或者相关控制单元通过串口进行联系。随着汽车电子技术的不断发展，一些先进的汽车上还装备了巡航控制、驱动防滑控制（ASR）、悬架控制、转向控制、空调控制、防盗及其他控制等电子控制单元（ECU）。另外，各种舒适性控制装置和数字化仪表也不断增多，而且各 ECU 之间有着密切的联系，CAN 总线已开始应用于这些先进的汽车计算机控制系统，取代传感器、电子控制单元和执行器之间以及电控单元之间的专线联系方式，构成了基于 CAN 总线的汽车控制系统网络。通常，该网络包括发动机控制、传动系统控制、车身控制和仪器仪表四个功能独立、可自行运行的 CAN 总线网络。为了便于汽车所有功能的管理，需要通过网关将这四个 CAN 总线网络联系起来。网关通过对 CAN 总线间待传数据信息的智能化处理，确保只有某类特定的信息才能够在网络间传输。例如，车身 CAN 总线网络要从发动机 CAN 总线网络索要某一信息时，网关计算机就从后者中取得有关的信息，并按要求进行一定的处理后再进行传输。这种方式可将不同的信息分开，减轻了各网络总线上的负载。CAN 总线应用到汽车计算机控制系统后，所有 ECU 都连接到 CAN 总线上，极大地简化了汽车计算机控制系统的线路联系。

CAN 总线作为一种可靠的汽车计算机网络总线，已开始在先进汽车上得到应用，使得各汽车计算机控制单元能够通过 CAN 总线共享所有信息和资源，达到简化布线、减少传感器数量、避免控制功能重复、提高系统可靠性和维护性、降低成本、更好地匹配和协调各个控制系统的目的。

2.2.4 FlexRay 总线

为了满足未来的车内通信需要，各大汽车及半导体公司联合成立了 FlexRay

协会，制定了 FlexRay 通信协议以实现高性能的总线通信。

FlexRay 总线上的节点由微控制器、通信控制器、总线监控、总线驱动器（发送/接收驱动器）和电源系统五个部分组成。通信功能主要由通信控制器、总线监控及驱动器以及这些部分与主机的接口完成。

为了保证高的数据传输量和可靠性，FlexRay 在设计上有如下特点：
① 支持静态事件和动态事件驱动的两种通信机制。
② 高的数据传输速率和总线使用效率。
③ 灵活的容错能力，支持单通道和双通道操作。
④ 可靠的错误检测功能，包括时域的总线监测机制和数字 CRC 校验。
⑤ 满足汽车环境要求和质量要求的控制器和物理层。
⑥ 可采用多种总线拓扑结构，包括总线结构、星形结构以及多星形结构。

FlexRay 是继 CAN 和 LIN 之后出现的最新研发成果，非常适用于线控系统（X-by-Wire）。FlexRay 两个信道上的数据速率最大可达到 10Mbit/s，总数据速率可达到 20Mbit/s。应用在车载总线时，FlexRay 的总线带宽是 CAN 的 20 倍之多。FlexRay 还能够提供很多 CAN 总线所不具有的可靠性特点，尤其是 FlexRay 具备的冗余通信能力可通过硬件完全复制总线配置，并进行进度监测。另外，FlexRay 可以进行同步（实时）和异步的数据传输，来满足车辆中各种系统的需求。

2.3 车载设备应用

目前车辆车载设备的车联网应用主要是在车上的车载智能终端。智能车载终端（又称卫星定位智能车载终端）融合了 GPS 技术、里程定位技术及汽车黑匣子技术，能用于对运输车辆的现代化管理，包括行车安全监控管理、运营管理、服务质量管理、智能集中调度管理、电子站牌控制管理等。

2.3.1 汽车厂商领域

为了满足车联网技术要求，许多著名汽车生产商正在积极从事车载智能终端的研发工作，代表性的有美国通用公司的安吉星（Onstar）汽车安全信息系统（图 2-15），日本丰田公司的 G-BOOK 智能副驾系统（图 2-16），宝马公司的"Intelligent-Drive System"（IDS，图 2-17），以及福特公司的 Synchronization（Sync）系统（图 2-18）等。这些智能终端的运营模式几乎一致，都是发生在车载设备与相应的远程中心之间。例如：Onstar 的自动撞车报警功能是通过在前后防撞杆、车门、车内的气囊甚至车顶分别安装碰撞感应仪器实现的。一旦车辆的碰撞突破了感应器的临界点，车辆的信号发射器就会第一时间给 OnStar 拨通电话。在这个过程中，车辆的 GPS 信息已经被锁定，相关部门可以立即到现场救援。G-BOOK 以无线网络连接数据中心，获得包括紧急救援、防盗追踪、道路救援、保养通知、话务员服务、资讯服务、G 路径检索、预订服务、网络地图接收、高速公路安全驾驶提醒以及图形交通信息服务在内的 11 大智能通信服务。所有这些终端设备的信息交互都发生在车与远程服务中心之间。车与车之间没有明显的通信行为，不能及时交换彼此的行车状态信息，导致存在事故隐患时不能主动避免潜在交通事故的发生。

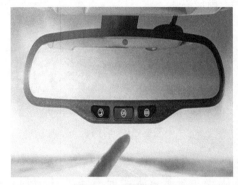

图 2-15　通用 Onstar

图 2-16　丰田 G-BOOK

图 2-17　宝马 IDS

图 2-18　福特 Sync

2.3.2　公共交通领域

公共交通指城市范围内定线运营的公共汽车、渡轮、索道等交通方式。这些交通工具都是固定时间发车，易产生资源配置不合理的问题。如果通过车联网进行客流量检测，合理配置公共资源，则可以有效地提高资源利用率。为满足公共交通领域对于车联网的需求，国内公司推出了各种型号的车载终端设备，例如蓝斯车载定位终端 LZ8713H 2.0（图 2-19~图 2-21 所示）。该设备是集卫星定位监控、硬盘录像存储、多重防震、Wi-Fi、远程实时视频监控、语音通话、TTS 语音播报、公交报站、CAN 总线接口及行驶记录仪功能等多种先进功能于一体的智能化公交终端产品。其外观为铝合金散热片形制，可达到整体散热的效果，大大提高散热、防尘、防水、防锈蚀等性能。该设备是按交通部 JT/T 794—2011《道路运输车辆卫星定位系统 车载终端技术要求》和 JT/T 808—2013《道路运输车辆卫星定位系统 北斗兼容车载终端通信协议及技术规范》的技术标准设计的终端设备。

图 2-19　设备实物图

图 2-20　前面板

图 2-21　后面板

对于终端设备，JT/T 794—2011 提出了如下的要求：

① 自检功能：通过信号灯或显示屏明确表示车载终端当前主要状态，包括卫星定位及通信模块工作状态、主电源状态、卫星定位天线状态、与终端主机相连的其他设备状态等。若出现故障，则通过信号灯或显示屏等显示方式显示故障类型等信息，存储并上传至监控中心。

② 定位功能：终端应能提供实时的时间、经度、纬度、速度、高程和方向等定位状态信息，可存储到终端内部，同时通过无线通信方式上传至监控中心，差分定位功能为可选；终端应能接收一个或多个监控中心的定位请求进行定位信息上传，并能按监控中心要求中止对应中心的实时上报；终端应能在通信中断时（盲区）以先进先出方式存储不少于 10 000 条定位信息，在恢复通信后将存储的定位信息补报上传，可根据需要采用压缩方式上传；终端应支持时间、距离间隔或外部事件触发方式上传定位信息。当终端处于休眠状态时，也应以一定时间间隔上传定位信息，且时间和距离的间隔可由监控中心设定；终端可自动对报警车辆或重点车辆按监控中心设定的定位方式及间隔上传定位数据。

③ 通信功能：终端应支持至少两个远程连接，即主监控中心和备份监控中心的链接，能在与主监控中心通信中断时自动切换至备份监控中心；如果终端无法注册到所在地的无线网络，则应将数据以先进先出方式保存，直至注册到无线网络时一并发送。如果保存数据超过最大容量，则应按时间顺序将最先保存的数据丢弃；终端应支持数据批量接收与发送功能、断点续传功能。

④ 信息采集功能：终端应支持对于驾驶员从业资格证信息的采集、电子运单

信息的采集与显示，通过 CAN 总线采集车辆参数信息，对于车辆载货状态的检测、对于收费结算数据的采集、对于图像信息采集及存储，支持监控中心控制、定时和事件触发方式实现图像信息和音频信息的采集、存储、上传及检索上传，支持通过 USB 接口对图像信息的导出。终端可具有音频信息采集及存储功能，支持监控中心控制和事件触发方式实现音频信息的采集、压缩、存储、上传及检索上传功能；支持通过 USB 接口对音频数据的导出。

⑤ 通话功能：终端可具有电路域通话功能和通话管理功能，包括通话限制、语音存储、电话簿管理、电话回拨、音量调节、来电自动摘机等。

⑥ 休眠功能：终端应具有车辆 ACC 点火检测功能。当车辆熄火后，终端向监控中心发送车辆熄火信号并自动进入休眠状态。

⑦ 警示功能：终端触发警示时应立即向监控中心上传警示信息或根据需要向指定手机发送短消息警示信息，并能接收监控中心指令取消警示，警示手机号码可由监控中心远程设置。终端警示功能包括人工报警、区域提醒、路线偏离提醒、超速提醒、疲劳行驶提醒、蓄电池欠压提醒、断电提醒、超时停车提醒、终端故障提醒等。

2.3.3　私人交通领域

2017 年，国内统计的汽车保有量超过了 3 亿，车联网的需求日益迫切，为了将数量庞大的数据从每一辆单独的汽车上传到云端平台，形成大数据的数据库，需要在车辆上安装一个实现车辆和平台数据连接的车载终端，如图 2-22 所示。

该终端采用了外置 GPS 或双模定位的方式，获得精度更高的位置数据，卫星定位速度更快。设备可以通过近端 SD 卡进行固件升级，也支持 FTP 远程固件升级，可大大降低维护的工作量。同时，它还支持串口参数设计，也可根据车厂提供的 BMS 及车辆仪表协议，

图 2-22　车载终端实物图

通过 dbc⊖ 配置方式，可快速定制车型的协议。在通信方面，设备最多可同时支持两个主站后台进行数据传输。

⊖ dbc 文件是由德国维克多公司发布的，它被用来描述单一 CAN 网络中各逻辑节点信息，依据该文件可以开发出来监视和分析 CAN 网络中所有逻辑节点的运行状态，也可以是有针对性的 ECU 通信应用软件。dbc 是一种文件格式，.dbc 文件是一个 ASCII 格式的文件，其.dbc 扩展名可用于定义 CAN 网络。

现代汽车电子领域的技术已经非常成熟,每时每刻汽车上的各种传感器都在进行着对汽车不同参数的测量,例如里程表传感器、车速传感器、ABS 传感器、安全气囊传感器以及 GPS 传感器等。而与传统车辆相比,在新能源汽车上有另外一些特殊的传感器,比如电机转速传感器、电池电压/电流传感器、电池温度传感器以及充电传感器等。这些传感器采集的数据通过各自的 ECU(电控单元)转化成数字信号在汽车 CAN 总线中传输。

该终端采集数据的具体流程为:通过 GPRS 协议从 CAN 总线中读取数据,例如电池电流、电压、温度、车速、GPS 定位信息等,再遵循国家标准 TCP 协议,以数据流的方式将数据传送到云端大数据平台,平台根据得到的数字信号数据,参照国标将所需要的信息翻译出来,最终形成可以为数据平台所利用的数据。

2.4 新能源汽车车联网大数据平台

2.4.1 新能源汽车大数据平台的应用背景

1. 新能源汽车安全监管的国家政策要求

国务院对新能源汽车安全问题高度重视。国务院相关领导人在新能源汽车产业发展座谈会上对新能源汽车的安全指出:要强化远程运行的监控体系,以建立体系、统一要求、落实责任为重点,加快覆盖国家、地区、企业运行的监控平台。

与此同时,国家对于新能源车辆的安全管理出台了多项管理规定及技术规范:

① 2011 年 9 月,科技部、财政部、工信部和发改委四部门下发国科办函高〔2011〕322 号明确规定:对投入示范运行的插电式混合动力汽车、纯电动汽车要全部安装车辆运行技术状态实时监控装置,特别是要加强对动力电池和燃料电池工作状态的监控。

② 工业和信息化部 2016 年发布第 39 号令规定:新能源汽车生产企业应当建立新能源汽车产品运行状态监控平台,对已销售的全部新能源汽车产品的全生命周期运行和安全状态进行实时监控。企业监控平台应当与地方和国家的监管平台对接。

③ 2016 年 11 月 11 日,工业和信息化部发布《工业和信息化部关于进一步做好新能源汽车推广应用安全监管工作的通知》(工装函〔2016〕377 号)中明确指出:"应按照国家标准要求,利用信息化手段建立健全公共服务领域新能源汽车推广应用地方监测平台,实时接收来自车辆生产企业转发的本辖区内公共服务领域新能源整车运行安全状态、行驶里程和充电量,整车和动力电池、驱动电机等关键系

统故障等信息。地方监测平台应设置国家监测平台接口，接受国家监测平台的监督抽查，在接到国家监测平台实时数据调用指令时，应当按指令要求将相关信息上传至国家监测平台……"

2. 新能源汽车行业应用与管理需求

新能源汽车正处于新兴发展的黄金期，大量的新技术在新能源汽车上得以应用，大批的资金涌入新能源领域，许多车企开始侧重发展新能源汽车。新能源汽车行业正处于一个上升期。与传统乘用车不同的是，新能源汽车的电子设备数量及其采集的数据量相比之前有了巨大的提升，普通行车电脑已不能满足数据记录需求，且该方法没有即时更新的数据，时效性较差，这对于一个新兴发展的行业是一种极大的限制。另外，由于新能源汽车的行车安全问题依赖于前期的数据分析发现，且其发生事故的救援难度相比普通燃油车要大得多，因此，大部分车企都对新能源汽车有着较高的数据传输分析及管理需求。为了满足目前急迫的新能源汽车发展需求，为了更好地对新能源汽车的车辆运行状态进行监控，同时反馈给车企指导下一步的设计优化工作，建立数据实时收发、实时分析监控的数据平台的方案便应运而生。依托数据平台，新能源车企不仅仅可以节省在监控及维护上的人力成本，同时其中的大量实车数据也可以帮助有效地缩短车辆的研发周期，大大地降低研发成本，加速新能源汽车行业向更高水平发展。

3. "新能源汽车"+"大数据"融合应用的需求

当前，新一轮科技革命和产业变革与我国加快转变经济发展方式形成历史性交汇，国际产业分工格局正在重塑。2015年，国务院正式印发《中国制造2025》，确定了在新形势下大力推动制造业由大变强，在技术含量高的重大装备等先进制造领域勇于争先的主要方向。新能源汽车行业作为制造业与高新技业的交叉产业，同时也作为《中国制造2025》中明确指出的十大重点发展领域之一，理应紧紧抓住这一重大历史机遇。

2017年，中国智能网联汽车产业创新联盟正式成立。随着电子信息通信等技术与汽车产业的加速融合，汽车产品加快向智能化、网联化的方向发展，生产方式向互联协作的智能制造体系演进，服务模式呈现出信息化、共享化的趋势，带有鲜明跨界融合特征的智能网联汽车是汽车产业转型升级过程中最重要的创新载体。

在《中国制造2025》及智能网联汽车联盟成立的大背景下，新能源汽车与车辆大数据的融合应用是顺应发展需求的必然结果。新能源汽车大数据平台的建立，可以将新能源汽车技术及智能网联技术紧密地结合起来，使得两项技术可以相互促进，相互支撑。这种高度的融合必将大大加速《中国制造2025》及智能网联汽车在新能源汽车领域的早日实现。

2.4.2 新能源汽车大数据平台的架构

下面以北京理工大学新能源汽车监测与管理平台为例,介绍新能源汽车大数据平台的整体架构。新能源汽车大数据平台采用 Hadoop 体系架构,与阿里巴巴、京东等公司的大数据技术同步,同时具有更大的灵活性和可扩展性。如图 2–23 所示,平台主要分为五个层次:

① 最底层是采集层,负责平台数据的采集。平台的数据来源有车载终端、省级平台、日志流以及第三方平台的数据。

② 采集层之上是大数据层。大数据层对采集层采集的数据进行集群分类。采集层的数据首先进入大数据层的高速服务总线,然后由大数据层对其进行实时计算并存入缓存集群或通过数据层的统一接口存入 Hdfs(Hadoop 分布式文件系统)集群、索引数据集群、关系数据集群。

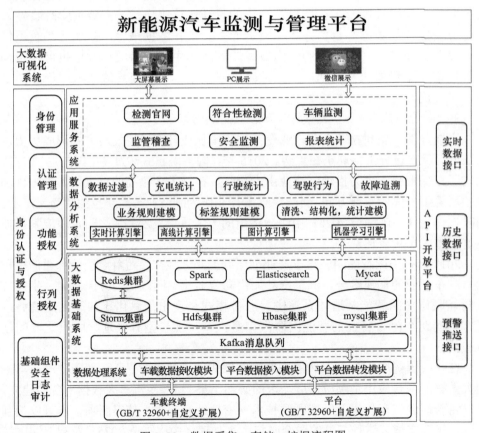

图 2–23 数据采集、存储、挖掘流程图

③ 大数据层之上是分析层，可对大数据层传来的数据进行分析计算。分析层具有实时计算、离线计算、图计算、机器学习、情境感知等多个引擎，有进行业务规则建模、标签规则建模、清洗/结构化/统计建模的能力，可进行数据清洗以及充电行为、续驶能力、驾驶行为、故障追溯、车辆画像等的分析。

④ 分析层之上是服务层，可利用分析层的处理结果提供多项服务。服务层包含多个云平台，包括用户云、监控云、故障云、运维云和专家决策云，可提供容器托管、镜像仓库、服务管理等多项功能。

⑤ 平台还设有展示层，主要有大屏幕展示、微信服务展示以及通过平台研发的分别适用于安卓和 IOS 系统的 APP 展示。

目前，该平台已经掌握了新能源汽车海量数据接入、数据分析、大数据处理、分布式计算、数据可视化展示等多项核心技术，实现了海量可横向扩展的设备接入能力、海量可横向扩展的大数据存储能力、多种针对新能源特性的数据挖掘与分析能力、多样化新能源汽车生产智慧服务能力。基于数据挖掘，可提供面向不同用户群的差异性、个性化数据分析和技术服务。基于大数据平台的对外开放 API（应用程序接口），实现与其他平台间的数据互联互通。

2.4.3 新能源汽车大数据平台的功能

在采集了大量的车辆数据信息后，经过整理及分析，可以为驾驶员的安全驾驶、车辆部件性能分析与监控等诸多方面提供帮助，具体分析举例如下：

① 驾驶行为分析。可结合采集到的加速度、转向盘转角、加速踏板开度等参数分析用户在不同场景、不同环境下的车辆使用情况，包括行驶环境、起步习惯、怠速状况及加速行为等。

② 车辆性能分析。可分析车辆在实际道路环境下的加速、减速、转弯等性能表现，为车辆研发提供重要的依据。

③ 电池寿命预测。通过对电池充放电次数监控、电池的衰减度分析，预测电池的剩余使用寿命。

④ 电池性能评估。通过分析充电电压、充电电流、放电电压、放电电流等指标，可得出电池的充电性能曲线、放电性能曲线、容量变化曲线和自放电率曲线等，进而评估电池的性能。

⑤ 电池衰减评估。通过监测充放电次数和电池容量的关系，结合纯电续驶里程和使用温度等指标，可实时计算出电池的衰减度。

⑥ 电机性能分析。通过对电机表现的评估，计算转矩性能曲线、功率性能曲线和电机系统驱动效率曲线等，进而分析电机的整体性能。

⑦ 客户画像。通过对车主的行驶区域、驾驶习惯、驾驶风格等方面进行分析，

将车主分为几类，并对每一类车主的特征进行精确定义，从而为车辆销售、针对性的广告投放提供依据。

⑧ 行程分析。行程是指车主起动车辆到熄火停车之间的驾驶区间。行程分析是根据驾驶区间用户的安全、经济方面的表现，以安全得分、绿色得分、安全指标（急加速、急减速、急转弯等）、绿色指标（百公里能耗）为主体进行展示。

⑨ 远程诊断。基于实时的行车数据流对车辆发生的故障进行分析，将分析结果提供给车主或者维修店；对于未发生的故障，对其存在的风险进行预判，及时提醒车主。

⑩ 智能提醒。在车辆行驶过程中，通过监控车辆的运行状况、驾驶表现、环境参数等对车主进行智能提醒，以使其更加安全、经济地驾驶。

通过采集到的数据，还可进行道路视角分析、天气视角分析、安全驾驶、能耗分析、驾驶排名、驾驶报告、车辆档案报告、零部件耐久性分析、零部件失效分析以及时间视角分析等。

新能源汽车产业进入大数据移动互联网时代，应该用大数据的思维观念来处理数据，挖掘数据的潜在价值。新能源汽车作为通信、计算机、电力电子、动力控制和驱动技术以及新材料技术等交通运输领域集成应用的产物，也为云计算、大数据和智能终端等新技术提供了率先应用的环境。大数据的开发应用以及互联网思维的充分运用，将会推动新能源汽车产业更加快速地发展，为人类创造美好的环境以及美好的生活。

2.5 新能源汽车车联网应用实例分析

上面通过对车辆车载总线技术和车载智能设备的论述，说明了车辆本身的硬件为适应车辆网联化和电气化的发展。本节将就车联网在车辆上的应用实例来对车联网这一概念进行分析。

2.5.1 车联网技术在智慧交通方面的应用

智慧交通是在整个交通运输领域充分利用物联网、空间感知、云计算、移动互联网等新一代信息技术，综合运用交通科学、系统方法、人工智能、知识挖掘等理论与工具，以全面感知、深度融合、主动服务、科学决策为目标，通过建设实时的动态信息服务体系，深度挖掘交通运输相关数据，形成问题分析模型，实现行业资源配置优化能力、公共决策能力、行业管理能力、公众服务能力的提升，推动交通运输更安全、更高效、更便捷、更经济、更环保、更舒适地运行和发展，带动交通运输相关产业转型升级。

1. 智能化网联停车

中国目前停车技术普遍处于人工和半人工服务结合的管理，少见覆盖全市的联网服务和全自动化的管理。这种低效和低品质的服务在汽车日益增长的情形下使停车难问题日益突显。此外，路边停车管理缺失是普遍存在的问题，小区和商业区停车难、寻车难的现象普遍存在。基于车联网技术可以实现车辆出入自动识别和管理，同时也可以实现自动电子缴费，借此可以构建面向全市的车联网停车收费、管理和信息服务网络。通过模糊停车服务，用户可以全自动出入和自动化电子付费，可以实时获知周围小区的停车信息，可以预定车位，从而较大提高停车效率，减少因为停车造成的额外交通压力，如图2-24所示。

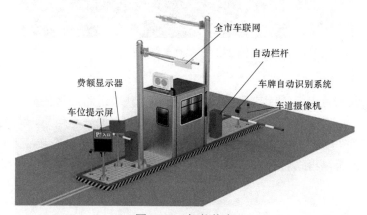

图2-24 智能停车

2. 城市拥堵管理

在某些大型城市的核心商业区，过多的汽车出入已经让这些区域的交通严重恶化，通行效率急剧降低。对于出入核心商业区收取一定费用可以有效地调节该区域的车流量，这在新加坡和伦敦等城市已经成功应用。专用短程通信（Dedicated Short Range Communication）技术可以实现自由通行情况下的车路实时通信（图2-25）和实时电子支付，是目前世界上实现拥堵收费和管理的主流技术。

3. 不停车营运车辆管理

国家对"两客一危"营运车辆规定要求安装符合国家标准（JT/T 794—2011）的卫星定位车载终端。该终端以车辆传感、GPS/北斗及4G/3G技术为基础可以实现对车辆行驶记录、定位和监控。结合专用短程通信技术，可以实现营运车辆出入场站、车辆和人员不停车稽查、沿途重要站点自动稽查、基于特殊位置的实时信息接收及交通路口特殊车辆优先放行等应用。

图 2-25 实时车路通信

4. 安全驾车应用

基于车联网技术一方面可以通过移动互联网获取道路周边的交通状况信息，也可以通过专用短程通信技术获取在途的事故或者交通安全信息，且通过车与车（图 2-26）、车与路之间的信息交换，可实现大雾大雨天气、弯道、交叉口、危险路段的避让预警，再结合行人检测技术，就可以有效构建安全行车环境。

图 2-26 车与车信息交换

2.5.2 车联网在新能源汽车上的应用

在国外，已经有公司开展利用车联网来监控管理新能源汽车的运行参数，提高安全性，优化新能源汽车能量使用效率。

第 2 章
新能源汽车车联网技术

1. 安吉星（OnStar）的新能源汽车应用功能

沃蓝达（Vlot）是通用汽车公司开发的一款增程型电动车，2010 年 12 月在美国上市。沃蓝达在纯电动模式下最高可行驶 80km，增程模式下的续驶总里程达 570km，0→100km/h 加速时间约为 9s，最高车速为 160km/h，并获得 NHTSA 美国国家高速公路交通安全管理局五星安全评级，关键组件可享受 6 年/15 万公里超长质保。2011 年，美国国家交通安全管理局对沃蓝达进行了碰撞测试，测试之后被撞测试车停放到停车场，曾出现两次意外着火事故。这一事故影响了沃蓝达的销量。为了保证沃蓝达的安全行驶，安吉星开发了手机应用程序（图 2-27），可以在 iPhone、安卓和黑莓手机上运行。安吉星也即将在我国推出专为沃蓝达设计的手机应用功能。该手机应用程序除了集成之前已经为大家耳熟能详的远程车门上锁/解锁、远程起动、车位提示等应用，还将向车主显示电池电量、电动续驶里程、充电开始（完成）时间、电压、充电状态等一系列包含电池信息的车况数据；沃蓝达的车主还将可以通过手机浏览充电模式（立即充电模式、基于出发时间和费率充电模式、基于出发时间充电模式），甚至通过手机一键启动充电。它提供如下控制功能（表 2-3）：

表 2-3　控　制　功　能

功能	说　　明
充电	开始充电，改变充电模式
车辆控制	上锁/解锁功能，远程起动
导航	导航及专业顾问服务
续驶	实时显示续驶里程，当前电池剩余电量，当前剩余燃料，图形化燃油效率
安全	通过短消息及邮件设置充电报警，显示实时胎压信息，管理账号

图 2-27　手机应用程序

2. 日产聆风电动汽车的ICT联网

2010年12月，日产聆风电动汽车开始在日本和美国销售，至今全球销量已经超过2.2万辆，其中在日本销售10 310辆，在北美销售9788辆。聆风电动汽车前置前驱，交流发电机的功率为80kW，转矩输出为280Nm，最高车速可达145km/h，巡航里程可达175km。2010年11月1日，日产发布了用于聆风电动汽车的ICT系统（Information and Communication Technology system，信息和通信技术系统）。ICT系统被搭载到聆风电动汽车上，在日本、美国和欧洲销售。它为电动汽车的驾驶带来了便利、舒适和安全，也为低碳社会记录了大量的运行数据。

聆风电动汽车的车主可以借助ICT系统，从日产CARWINGS数据中心获得优化驾驶经验的数据和信息。CARWINGS是日产的车联网系统，它通过TCU模块（Telematics Communication Unit，车联网通信模块）帮助车载导航系统与后台数据中心进行通信，从而获得语音导航、安防、上网和娱乐等功能。ICT系统在CARWINGS的网络平台上，增加了电动汽车特有的功能，例如电动汽车的行驶记录、电池状态、遥控电池充电、车内气候控制等（示例如图2-28所示）。ICT系统可以通过智能手机和电脑登录专用的网站，管理电动汽车的能量使用。ICT系统提供的服务有：

（1）在线服务（驾驶过程中）

① 在地图上显示可以到达的目的地功能：通过点击屏幕，可以检查出聆风电动汽车可以到达的最远距离。

② 充电站位置更新功能：自动更新数据，显示最近的充电站位置。

③ 充电计时器功能：可以按照设置的理想时间对电动汽车充电。

（2）离线服务（驾驶前和驾驶后）

① 遥控功能（Remote Control function）：包括检查电池的充电状态、控制电池充电、估计完成充电的时间、显示续驶里程、维护电池和故障诊断。

② 车内气候遥控功能：在进入汽车之前，遥控开启空调系统，使车内保持舒适的温度。

③ 耗电仿真功能：每次驾驶结束后，显示预测的消耗电量的费用，同时显示驾驶电动汽车减少的CO_2的预测排放量。

④ 节能车主排名功能：全球的日产聆风电动汽车的车主可以通过耗电量、驾驶距离、再生制动能量回收等指标的比较，列出节能车主排名。

⑤ 路径规划功能：根据电动汽车的续驶里程和附近的充电站位置，建立一个出行路线计划。

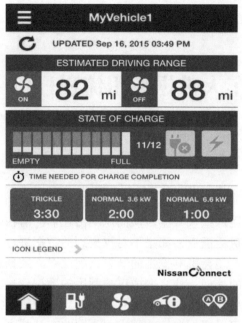

图 2-28　车内温度遥控

在征求聆风电动汽车车主同意后,日产 CARWINGS 数据中心会保存全球车主们的驾驶、充电和耗电量等历史数据。分析这些数据,可以计算出驾驶电动汽车减少了多少 CO_2 排放量,使用了多少清洁能源。日产 ICT 项目也是横滨市智慧城市项目的一部分,它为建立可持续的零排放社会做出了贡献。

第 3 章
新能源汽车大数据应用流程

　　企业里的数据量非常庞大，而其中真正有价值的信息却不多，所以人们最关心的问题就是如何应用这些大数据，从而挖掘出它们的潜在价值，产生应有的大数据效益。在获得大量数据后，如果不对收集到的数据进行处理，则不仅仅会影响到数据挖掘的效率，还会影响挖掘的结果。因此对大数据进行应用之前，必须要对数据本身做一定的处理，使之变成可被利用的数据形式。在对数据进行过处理后，我们就需要利用这些数据挖掘出有用的信息。在挖掘的过程中出现了许多挖掘探索分析方法，可以根据自己的需求用不同的方法得到不同的信息。挖掘的结果可能不具有直观性，需要借助一些工具进行可视化展示，这样才会让我们挖掘的信息更加具有交互性、直观性，使人们对结果的理解更加透彻。

　　新能源汽车中可挖掘的有价值信息量也十分庞大。例如，了解踏板的工作状态可以对驾驶员的驾驶行为进行分析，了解动力电池中单体电池的电压可以进行电池故障的诊断，了解动力电池的电量可以对新能源汽车进行能耗分析等。大数据在新能源汽车上的应用可以为该产业创造大量的价值。

　　下面通过数据采集、数据预处理、数据存储、数据探索与分析和数据可视化五个步骤来介绍大数据的应用流程，并且结合新能源汽车数据平台介绍新能源汽车大数据应用的流程。

3.1 数 据 采 集

3.1.1 数据采集方法

　　数据采集是大数据应用流程中的第一个环节，它通过 RFID 射频、传感器、社交网络、移动互联网等方式获得各种类型的结构化、半结构化及非结构化的海量数据。因此可能有成千上万的用户同时进行访问和操作（并发工作），所以必须采用专门针对大数据的采集方法，主要包括以下三种：

1. 系统日志采集方法

许多公司的业务平台每天都会产生大量的日志数据。日志收集系统的任务就是收集业务日志数据供离线和在线的分析系统使用。高可用性、可靠性、可扩展性是日志收集系统所具有的基本特征。目前常用的开源日志收集系统有 Flume、Scribe 等。Flume 是 Cloudera 提供的一个高可用的、高可靠的、分布式的海量日志采集、聚合和传输系统，目前是 Apache 的一个子项目。Scribe 是 Facebook 开源日志收集系统，它为日志的分布式收集、统一处理提供一个可扩展的、高容错的解决方案。

2. 网络数据采集方法

网络数据采集是指通过网络爬虫或网站公开 API 等方式从网站上获取数据信息的过程。这样可将非结构化数据、半结构化数据从网页中提取出来，并以结构化的方式将其存储为统一的本地数据文件。它支持图片、音频、视频等文件的采集，且附件与正文可自动关联。对于网络流量的采集，则可使用 DPI 或 DFI 等带宽管理技术进行处理。

3. 其他数据采集方法

对于企业生产经营数据或科学研究数据等保密性要求较高的数据，可以通过与企业或研究机构合作，使用特定系统窗口等相关方式采集数据。

3.1.2 新能源汽车数据采集

1. 新能源汽车数据平台三级结构

目前，新能源汽车的数据平台主要有企业监测平台、地方监测平台以和国家监测平台三类。这三类平台形成了数据平台的三级架构，如图 3-1 所示。新能源汽车的运行数据会实时传输到企业监测平台，企业通过企业监测平台对本企业生产的新能源汽车进行安全管理、预报警和故障处理，同时企业平台要将公共领域的新能源车辆数据实时转发给地方监测平台并进行统计信息和故障处理的上报。地方监测平台通过监测新能源车辆的运行实现新能源车辆的信息统计，通过车辆故障的回溯实现对新能源汽车质量的监管。地方监测平台也要将车辆运行数据实时上传到国家监管平台，并进行统计信息和故障信息的上报。在企业—地方—国家这一数据上传通路之外，还保留了企业平台直接向国家平台上传的通路。企业监测平台要根据需要将车辆运行数据实时传

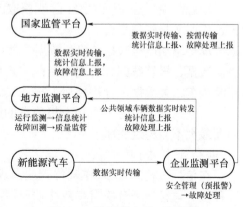

图 3-1 数据平台的三级架构

输到国家平台并进行统计信息和故障处理信息的上报。

2. 静态信息采集

静态信息指的是没有与服务器进行交互的数据。车辆外部的静态信息主要包括充电桩的使用信息、路网信息、气象信息等。这些静态信息能够对分析车辆的行驶状况、安全管理和故障回溯提供有效的依据。车辆的静态信息包括车辆的相关参数、车辆公告信息、车辆的销售情况以及用户对车辆的评价情况等。这些信息也是进行大数据分析所必备的。

车辆静态信息往往都是相应网站上的公开信息。比如车辆的相关参数，可以通过生产企业的网站上找到对该种车型的介绍，也可以在销售网站上找到该车型的参数。车辆公告信息可以在中国机动车网等相关网站上获取。车辆销售情况和用户反馈可以在车辆销售网站以及相关社交论坛上查询。同时也可利用网络爬虫程序定期从相应网站上爬取车辆的静态信息、车辆公告信息以及销售反馈信息等，并存入数据平台中。

3. 动态信息采集

车辆动态信息采集是指通过布置在车辆上的传感器获取车辆的动态信息，主要由车载终端通过无线方式上传到数据平台。新能源汽车数据平台车辆动态信息采集步骤如下：

（1）连接建立

车载终端向远程服务与管理平台发送通信连接请求，当通信链路连接建立后，车载终端应自动向远程服务与管理平台发送登入信息身份识别，远程服务与管理平台应对接收到的数据进行校验。

（2）信息传输

当车辆终端登入成功后，应按一定时间周期向远程服务与管理平台上报电动汽车运行、充电、事故报警或断电后 3min 内的实时信息。

车载终端通过车辆 CAN 总线获取的数据整合后，通过 GPRS 无线网络发送到远程服务与管理平台。车载终端向远程服务与管理平台上报信息时，应根据实际情况对驱动电机数据、整车数据、燃料电池数据、发动机数据、车辆位置数据、极值数据、报警数据、可充电储能装置电压数据、可充电储能装置温度数据等新能源汽车相关数据进行拼装后上报。

车载终端向服务端平台上报信息的时间周期可以调整，车辆信息上报的时间周期最大不应超过 30s。

（3）连接维持

在信息传输过程中，车载终端应向远程服务与管理平台发送周期性心跳信息，远程服务与管理平台应对车载终端反馈成功应答。心跳发送周期可以调整。

（4）信息补发

当数据通信链路异常时，车载终端应将实时上报数据进行本地储存。在数据通信链路恢复正常后，在发送实时上报数据的空闲时间完成补发储存的上报数据。

因为新能源汽车不仅仅只涉及车辆一个产业，与其相关的还包括气象、路网等相关产业，只有动态信息与静态信息的相互结合，才能从大数据里挖掘出潜在的、有价值的信息，进而对新能源汽车产业的发展提供一定的帮助。

4. 新能源汽车大数据平台数据采集过程

新能源汽车大数据处理分为数据采集、数据存储与管理、数据分析与挖掘、数据展现与应用四部分，如图3-2所示。首先，新能源汽车大数据平台收集车辆

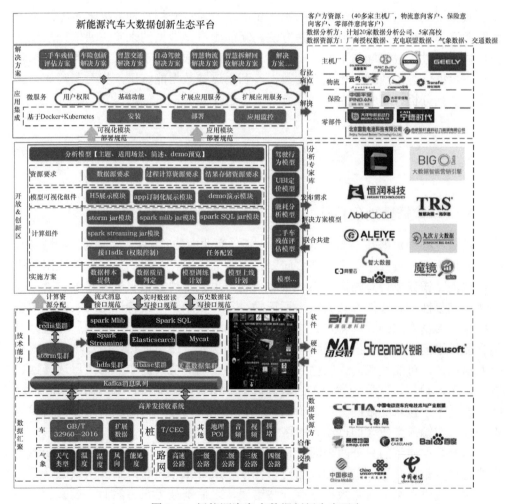

图3-2 新能源汽车大数据创新生态平台

运行数据、气象数据、路网数据、充电桩数据等各方面的数据并进行汇总，这些数据中往往会有缺失值或异常值，采集的数据需要通过预处理环节提高数据质量，然后通过高并发接收系统进入平台；进入平台后，平台会对这些数据按照数据种类分别存入 storm 集群、redis 集群、hdfs 集群、Hbase 集群、关系数据集群中进行管理；新能源汽车大数据平台通过应用不同种类的计算组件进行充电统计、驾驶行为、行驶统计等分析；并通过 HS 展示模块、app 定制化模块、demo 展示模块进行可视化展示。平台还可以提供许多基础功能和扩展应用功能，包括二手车残值评估方案、车险创新解决方案、自动驾驶解决方案、智慧物流解决方案等。

3.1.3 小结

数据采集是数据应用流程中的第一步，本节通过介绍几种数据采集方法引出新能源汽车大数据平台的数据采集方法。新能源汽车数据的采集主要依托三级平台架构，通过车载终端与平台、平台与平台之间的数据传输，采集不同种类车辆的动态数据、静态数据和相关部件数据。利用这些数据能够进一步对车辆的行驶状态、能耗分析、驾驶行为等有价值的信息进行分析。

3.2 数据预处理

3.2.1 数据预处理目标

数据挖掘的数据基本都来自生产、生活、商业中的实际数据，在现实世界中，由于各种原因导致数据总是有许多问题。在实际情况下，我们采集到的数据往往存在缺失、错误或含有噪声、不一致等问题，也就是说数据质量的三个要素：准确性、完整性和一致性都有欠缺。不正确、不完整和不一致特性是现实世界大型数据库和数据仓库的共同特点。导致不正确的数据（即具有不正确的属性值）可能有多种原因：收集数据的设备可能出故障；输入错误数据；当用户不希望提交个人信息时，可能故意向强制输入字段输入不正确的值（例如，为生日选择默认值"1月1日"），这称为被掩盖的缺失数据。错误也可能在数据传输中出现，这些可能是由于技术的限制。不正确的数据也可能是由命名约定或所用的数据代码不一致，或输入字段（如日期）的格式不一致而导致的。

影响数据质量的另外两个因素是可信性和可解释性。可信性（Believability）反映有多少数据是用户信赖的，而可解释性（Interpretability）则反映数据是否容易理解。假设在某一时刻数据库有一些错误，之后都被更正。然而，过去的错误已经对相关部门造成了影响，因此他们不再相信该数据，即数据的可信性下降。

此外，数据还使用了许多编码方式，量化分析人员有时并不知道如何解释它们。即便该数据库现在是正确的、完整的、一致的、及时的，但是由于很差的可信性和可解释性，这时数据质量仍然可能被认为很低。

总之，现实世界的数据质量总是很难让人满意，一般是质量较差的，原因也有很多。但我们并不需要过多关注数据质量差的原因，只需关注如何让数据质量变得更好，也就是说如何对数据进行预处理，以提高数据质量，满足数据挖掘的需要才是我们的主要工作。

3.2.2 数据预处理方法

本节我们考察数据预处理的主要方法，即数据清理、数据集成、数据归约、数据变换与数据离散化和数据降维。

1. 数据清理

现实世界的数据一般是不完整的、有噪声的和不一致的。数据清理例程试图填充缺失的值、光滑噪声并识别离群点。

（1）缺失值

在分析销售和顾客数据时，发现许多元组的一些属性（如顾客的 income）没有记录值，怎样才能为该属性填上缺失的值？我们看看下面的方法。

① 忽略元组：当缺少类标号时通常这样做，假定挖掘任务涉及分类。除非元组有多个属性缺失值，否则该方法不是很有效。当每个属性缺失值的百分比变化很大时，它的性能特别差。采用忽略元组的方法，则不能使用该元组的剩余属性值，这些数据可能对当前的任务是有用的。

② 人工填写缺失值：一般来说，该方法很费时，并且当数据集很大、缺失很多值时，该方法可能行不通。

③ 使用一个全局常量填充缺失值：将缺失的属性值用同一个常量（如 Unknown 或 ∞）替换。如果缺失的值都用如"Unknown"替换，则挖掘程序可能误以为它们形成了一个有趣的概念，因为它们都具有相同的值——"Unknown"。因此，尽管该方法简单，但是并不十分可靠。

④ 使用属性的中心度量（如均值或中位数）填充缺失值：中心度量表示数据分布的"中间"值。对于正常的（对称的）数据分布而言，可以使用均值，而倾斜数据分布应该使用中位数。例如，假定某公司的顾客收入的数据分布是对称的，并且平均收入为 56 000 美元，则使用该值替换 income 中的缺失值。

⑤ 使用与给定元组属同一类的所有样本的属性均值或中位数。例如，如果将顾客按 credit_risk 分类，则用具有相同信用风险的顾客的平均收入替换 income 中的缺失值。如果给定类的数据分布是倾斜的，则中位数是更好的选择。

⑥ 使用最可能的值填充缺失值：可以使用回归或基于推理的贝叶斯形式化方

法的工具或决策树归纳确定。例如，利用数据集中其他顾客的属性，可以构造一棵决策树，来预测income的缺失值。

方法③~方法⑥会使数据有偏，填入的值可能不正确。与其他方法相比，方法⑥是最流行的方法，它使用已有数据的大部分信息来预测缺失值。在估计income的缺失值时，通过考虑其他属性的值，有更大的机会保持income和其他属性之间的联系。

重要的是要注意，在某些情况下，缺失值并不意味数据有错误。例如，在申请信用卡时，可能要求申请人提供驾驶证号，没有驾驶证的申请者自然地不会填写该字段。表格应当允许填表人使用诸如"不适用"等值，软件例程也可以用来发现其他空值（如"不知道"、"？"或"无"）。在理想情况下，每个属性都应当有一个或多个关于空值条件的规则。这些规则可以说明是否允许空值，或者说明这样的空值应当如何处理或转换。如果在业务处理的稍后步骤提供空值，字段也可能故意留下空白。因此，尽管在得到数据后，我们可以尽我们所能来清理数据，但好的数据库和数据输入设计将有助于在第一现场把缺失值或错误的数量降至最低。

（2）噪声数据

"什么是噪声数据？"噪声（noise）数据是被测量的变量的随机误差。我们看到了如何使用基本统计描述技术（如盒图和散点图）和数据可视化方法来识别可能代表噪声的离群点。我们如何才能"光滑"数据、去掉噪声呢？下面介绍几种数据光滑技术。

① 分箱（binning）：分箱方法通过考察数据的"近邻"（即周围的值）来光滑有序数据值。这些有序的值被分布到一些"桶"或箱中。分箱方法只考察近邻的值，因此它只能进行局部光滑。图3-3表示了一些分箱技术。

按price排序后的数据：4，8，15，21，21，24，25，29，34

在该例中，price数据首先排序并被划分到大小为3的等频的箱中（即每个箱包含3个值）。对于用箱均值光滑，箱中每一个值都被替换为箱中的均值。例如，箱1中的值4、8和15的均值是9。因此，该箱中的每一个值都被替换为9。

类似地，可以使用各箱中位数光滑。此时，箱中的每一个值都被替换为该箱的中位数。对于用箱边界光滑，给定箱中的最大值和最小值同样被视为箱边界，而箱中的每一个值都被替换为最近的边界值。一般而言，宽度越大，光滑效果越明显。箱也可以是等宽的，其中每个箱值的区间范围是常量。分箱也可以作为一

```
划分为（等频的）箱：
箱1： 4， 8， 15
箱2： 21， 21， 24
箱3： 25， 28， 34

用箱均值光滑：
箱1： 9， 9， 9
箱2： 22， 22， 22
箱3： 29， 29， 29

用箱边界光滑：
箱1： 4， 4， 15
箱2： 21， 21， 24
箱3： 25， 25， 34
```

图3-3 数据光滑的分箱方式

种离散化技术使用。

② 回归（regression）：也可以用一个函数拟合数据来光滑数据。这种技术称为回归。线性回归涉及找出拟合两个属性（或变量）的"最佳"直线，使得可以用一个属性来预测另一个。多元线性回归是线性回归的扩充，其中涉及的属性多于两个，并且数据拟合到一个多维曲面。

③ 离群点分析（outlier analysis）：可以通过如聚类等方法来检测离群点。聚类将类似的值聚成群或"簇"。直观地，落在簇集合之外的值被视为离群点。

许多数据光滑的方法也用于数据离散化（一种数据变换形式）和数据归约。例如，上面介绍的分箱技术减少了每个属性的不同值的数量。对于基于逻辑的数据挖掘方法（如决策树归纳），它反复地在排序后的数据上进行比较，这充当了一种形式的数据归约。

2. 数据集成

数据挖掘经常需要数据集成——合并来自多个数据存储的数据。合理的集成有助于减少结果数据集的冗余和不一致。这有助于提高其后挖掘过程的准确性和速度。

（1）实体识别问题

数据分析任务多半涉及数据集成。数据集成将多个数据源中的数据合并，存放在一个一致的数据存储中，如存放在数据仓库中。这些数据源可能包括多个数据库、数据立方体或一般文件。

在数据集成时，有许多问题需要考虑。来自多个信息源的现实世界的等价实体如何才能"匹配"，这涉及实体识别问题。例如，数据分析者或计算机如何才能确信一个数据库中的 customer_id 与另一个数据库中的 cust_number 指的属性是否相同。每个属性的元数据包括名字、含义、数据类型和属性的允许取值范围，以及处理空白、零或 NULL 值的空值规则。这样的元数据可以用来帮助避免模式集成的错误。元数据还可以用来帮助变换数据（例如，pay_type 的数据编码在一个数据库中可以是"H"和"S"，而在另一个数据库中是 1 和 2）。因此，这一步也与前面介绍的数据清理有关。

在集成期间，当一个数据库的属性与另一个数据库的属性匹配时，必须特别注意数据的结构。这旨在确保源系统中的函数依赖和参照约束与目标系统中的匹配。例如，在一个系统中，discount 可能用于订单，而在另一个系统中，它用于订单内的商品。如果在集成之前未发现，则目标系统中的商品可能被不正确地打折。

（2）冗余和相关分析

冗余是数据集成的另一个重要问题。一个属性（如年收入）如果能由另一个或另一组属性"导出"，则这个属性可能是冗余的。属性或维命名的不一致也可能导致结果数据集中的冗余。

有些冗余可以被相关分析检测到。给定两个属性，这种分析可以根据可用的数据，度量一个属性能在多大程度上蕴涵另一个。对于标称数据，我们使用 χ^2（卡方）检验。对于数值属性，我们使用相关系数（correlation coefficient）和协方差（covariance），它们都能评估一个属性的值如何随另一个变化。

对于标称数据，两个属性 A 和 B 之间的相关联系可以通过 χ^2（卡方）检验发现。假设 A 有 c 个不同值 a_1, a_2, $\cdots$, a_c，B 有 r 个不同值 b_1, b_2, $\cdots$, b_r。用 A 和 B 描述的数据元组可以用一个相依表显示，其中 A 的 c 个值构成列，B 的 r 个值构成行。令 (A_i, B_j) 表示属性 A 取值 a_i，B 取值 b_j 的联合事件，即 ($A=a_i, B=b_j$)。每个可能的 (A_i, B_j) 联合事件都在表中有自己的单元。χ^2 值（又称 Pearson χ^2 统计量）可以用下式计算：

$$\chi^2 = \sum_{i=1}^{c}\sum_{j=1}^{r}\frac{(a_{ij}-e_{ij})^2}{e_{ij}} \qquad (3-1)$$

式中，a_{ij} 是联合事件 (A_i, B_j) 的观测频度（即实际计数）；e_{ij} 是 (A_i, B_j) 的期望频度。e_{ij} 可以用下式计算：

$$e_{ij} = \frac{count(A=a_i)\times count(B=b_j)}{n} \qquad (3-2)$$

式中，n 是数据元组的个数；$count(A=a_i)$ 是 A 上具有值为 a_i 的元组个数；$count(B=b_j)$ 是 B 上具有值为 b_j 的元组个数。式（3-1）中的和在所有 $r\times c$ 个单元上计算。注意，对 χ^2 值贡献最大的单元是其实际计数与期望计数差异很大的单元。

χ^2 统计检验假设 A 和 B 是独立的。检验基于显著水平，具有自由度 $(r-1)\times(c-1)$。我们将用【例 3.1】解释该统计量的使用。如果可以拒绝该假设，则我们说 A 和 B 是统计相关的。

【例 3.1】使用 χ^2 的标称属性的相关分析。假设调查了 1500 个人，记录了每个人的性别。每个人对他们喜爱的阅读材料类型是否是小说进行投票。这样，我们有两个属性 gender 和 preferred _reading。每种可能的联合事件的观测频率（或计数）汇总在表 3-1 所显示的相依表中，其中括号中的数是期望频率。期望频率根据两个属性的数据分布，用式（3-2）计算。

表 3-1 【例 3.1】的数据 2×2 相依表

读书类型	性别		合计
	男	女	
小说	250（90）	200（360）	450
非小说	50（210）	1000（840）	1050
合计	300	1200	1500

使用式（3-2），我们可以验证每个单元的期望频率。例如，单元（男，小说）的期望频率是：$e_{11}=\dfrac{count(\text{男})\times count(\text{小说})}{n}=\dfrac{300\times450}{1500}=90$。注意，在任意行，期望频率的和必须等于该行总观测频率，并且任意列的期望频率的和也必须等于该列的总观测频率。

根据计算 χ^2 的式（3-1）可以得到：

$$\chi^2=\dfrac{(250-90)^2}{90}+\dfrac{(50-210)^2}{210}+\dfrac{(1000-840)^2}{840}=507.93$$

对于这个 2×2 的表，自由度为(2-1)×(2-1)=1。对于自由度 1，在 0.001 的置信水平下，拒绝假设的值是 10.828（取自 χ^2 分布上百分点表，通常可以在任意统计学教科书中找到）。由于计算的值大于该值，因此可以拒绝 gender 和 preferred_reading 独立的假设，并断言对于给定的人群，这两个属性是（强）相关的。

（3）元组重复

除了检测属性间的冗余外，还应当在元组级检测重复（例如，对于给定的唯一数据实体，存在两个或多个相同的元组）。去规范化表（denormalized table）的使用（这样做通常是通过避免连接来改善性能）是数据冗余的另一个来源。不一致通常出现在各种不同的副本之间，由于不正确的数据输入，或者由于更新了数据的某些出现地点，但未更新所有的出现地点。例如，如果订单数据库包含订货人的姓名和地址属性，而不是这些信息在订货人数据库中的码，则差异就可能出现，如同一订货人的名字可能以不同的地址出现在订单数据库中。

（4）数据值冲突的检测与处理

数据集成还涉及数据值冲突的检测与处理。例如，对于现实世界的同一实体，来自不同数据源的属性值可能不同。这可能是因为表示、尺度或编码不同。例如，重量属性可能在一个系统中以公制单位存放，而在另一个系统中以英制单位存放。对于连锁旅馆，不同城市的房价不仅可能涉及不同的货币，而且可能涉及不同的服务（如免费早餐）和税收。例如，不同学校交换信息时，每个学校可能都有自己的课程计划和评分方案。一所大学可能采取学季制，开设 3 门数据库系统课程，用 A～F 评分；而另一所大学可能采用学期制，开设两门数据库课程，用 1～10 评分。很难在这两所大学之间制定精确的课程成绩变换规则，这使得信息交换非常困难。

属性也可能在不同的抽象层，其中属性在一个系统中记录的抽象层可能比另一个系统中"相同的"属性低。例如，total_sales 在一个数据库中可能涉及某公司的一个分店，而另一个数据库中相同名字的属性可能表示一个给定地区的诸如某公司分店的总销售量。

3. 数据归约

假定你已经从数据仓库选择了数据用于分析，数据集可能非常大！在海量数据上进行复杂的数据分析和挖掘将需要很长时间,使得这种分析不现实或不可行。

数据归约(data reduction)技术可以用来得到数据集的归约表示,它小得多,但仍接近于保持原始数据的完整性。也就是说,在归约后的数据集上挖掘将更有效,仍然产生相同(或几乎相同)的分析结果。下面我们将概述数据归约的策略,然后进一步考察每种技术。

数据归约策略包括维归约、数量归约和数据压缩。

① 维归约(dimensionality reduction)减少所考虑的随机变量或属性的个数。维归约方法包括小波变换和主成分分析,它们把原数据变换或投影到较小的空间。属性子集选择是一种维归约方法,其中不相关、弱相关或冗余的属性或维被检测和删除。

② 数量归约(numerosity reduction)用替代的、较小的数据表示形式替换原数据,这些技术可以是参数的或非参数的。对于参数方法而言,使用模型估计数据,使得一般只需要存放模型参数,而不是实际数据(离群点可能也要存放)。

③ 数据压缩(data compression)使用变换,以便得到原数据的归约或"压缩"表示。如果原数据能够从压缩后的数据重构而不损失信息,则该数据归约称为无损的。如果我们只能近似重构原数据,则该数据归约称为有损的。对于串压缩,有一些无损压缩算法。然而,它们一般只允许有限的数据操作。维归约和数量归约也可以被视为某种形式的数据压缩。

有许多其他方法来组织数据归约方法。花费在数据归约上的计算时间不应超过或"抵消"在归约后的数据上挖掘所节省的时间。

4. 数据变换与数据离散化

(1)数据变换策略概述

在数据变换中,数据被变换或统一成适合于挖掘的形式。数据变换策略包括如下几种:

① 光滑(smoothing):去掉数据中的噪声。这类技术包括分箱、回归和聚类。

② 属性构造(或特征构造):可以由给定的属性构造新的属性并添加到属性集中,以帮助挖掘过程。

③ 聚集:对数据进行汇总或聚集。例如,可以聚集日销售数据,计算月和年销售量。这一步通常用来为多个抽象层的数据分析构造数据立方体。

④ 规范化:把属性数据按比例缩放,使之落入一个特定的小区间,如[-1, 1]或[0.0, 1.0]。

⑤ 离散化:数值属性(如年龄)的原始值用区间标签(例如,0~10,11~20等)或概念标签(如youth、adult、senior)替换。这些标签可以递归地组织成更高层概念,导致数值属性的概念分层。图3-4显示了属性price的一个概念分层。对于同一个属性可以定义多个概念分层,以适合不同用户的需要。

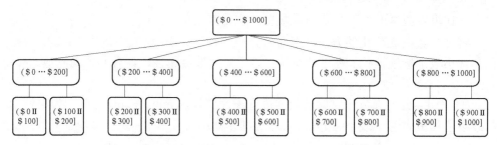

图 3-4　属性 price 的一个概念分层，其中（$X···$Y］表示
从$X（不包括）到$Y（包括）的区间

⑥ 由标称数据产生概念分层：属性，如 street，可以泛化到较高的概念层，如 city 或 country。许多标称属性的概念分层都蕴含在数据库的模式中，可以在模式定义级自动定义。

离散化技术可以根据如何进行离散化加以分类，如根据是否使用类信息，或根据离散化的进行方向（即自顶向下或自底向上）来分类。如果离散过程使用类信息，则称它为监督的离散化（supervised discretization）；否则是非监督的（unsupervised）。如果离散化过程首先找出一个或几个点来划分整个属性区间，然后在结果区间上递归地重复这一过程，则称它为自顶向下离散化或分裂。自底向上离散化或合并正好相反，它们首先将所有的连续值看作可能的分裂点，通过合并邻域的值形成区间，然后在结果区间递归地应用这一过程。

数据离散化和概念分层产生也是数据归约形式。原始数据被少数区间或标签取代，这简化了原数据，使得挖掘更有效。挖掘的结果模式一般更容易理解。对于多个抽象层上的挖掘，概念分层也是有用的。

（2）通过规范化变换数据

所用的度量单位可能影响数据分析。例如，把 height（高度）的度量单位从米变成英寸，把 weight（质量）的度量单位从公斤改成磅，可能导致完全不同的结果。一般而言，用较小的单位表示属性将导致该属性具有较大值域，因此趋向于使这样的属性具有较大的影响或较高的"权重"。为了帮助避免对度量单位选择的依赖性，数据应该规范化或标准化。这涉及变换数据，使之落入较小的共同区间，如 [-1, 1] 或 [0.0, 1.0]。（在数据预处理中，术语"规范化"和"标准化"可以互换使用，尽管后一术语在统计学还具有其他含义。）

规范化数据试图赋予所有属性相等的权重。对于涉及神经网络的分类算法或基于距离度量的分类（如最近邻分类）和聚类，规范化特别有用。如果使用神经网络后向传播算法进行分类挖掘，对训练元组中每个属性的输入值规范化将有助于加快学习阶段的速度。对于基于距离的方法，规范化可以帮助防止具有较大初始值域的属性（如 income）与具有较小初始值域的属性（如二元属性）相比权重过大。在没有数据的先验知识时，规范化也是有用的。

有许多数据规范化的方法，下面将介绍三种：最小–最大规范化、z 分数规范化和按小数定标规范化。在下述讨论中，令 v 为数值属性，具有 n 个观测值：v_1，v_2，…，v_n。

① 最小–最大规范化对原始数据进行线性变换。$\min_A$ 和 $\max_A$ 分别为属性 A 的最小值和最大值。最小–最大规范化通过计算：

$$v_i' = \frac{v_i - \min_A}{\max_A - \min_A}(new\_\max_A - new\_\min_A) + new\_\min_A \tag{3-3}$$

把 A 的值 v_i 映射到区间 $[new\_\min_A, new\_\max_A]$ 中的 v_i'。最小–最大规范化保持原始数据值之间的联系。如果今后的输入实例落在 A 的原数据值域之外，则该方法将面临"越界"错误。

【例3.2】最小–最大规范化。假设属性 income 的最小值与最大值分别为 11 000 美元和 96 000 美元。我们想把 income 映射到区间 $[0.0, 1.0]$。根据最小–最大规范化，74 600 美元将变换为：$\frac{74\,600 - 11\,100}{96\,000 - 11\,000}(1.0 - 0.0) + 0.0 = 0.748$

② 在 z 分数（z-score）规范化（或零均值规范化）中，属性 $\overline{A}$ 于 A 的均值（即平均值）和标准差规范化。A 的值 v_i 被规范化为 v_i'，由下式计算：

$$v_i' = \frac{v_i - \overline{A}}{\sigma_A} \tag{3-4}$$

式中，$\overline{A}$ 和 σ_A 分别为属性 A 的均值和标准差。当属性 A 的实际最小值和最大值未知，或离群点左右了最小–最大规范化时，该方法是有用的。

【例3.3】z 分数规范化。假设属性 income 的均值和标准差分别为 5400 美元和 1600 美元。使用 z 分数规范化，值 7360 美元被转换为：$\frac{7360 - 5400}{1600} = 1.225$。

标准差可以用均值绝对偏差替换。A 的**均值绝对偏差**（mean absolute deviation）S_A 定义为：

$$S_A = \frac{1}{n}(|v_1 - \overline{A}| + |v_2 - \overline{A}| + \cdots + |v_n - \overline{A}|) \tag{3-5}$$

这样，使用均值绝对差的 z 分数规范化为

$$v_i' = \frac{v_i - \overline{A}}{S_A} \tag{3-6}$$

对于离群点，均值绝对偏差 S_A 比标准差更加鲁棒。在计算均值绝对偏差时，不对均值的偏差（$|x_i - \overline{x}|$）取平方，因此离群点的影响多少有点降低。

③ 小数定标规范化通过移动属性 A 的值的小数点位置进行规范化。小数点的移动位数依赖于 A 的最大绝对值。A 的值 v_i 被规范化为 v_i'，由下式计算：

$$v'_i = \frac{v_i}{10^j} \tag{3-7}$$

式中，j 是使得 $\max(|v'_i|)<1$ 的最小整数。

【例3.4】 小数定标。假设 A 的取值为 $-986\sim917$。A 的最大绝对值为 985。因此，为使用小数定标规范化，我们用 1000（即 $j=3$）除每个值。因此，-985 被规范化为 -0.985，而 97 被规范化为 0.97。

注意，规范化可能将原来的数据改变很多，特别是使用 z 分数规范化或小数定标规范化时。还有必要保留规范化参数（如均值和标准差，如果使用 z 分数规范化的话），以便将来的数据可以一致的方式规范化。

（3）通过分箱离散化

分箱是一种基于指定的箱个数的自顶向下的分裂技术。分箱方法也可以用作数据归约和概念分层产生的离散化方法。例如，通过使用等宽或等频分箱，然后用箱均值或中位数替换箱中的每个值，可以将属性值离散化，就像用箱的均值或箱的中位数光滑一样。这些技术可以递归地作用于结果划分，产生概念分层。

分箱并不使用类信息，因此是一种非监督的离散化技术。它对用户指定的箱个数很敏感，也容易受离群点的影响。

（4）通过直方图分析离散化

像分箱一样，直方图分析也是一种非监督离散化技术，因为它也不使用类信息。直方图把属性 A 的值划分成不相交的区间，称为桶或箱。例如，在等宽直方图中，将值分成相等区间。在理想情况下，使用等频直方图，值被划分，使得每个分区包括相同个数的数据元组。直方图分析算法可以递归地用于每个分区，自动地产生多级概念分层，直到达到一个预先设定的概念层数，过程终止。也可以对每一层使用最小区间长度来控制递归过程。最小区间长度设定每层每个分区的最小宽度，或每层每个分区中值的最少数目。

5．数据降维

（1）主成分分析

在数据挖掘中，我们经常会遇到多个变量的问题，而且在多数情况下，多个变量之间常常存在一定的相关性。当变量个数较多且变量之间存在复杂关系时，会显著增加分析问题的复杂性。如果有一种方法可以将多个变量综合为少数几个代表性变量，使这些变量既能够代表原始变量的绝大多数信息又互不相关，那么这样的方法无疑有助于对问题的分析和建模。这时，就可以考虑用主成分分析法（PCA）。

1）PCA 的基本思想。主成分分析是采取一种数学降维的方法，其所要做的就是设法将原来众多具有一定相关性的变量，重新组合为一组新的相互无关的综合变量来代替原来变量。通常，数学上的处理方法就是将原来的变量做线性组合，作为新的综合变量，但是这种组合如果不加以限制，则可以有很多，应该如何选择呢？如果将选取的第一个线性组合即第一个综合变量记为 F_1，自然希望它尽可能多地反映原来变量的信息。这里"信息"用方差来测量，即希望 $\text{var}(F_1)$ 越大，表示 F_1 包含的信息越多。因此在所有的线性组合中所选取的 F_1 应该是方差最大的，故称 F_1 为第一主成分。如果第一主成分不足以代表原来 p 个变量的信息，再考虑选取 F_2 即第二个线性组合。为了有效地反映原来信息，F_1 已有的信息就不需要再出现在 F_2 中。用数学语言表达就是要求 $\text{cov}(F_1, F_2)=0$ ⊖，称 F_2 为第二主成分，依此类推可以构造出第三个、第四个……第 p 个主成分。

2）PCA 方法步骤。下面简单介绍一下 PCA 的典型步骤。

① 对原始数据进行标准化处理假设样本观测数据矩阵为：

$$X = \begin{bmatrix} x_1 \\ x_2 \\ \vdots \\ x_n \end{bmatrix} = \begin{bmatrix} x_{11} & x_{12} & \cdots & x_{1p} \\ x_{21} & x_{22} & \cdots & x_{2p} \\ \vdots & \vdots & & \vdots \\ x_{n1} & x_{n2} & \cdots & x_{np} \end{bmatrix} \tag{3-8}$$

那么可以按照如下方法对原始数据进行标准化处理：

$$x_{ij}^* = \frac{x_{ij} - \overline{x}_j}{\sqrt{\text{var}(x_j)}} \quad (i, j = 1, 2, \cdots, p) \tag{3-9}$$

其中，$\overline{x}_j = \frac{1}{n}\sum_{i=1}^{n} x_{ij}$；$\text{var}(x_j) = \frac{1}{n-1}\sum_{i=1}^{n}(x_{ij} - \overline{x}_j)^2 \, (j = 1, 2, \cdots, p)$。

② 计算样本相关系数矩阵。

为方便，假定原始数据标准化后仍用 X 表示，则经标准化处理后数据的相关系数为：

$$R = \begin{bmatrix} r_{11} & r_{12} & \cdots & r_{1p} \\ r_{21} & r_{22} & \cdots & r_{2p} \\ \vdots & \vdots & & \vdots \\ r_{p1} & r_{p2} & \cdots & r_{pp} \end{bmatrix} \tag{3-10}$$

其中，$r_{ij} = \dfrac{\text{cov}(x_i, x_j)}{\sqrt{\text{var}(x_1)}\sqrt{\text{var}(x_2)}} = \dfrac{\sum_{k=1}^{n}(x_{ki} - \overline{x}_i)(x_{kj} - \overline{x}_j)}{\sqrt{\sum_{k=1}^{n}(x_{ki} - \overline{x}_i)^2}\sqrt{\sum_{k=1}^{n}(x_{kj} - \overline{x}_j)^2}}, n > 1$。

③ 计算相关系数矩阵 **R** 的特征值 $(\lambda_1, \lambda_2, \cdots, \lambda_p)$ 和相应的特征向量。

$$a_i = (a_{i1}, a_{i2}, \cdots, a_{ip}), i = 1, 2, \cdots, p$$

⊖ cov 表示统计学中的协方差。

④ 选择重要的主成分,并写出主成分表达式。

主成分分析可以得到 p 个主成分,但是各个主成分的方差是递减的,包含的信息量也是递减的,因此实际分析时,一般不是选取 p 个主成分,而是根据各个主成分累计贡献率的大小选取前 k 个主成分。这里贡献率是指某个主成分的方差占全部方差的比重,实际也就是某个特征值占全部特征值合计的比重,即:

$$贡献率 = \frac{\lambda_i}{\sum_{i=1}^{p} \lambda_i} \tag{3-11}$$

贡献率越大,说明该主成分所包含的原始变量的信息越强。主成分个数 k 的选取,主要根据主成分的累计贡献率来决定,即一般要求累计贡献率达到 85% 以上,这样才能保证综合变量能包括原始变量的绝大多数信息。

另外,在实际应用中,选择了重要的主成分后,还要注意主成分实际含义的解释。主成分分析中一个很关键的问题是如何给主成分赋予新的意义,给出合理的解释。一般而言,这个解释是根据主成分表达式的系数结合定性分析来进行的。主成分是原来变量的线性组合,在这个线性组合中各变量的系数有大有小,有正有负,有的大小相当,因而不能简单地认为这个主成分是某个原变量的属性的作用。线性组合中各变量系数的绝对值大者表明该主成分主要综合了绝对值大的变量。当几个变量系数大小相当时,应认为这一主成分是这几个变量的总和。这几个变量综合在一起应赋予怎样的实际意义,就要结合具体的实际问题和专业,给出恰当的解释,进而才能达到深刻分析的目的。

a)计算主成分得分

根据标准化的原始数据,按照各个样品,分别代入主成分表达式,就可以得到各主成分下的各个样品的新数据,即为主成分得分。具体形式如下:

$$\begin{bmatrix} F_{11} & F_{12} & \cdots & F_{1k} \\ F_{21} & F_{22} & \cdots & F_{2k} \\ \vdots & \vdots & & \vdots \\ F_{n1} & F_{n2} & \cdots & F_{nk} \end{bmatrix} \tag{3-12}$$

其中,$F_{ij} = a_{j1}x_{i1} + a_{j2}x_{i2} + ... + a_{jp}x_{ip} (i=1,2,\cdots,n; j=1,2,\cdots,k)$。

b)依据主成分得分的数据,进一步对问题进行后续的分析和建模后续的分析。建模常见的形式有主成分回归、变量子集合的选择、综合评价等。

(2)相关系数降维

设有如下两组观测值:

$$X: x_1, x_2, \cdots, x_n$$
$$Y: y_1, y_2, \cdots, y_n$$

则称 $r = \dfrac{\sum_{i=1}^{n}(X_i - \bar{X})(Y_i - \bar{Y})}{\sqrt{\sum_{i=1}^{n}(X_i - \bar{X})^2}\sqrt{\sum_{i=1}^{n}(Y_i - \bar{Y})^2}}$ 为 X 与 Y 的相关系数。

相关系数用 r 表示，r 在$-1\sim+1$ 之间取值。相关系数 r 的绝对值大小（即$|r|$），表示两个变量之间的直线相关强度。相关系数 r 的正负号表示相关的方向，分别是正相关和负相关。若相关系数 $r=0$，则称零线性相关，简称零相关；当相关系数$|r|=1$ 时，表示两个变量是完全相关。这时两个变量之间的关系成了确定性的函数关系，这种情况在行为科学与社会科学中是极少存在的。

一般说来，若观测数据的个数足够多，则计算出来的相关系数 r 就会更真实地反映客观事物之间的本来面目。

当 $0.7 \leqslant |r| < 1$ 时，称为高度相关；当 $0.4 \leqslant |r| < 0.7$ 时，称为中等相关；当 $0.2 \leqslant |r| < 0.4$ 时，称为低度相关；当$|r| < 0.2$ 时，称极低相关或接近零相关。

由于事物之间联系的复杂性，在实际研究中，通过统计方法确定出来的相关系数 r 即使是高度相关，我们在解释相关系数时，还要结合具体变量的性质特点和有关专业知识进行。两个高度相关的变量，它们之间可能具有明显的因果关系，也可能只具有部分因果关系，还可能没有直接的因果关系——其数量上的相互关联，只是它们共同受到其他第三个变量所支配的结果。除此之外，相关系数 r 接近零，这只是表示这两个变量不存在明显的直线性相关模式，但不能肯定地说这两个变量之间就没有规律性的联系。通过散点图有时会发现，两个变量之间存在明显的某种曲线性相关，但计算直线性相关系数时，其 r 值往往接近零。对于这一点，读者应该有所认识。

3.2.3 新能源汽车数据预处理

1. 终端数据预处理

为了使平台能够有效地采集到车载终端中的数据，可以通过表 3-2 中的方法对数据进行预处理。

① 汽车上车载终端采集到的数据有正有负，在数据传输时 GB 32960 协议无法表示正负值，所以需要将采集到的电流值转化为可以通信的数据格式。例如：通过数据偏移的方式（即传输电流值=采集电流值+1000）将采集到的电流转换为可以通信的数据格式，这样就可以使用 0~1000 来表示原来在$-1000\sim0$A 的电流值，用 1000~2000 表示原来在 0~1000A 的电流值。

② 因为 GB 32960 协议中传输数据精度没有车载终端采集的数据精度高，所以可能存在采集数据中小数位丢失的情况。为了提高通信时的数据传输精度，需要将采集到的数据值扩大为原来的 10 倍。

③ 当车载终端采集并上传到平台的数据存在超出合理范围的异常情况时,为了避免异常数据影响平台功能的正常使用,可以对异常数据进行过滤。

通过图 3-5 的方式处理数据后,不仅过滤了异常数据,还通过数据偏移的方式,使得数据转变为可以通信的数据格式,提高了数据的精度。处理完成的数据会保存在数据库中,并定时同步给接入网关。

数据描述与要求样例见表 3-2。

表 3-2 数据描述与要求样例

数据表示内容	数据类型	描述及要求
SOC	BYTE	有效值范围:0～100(表示 0%～100%),最小计量单元:1%,"0xFE"表示异常;"0xFF"表示无效。
车速	WORD	有效值范围:0～2200(表示 0～220km/h),最小计量单元:0.1km/h,"0xFF,0xFE"表示异常,"0xFF,0xFF"表示无效。
总电压	WORD	有效值范围:0～10 000(表示 0～1000V),最小计量单元:0.1V,"0xFF,0xFE"表示异常,"0xFF,0xFF"表示无效。
总电流	WORD	有效值范围:0～20 000(偏移量 1000A,表示-1000A～+1000A),最小计量单元:0.1A,"0xFF,0xFE"表示异常,"0xFF,0xFF"表示无效。

车载终端上传的数据首先会进入接入网关。接入网关对车载终端上传数据完成解析后,调用预处理模块对每个数据项值进行有效验证。预处理模块的判断规则是把当前车载终端动态上传的数据项和管理员预配置的有效取值范围进行大小关系比较,对异常数据置空处理。平台后续功能模块会忽略被置空的异常数据,这样就实现了对终端上传数据的预处理功能。

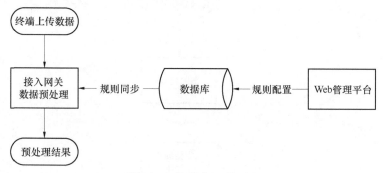

图 3-5 终端数据预处理

2. 数据分析前对数据的预处理

数据质量是数据分析的基础,低质量的数据会严重影响模型精度和准确度,因此在数据分析之前要先对原始数据进行处理,提高数据质量。从平台中获得的数据由于数据传输过程中可能出现的丢包、掉帧等问题而存在缺失值,在对数据进行分析之前要先处理掉这些缺失值。对于缺失值的处理过程如图 3-6 所示，具体可以分成下面几个步骤：

① 找出数据集中含有缺失值的数据。要清洗数据集中的缺失值，首先要找出数据集中存在缺失值的数据记录。

② 判断含有缺失值记录的可用性。因为本文提出的统计学习的缺失值清洗方法的适用范围是单变量缺失的情况，所以，对于找出的存在缺失值的数据记录，要根据包含缺失值的个数来决定该条记录是删除还是保留。

③ 插补缺失值。按照缺失值所在的属性，对保留下来存在缺失值的数据记录进行分组，然后利用完整的数据记录，对每组记录中的缺失值做基于统计学习的缺失值插补。

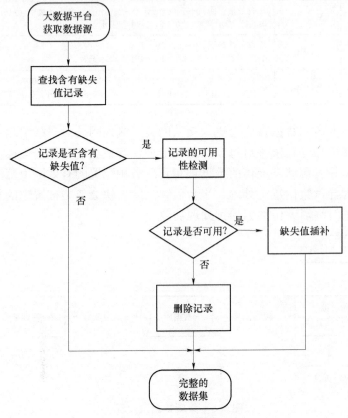

图 3-6 缺失值处理流程

3.2.4 小结

在数据收集阶段，需要强调两点：

① 数据挖掘的数据源具有广义的特征，原则上与数据挖掘目标相关的数据都可以作为这个项目的原始数据。所以在数据收集阶段应尽量发散思维，尽量寻找与业务关联的数据，这样至少能保证数据的全面性。

② 收集数据的过程也伴随数据的抽样。如果对数据的质量不够了解，最简单直接的方法就是先把这些数据全部拿过来，然后随着项目的深入，再逐渐通过抽样来归约。

数据预处理是数据准备的重点和主要工作，实践中没有任何一个数据挖掘的项目是完美的，总是有这样或那样的问题，因此数据预处理工作是必不可少的。尽管已经开发了许多数据预处理的方法，由于不一致或脏数据的数量巨大，以及问题本身的复杂性，数据预处理仍然是一个活跃的研究领域。在实践中，数据预处理的过程非常灵活，项目之间数据预处理过程的经验可以借鉴，但基本不会完全相同，所以说数据预处理本身也是一种科学与艺术相结合的过程。

3.3 数据存储

"大数据"通常指的是那些数量巨大且难于收集、处理、分析的数据，是需要新处理模式才能具有更强的决策力、洞察发现力和流程优化能力来适应海量、高增长率和多样化的信息资产。随着大数据应用的爆发性增长，它已经衍生出了自己独特的架构，而且也直接推动了存储、网络以及计算技术的发展。

3.3.1 数据存储技术路线

典型的大数据存储技术路线有三种：

1. MPP 关系型数据库

采用 MPP 架构的新型数据库集群，重点面向行业大数据，采用 Shared Nothing 架构，通过列存储、粗粒度索引等多项大数据处理技术，再结合 MPP 架构高效的分布式计算模式，完成对分析类应用的支撑。运行环境多为低成本 PC Server，具有高性能和高扩展性的特点，在企业分析类应用领域获得极其广泛的应用。

这类 MPP 产品可以有效支撑 PB 级别的结构化数据分析，这是传统数据库技术无法胜任的。对于企业新一代的数据仓库和结构化数据分析，目前选择是 MPP 数据库。

2. Hadoop 非关系型数据库

基于 Hadoop 的技术扩展和封装，围绕 Hadoop 衍生出相关的大数据技术，应对传统关系型数据库较难处理的数据和场景，例如针对非结构化数据的存储和计算等，充分利用 Hadoop 开源的优势。随着相关技术的不断进步，其应用场景也将逐步扩大，目前一种典型的应用场景就是通过扩展和封装 Hadoop 来实现对互联网大数据存储、分析的支撑。这里面有几十种 NoSQL 技术,也在进一步地细分。对于非结构/半结构化数据处理、复杂的 ETL 流程、复杂的数据挖掘和计算模型,Hadoop 平台更为适用。

3. 大数据一体机

这是一种专为大数据的分析处理而设计的软、硬件结合的产品,由一组集成的服务器、存储设备、操作系统、数据库管理系统以及为数据查询、处理、分析用途而特别预先安装及优化的软件组成。高性能大数据一体机具有良好的稳定性和纵向扩展性。

3.3.2 新能源汽车数据存储

新能源汽车大数据平台的存储技术主要依据专利——《GW2017I1293 发明.一种数据存储查询方法及系统》,它公开了一种数据存储查询方法及系统。该方法及系统应用于逻辑层和存储层相互独立的数据存储结构。它包括两种功能。在数据信息存储时,将数据信息存储到存储层,将存储数据信息的存储层的哈希值区间以及该区间的地址信息存储到逻辑层;在目标数据查询时,通过计算得到目标数据哈希值并据此查找该值所在的哈希值区间,然后根据找到的哈希值区间获取对应地址信息,进而直接定位到目标数据,无须遍历数据库中的所有数据。本小节介绍关于第一种功能——数据存储的方法。相关流程图如图 3-7 所示。

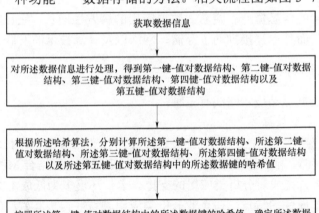

图 3-7　新能源汽车大数据平台数据存储流程

第3章
新能源汽车大数据应用流程

1. 哈希值⊖及哈希算法介绍

哈希算法将任意长度的二进制值映射为固定长度的较小二进制值,这个小的二进制值称为哈希值。哈希值是一段数据唯一且极其紧凑的数值表示形式。如果散列一段明文而且哪怕只更改该段落的一个字母,随后的哈希都将产生不同的值。要找到散列为同一个值的两个不同的输入,在计算上来说基本上是不可能的。

2. 数据存储方法介绍

数据存储方法的特征在于所述数据存储方法应用于一种数据存储结构。所述数据存储结构包括存储结构相互独立的逻辑层和存储层;所述存储层的硬件存储结构为磁盘,所述逻辑层的硬件存储结构为内存;所述存储层包括多个磁盘数据存储表和磁盘数据合并表;每个所述磁盘数据存储表包括多个磁盘年数据存储表;每个所述磁盘年数据存储表包括12个磁盘月数据存储表;每个所述磁盘月数据存储表中包括多个磁盘日数据存储表;每个所述磁盘日数据存储表包括24个磁盘时数据存储表;所述磁盘数据合并表包括多个磁盘年数据合并表、多个磁盘月数据合并表以及多个磁盘日数据合并表;所述磁盘年数据合并表、所述磁盘月数据合并表以及所述磁盘日数据合并表相互独立;所述磁盘年数据合并表用于保存自然年获取的数据信息;所述磁盘月数据合并表用于保存自然月获取的数据信息;所述磁盘日数据合并表用于保存自然日获取的数据信息。所述磁盘数据存储表、所述磁盘年数据存储表、所述磁盘月数据存储表、所述磁盘日数据存储表、所述磁盘时数据存储表、所述磁盘年数据合并表、所述磁盘月数据合并表以及所述磁盘日数据合并表对应的哈希值区间互不相同;所述逻辑层包括缓存数据表、数据存储地址信息表、数据合并地址信息表以及数据哈希值存储表;所述数据存储地址信息表用于保存所述磁盘年数据存储表的哈希值区间及其对应的地址信息、所述磁盘月数据存储表的哈希值区间及其对应的地址信息、所述磁盘日数据存储表的哈希值区间及其对应的地址信息、所述磁盘时数据存储表的哈希值区间及其对应的地址信息;所述数据合并地址信息表用于保存所述磁盘年数据合并表的哈希值区间及其对应的地址信息、所述磁盘月数据合并表的哈希值区间及其对应的地址信息、所述磁盘日数据合并表的哈希值区间及其对应的地址信息。所述数据存储方法包括:获取数据信息;所述数据信息包括车信息和获取所述车信息时对应的时间信息;所述车信息包括车的唯一性标识信息和车的业务数据。

对所述数据信息进行处理,得到第一键-值对数据结构、第二键-值对数据结

⊖ 一般的线性表中,记录在结构中的相对位置是随机的,即和记录的关键字之间不存在确定的关系,因此,在结构中查找记录时需进行一系列和关键字的比较。这一类查找方法建立在"比较"的基础上,查找的效率依赖于查找过程中所进行的比较次数。理想的情况是能直接找到需要的记录,因此必须在记录的存储位置和它的关键字之间建立一个确定的对应关系 f,使每个关键字和结构中一个唯一的存储位置相对应。该函数的输入值为哈希值。可以简单理解为查字典时的页码,用页码来查找对应的汉字速度会非常快。

构、第三键-值对数据结构、第四键-值对数据结构以及第五键-值对数据结构；所述第一键-值对数据结构中的数据键存储所述车的唯一性标识信息，所述第二键-值对数据结构中的数据键存储所述时间信息中的年信息；所述第三键-值对数据结构中的数据键存储所述时间信息中的月信息；所述第四键-值对数据结构中的数据键存储所述时间信息中的日信息；所述第三键-值对数据结构中的数据键存储所述时间信息中的时信息。所述第一键-值对数据结构、所述第二键-值对数据结构、所述第三键-值对数据结构、所述第四键-值对数据结构以及所述第五键-值对数据结构中的数据值存储所述数据信息。根据所述哈希算法，分别计算所述第一键-值对数据结构、所述第二键-值对数据结构、所述第三键-值对数据结构、所述第四键-值对数据结构以及所述第五键-值对数据结构中的所述数据键的哈希值。按照所述第一键-值对数据结构中的所述数据键的哈希值，确定所述数据信息存储的磁盘数据存储表，按照所述第二键-值对数据结构中的所述数据键的哈希值，确定所述数据信息存储的所述磁盘数据存储表中的磁盘年数据存储表；按照所述第三键-值对数据结构中的所述数据键的哈希值，确定所述数据信息存储的所述磁盘年数据存储表中的磁盘月数据存储表；按照所述第四键-值对数据结构中的所述数据键的哈希值，确定所述数据信息存储的所述磁盘月数据存储表中的磁盘日数据存储表；按照所述第五键-值对数据结构中的所述数据键的哈希值，确定所述数据信息存储的所述磁盘日数据存储表中的磁盘时数据存储表，并将所述数据信息存入所述磁盘时数据存储表中。

3.3.3 小结

本节通过介绍数据存储的集中方式和新能源汽车大数据平台的一种数据存储方式及其使用的哈希算法，使得数据预处理后的数据能够得到妥善的存储，为下一步数据的探索与分析打下基础。

3.4 数据探索与分析

经过前面章节的数据准备，我们已经获得了一些质量较高的基本数据。在正式开始挖掘之前，通常先进行数据的探索，类似于采矿前先要探测一下要挖掘的目标矿藏，然后再展开后续工作。探索矿藏，人们通常的关注点是矿藏的储量、分布特征、物理化学属性等基本信息，从而衍生出对于采矿工作的估计，比如采矿的方式、工具、人员配备等内容。在进行正式的数据挖掘前，我们也有必要了解数据的量、属性特征、关联关系等信息，以确定数据挖掘的模型、算法、技术路线等内容。

所谓数据的探索，是指对已有的数据（特别是调查或观察得来的原始数据）在尽量少的先验假定下进行探索，通过作图、制表、方程拟合、计算特征量等手段探索数据的结构和规律的一种数据分析方法。特别是当我们对这些数据中的信息没有足够的经验，不知道该用何种传统统计方法进行分析时，探索性数据分析就会非常有效。

探索性数据分析强调灵活地探求线索和证据，重在发现数据中可能隐藏着的有价值的信息，比如数据的分布模式、变化趋势、可能的交互影响、异常变化等。下面将介绍数据探索常用的方法和技术，以达到对现有数据进行重新分类整理，最终以合适的方式展现的目的。

对数据进行统计是从定量的角度去探索数据，也是最基本的数据探索方式，其主要目的是了解数据的基本特征。其立足的重点是关注数据从统计学上反映的量的特征，以便更好地认识这些将要被挖掘的数据。

3.4.1 数据探索与统计

基本描述性统计：假设有一个容量为 n 的样本（即一组数据），记作 $x=(x_1,x_2,\cdots,x_n)$，需要对它进行一定的加工，才能提取有用的信息。统计量即是加工得到的、反映样本数量特征的函数，不含任何的未知量。下面介绍几种常用的统计量。

1. 表示位置的统计量：算术平均值和中位数

算术平均值（简称均值）描述数据取值的平均位置，记作 $\bar{x}$。其数学表达式为

$$\bar{x}=\frac{1}{n}\sum_{i=1}^{n}x_i \tag{3-13}$$

另有一种加权算术平均值，为原始数据经过分组，已编成次数分布数列情况下的数据计算。设数据 x_i 的权值为 f_i 其数学表达式为

$$\bar{x}=\frac{1}{n}\sum_{i=1}^{n}x_i f_i \tag{3-14}$$

算术平均数的特点是易于理解和运算但是受极端数值的影响较大。解决的途径是采取切尾平均法以及采用不受其他极端值影响的平均数。

中位数是将数据由小到大排序后位于中间位置的那个数值。中位数的特点是不受极端值的影响并且主要用于定序数据，也可以用于定矩数据，但不能用于定类数据。

2. 表示数据散度的统计量：标准差、方差和极差

标准差 S 定义为

$$S = \sqrt{\frac{1}{n-1}\sum_{i=1}^{n}(x_i - \overline{x})^2} \tag{3-15}$$

它是各个数据与均值偏离程度的度量，反映了数据波动范围的大小。公式中对 n 个 $(x_i - \overline{x})$ 平方求和，却被（$n-1$）除，这是出于无偏估计的要求。

方差是标准差的平方，数学表达式为 $\sigma = S^2$，其作用与标准差类似。

极差是样本中最大值与最小值的差，是从变动范围测度总体数据的离散程度，其计算公式为

$$R = x_{\max} - x_{\min} \tag{3-16}$$

极差的特点是计算简单，容易理解。但同时它也过于粗略，受极端值的影响大，且数据的利用率低，信息丧失严重，受抽样变动大。

3. 表示分布形状的统计量：偏度和峰度

如图 3-8 所示，偏度反映分布的对称性，偏度 $V > 0$ 称为右偏态，此时数据位于均值右边的比位于左边的多；偏度 $V < 0$ 称为左偏态，此时数据位于均值左边的比位于右边的多；而 V 接近于 0 则可认为分布式对称的。偏度的数学表达式如下：

$$V = \frac{1}{n}\sum_{i=1}^{n}\left(\frac{x_i - \overline{x}}{\sigma}\right)^3 \tag{3-17}$$

如图 3-9 所示，峰度是分布形状的另一种度量，正态分布的峰度为 3，若峰度 K 比 3 大得多，则表示分布有沉重的尾巴，说明样本中含有较多远离均值的数据，是为扁平分布；若峰度 K 比 3 小，则表明分布集中，为尖峰分布。因而峰度可以用作衡量偏离正态分布的尺度之一。峰度的数学表达式为

$$K = \frac{1}{n}\sum_{i=1}^{n}\left(\frac{x_i - \overline{x}}{\sigma}\right)^4 \tag{3-18}$$

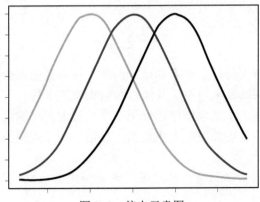

图 3-8　偏态示意图

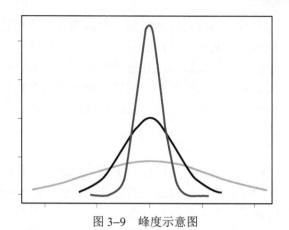

图 3-9 峰度示意图

4. 分布描述性统计

随机变量的特性完全由它的（概率）分布函数或（概率）密度函数来描述。设有随机变量 X，其分布函数定义为 $X \leq x$ 的概率，即 $F(x) = P\{X \leq x\}$。若 X 是连续型随机变量，则其密度函数 $p(x)$ 与 $F(x)$ 的关系为

$$F(x) = \int_{-\infty}^{x} p(x) \mathrm{d}x \qquad (3-19)$$

柱状分布图是频数分布图，频数除以样本容量 n，称为频率。n 充分大时频率是概率的近似，因此柱状分布图可以看成是密度函数图形的（离散化）近似。

3.4.2 数据挖掘与应用

1. 数据挖掘简介

数据挖掘是一个从大量数据中抽取挖掘出未知的、有价值的模式或规律等知识的复杂过程。数据挖掘作为一个新兴的多学科交叉应用领域，正在各行各业的决策支持活动中扮演着越来越重要的角色。随着信息技术的迅速发展，各行各业都积累了海量异构的数据资料。这些数据往往隐含着各种各样有用的信息，仅仅依靠数据库的查询检索机制和统计学方法很难获得这些信息，迫切需要将这些数据转化成有用的信息和知识，从而达到为决策服务的目的。

数据本来只是数据，直观上并没有表现出任何有价值的知识。当我们用数据挖掘方法，从数据中挖掘出知识后，需要判断这种知识是否可信。为了说明这种知识是可信的，现在来简要介绍一下数据挖掘的原理。

数据挖掘的实质是综合应用各种技术，对于业务相关的数据进行一系列科学的处理，在这个过程中需要用到数据库、统计学、应用数学、机器学习、可视化、信息科学、程序开发以及其他学科。其核心是利用算法对处理好的输入/输出数据进行训练，并得到模型；再对模型进行验证，使得模型能够在一定程度上刻画出

数据由输入到输出的关系；然后利用该模型，对新输入的数据进行计算，从而得到新的输出。这个输出然后就可以进行解释和应用了。这种模型虽然不容易解释或很难看到，但它是基于大量数据训练并经过验证的，因此能够反映输入数据和输出数据之间的大致关系——这种关系（模型）就是我们需要的知识。可以说，这就是数据挖掘的原理。从中可以看出，数据挖掘是有一定科学依据的，这样挖掘的结果也是值得信任的。

2. 数据挖掘工具

目前，在众多可用于数据分析与挖掘的工具中，既有专业的工具，也有非专业的工具，既有昂贵的商业软件，也有免费的开源软件。KDnuggets 网站每年都会做一份关于常用的数据分析软件调查。在 2016 年末该网站对用户进行了调研："在过去 12 个月中，你在数据分析、数据挖掘、数据科学和机器学习的项目中，经常用到什么软件？"参与投票的用户来源于各个数据分析与数据科学领域，共有 2895 个投票者，从 102 种工具中进行投票，得到的结果如图 3-10 所示。根据投票结果，本节将筛选一些工具进行简单的介绍。

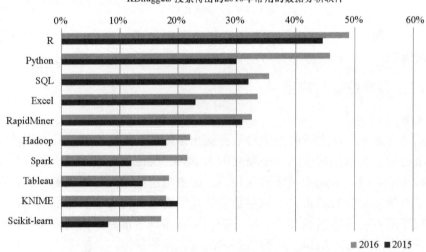

图 3-10　KDnuggets 调研得出的 2016 年常用的数据分析软件

（1）R 语言

R 是开源编程语言和软件环境，被设计用来进行数据挖掘/分析和可视化。在执行计算密集型任务时，在 R 环境中还可以调用 C、C++和 Fortran 编写的代码。此外，专业用户还可以通过 C 语言直接调用 R 对象，R 语言是 S 语言的一种实现。而 S 语言是由 AT&T 贝尔实验室开发的一种用来进行数据探索、统计分析、作图的解释型语言。最初 S 语言的实现主要是 S-PLUS。但 S-PLUS 是一个商业软件，相比之下开源的 R 语言更受欢迎。R 是用于统计分析、绘图的语言和操作环境。R 是属于 GNU 系统的一个自由、免费、源代码开放的软件，它是一个用于统计计算和统计制图的优秀工具。它可以运行于 UNIX、Windows 和 Macintosh 的操作系统上，而且嵌入了一个非常方便实用的帮助系统。R 语言有以下优点：

① R 是自由软件，它是完全免费的、开放源代码的。可以在它的网站及其镜像中下载任何有关的安装程序、源代码、程序包及其源代码、文档资料。

② R 是一种可编程语言。作为一个开放的统计编程环境，语法通俗易懂，很容易学会和掌握。

③ 所有 R 的函数和数据集是保存在程序包里面的。只有当一个包被载入时，它的内容才可以被访问。一些常用基本的程序包已经被收入了标准安装文件中，随着新的统计分析方法的出现，标准安装文件中所包含的程序包也随着版本的更新而不断变化——有 2400 个程序包，涵盖了基础统计学、社会学、经济学、生态学以及生物信息学等方面。

（2）RapidMiner

RapidMiner 是用于数据挖掘、机器学习、预测分析的开源软件。提供的数据挖掘和机器学习程序包括：数据加载和转换（ETL）、数据预处理和可视化、建模、评估和部署。数据挖掘的流程是以 XML 文件加以描述，并通过一个图形用户界面显示出来。RapidMiner 是由 Java 编程语言编写的，其中还集成了 Weka 的学习器和评估方法，并可以与 R 语言进行协同工作。RapidMiner 中的功能均是通过连接各类算子（operator）形成流程（process）来实现的，整个流程可以看做是工厂车间的生产线，输入原始数据，输出模型结果。算子可以看做是执行某种具体功能的函数，不同算子有不同的输入/输出特性。RapidMiner 具有丰富数据挖掘分析和算法功能，常用于解决各种的商业关键问题，如营销响应率、客户细分、客户忠诚度及终身价值、资产维护、资源规划、预测性维修、质量管理、社交媒体监测和情感分析等典型商业案例。

（3）SQL

结构化查询语言（Structured Query Language，SQL）是一种具有特殊目的的编程语言，是一种数据库查询和程序设计语言，用于存取数据以及查询、更新和管理关系数据库系统，同时也是数据库脚本文件的扩展名。结构化查询语言是高级的非过程化编程语言，允许用户在高层数据结构上工作。它不要求用户指定对数据的存放方法，也不需要用户了解具体的数据存放方式，所以具有完全不同底层结构的不同数据库系统，可以使用相同的结构化查询语言作为数据输入与管理的接口。结构化查询语言语句可以嵌套，这使它具有极大的灵活性和强大的功能。1986 年 10 月，美国国家标准协会对 SQL 进行规范后，以此作为关系式数据库管理系统的标准语言（ANSI X3.135—1986），1987 年在国际标准组织的支持下成为国际标准。

（4）Python

Python 是一种面向对象的解释型计算机程序设计语言，由荷兰人 Guido van Rossum 于 1989 年发明，公开发行于 1991 年。Python 是纯粹的自由软件，源代码和解释器 CPython 遵循 GPL（GNU General Public License）协议。

Python 以开发效率著称，它致力于以最短的代码完成任务。Python 还被称为"胶水语言"，它允许用户可以把耗时的核心部分用 C/C++等高效率的语言编写，然后由它来"粘合"，这将很大程度上解决 Python 的运算效率问题。在大多数数据任务上，Python 的运行效率已经可以媲美 C/C++语言。Python 在数据科学领域占据越来越重要的地位，通过图 3-10 可以看出 2015~2016 年，使用 Python 进行数据分析的用户有明显的增加。Python 最大的数据处理优势就是有很多相关的程序库可以安装，调用后即可被用户使用。Python 数据分析与挖掘的相关拓展库见表 3-3。

如图 3-10 所示，Scikit-learn 也被提到是经常用到的数据分析工具之一，而 Scikit-learn 是 Python 下一个强大的机器学习工具包。下面简单讲解 Python 数据分析功能的第三方拓展库。

表 3-3　Python 数据分析与挖掘的相关拓展库

扩展库	简　介
Numpy	矩阵计算与其他大多数框架的数据处理基础。提供大量函数，同时提供数组和矩阵两种数据类型
Scipy	提供矩阵支持，以及矩阵相关的数值计算模块
Pandas	基于 Numpy 构建的含有更高级数据结构和工具的数据分析包。提供 Series 和 Dataframe 架构
Matplotlib	强大的数据可视化工具、作图库
Statsmodels	统计建模和计量经济学，包括描述统计、统计模型估计和推断
Scikit-learn	支持回归、分类、聚类等强大的机器学习库
NLTK	自然语言处理的工具包

（5）Excel

Excel 是微软的 Office 办公软件的核心组件之一，提供了强大的数据处理、统计分析和辅助决策等功能。在安装 Excel 的时候，一些具有强大功能的分析数据的扩展插件也被集成了，但是这些插件需要用户的启用才能被使用，这其中就包含了分析工具库（Anlyasis ToolPak）和规划求解向导项（Solver Add-in）等插件。

（6）Hadoop

Hadoop 是一个实现了 MapReduce 计算模型的开源分布式并行编程框架。

MapReduce 的概念来源于 Google 实验室，它是一个简化并行计算的编程模型，适用于大规模集群上的海量数据处理，目前最成功的应用是分布式搜索引擎。Hadoop 原来是 Apache Lucene 下的一个子项目，它最初是从 Nutch 项目中分离出来的专门负责分布式存储以及分布式运算的项目，由 HDFS、MapReduce、HBase、Hive 和 ZooKeeper 等成员组成。其中，HDFS 和 MapReduce 是两个最基础、最重要的成员。

HDFS 用于解决海量数据存储问题，支持大数据文件，文件分块存储，并且具有高可靠性和容错性，数据能够自动复制，可自我修复。

MapReduce 是一种编程模型，是一种编程方法。通过 MapReduce，可以很容易地在 Hadoop 平台上进行分布式的计算编程，加快数据处理速度，提高效率。

Hadoop 的一些主要特点：

① 扩容能力（Scalable）：能可靠地存储和处理千兆字节（PB）数据。

② 成本低（Economical）：可以通过普通机器组成的服务器群来分发以及处理数据。这些服务器群总计可达数千个节点。

③ 高效率（Efficient）：通过分发数据，Hadoop 可以在数据所在的节点上并行地处理它们，这使得处理非常快速。

④ 可靠性（Reliable）：Hadoop 能自动地维护数据的多份复制，并且在任务失败后能自动地重新部署计算任务。

（7）Spark

Spark 最初由美国加州伯克利大学（UCBerkeley）的 AMP 实验室于 2009 年开发，是基于内存计算的大数据并行计算框架，可用于构建大型的、低延迟的数据分析应用程序。2013 年，Spark 加入 Apache 孵化器项目后发展迅猛，如今已成为 Apache 软件基金会最重要的三大分布式计算系统（Hadoop、Spark、Storm）开源项目之一。Spark 具有如下几个主要特点：

① 运行速度快：使用 DAG 执行引擎以支持循环数据流与内存计算。

② 容易使用：支持使用 Scala、Java、Python 和 R 语言进行编程，可以通过 Spark Shell 进行交互式编程。

③ 通用性：Spark 提供了完整而强大的技术栈，包括 SQL 查询、流式计算、机器学习和图算法组件。

④ 运行模式多样：可运行于独立的集群模式中，可运行于 Hadoop 中，也可运行于 Amazon EC2 等云环境中，并且可以访问 HDFS、Cassandra、HBase、Hive 等多种数据源。

Spark 的设计遵循"一个软件栈满足不同应用场景"的理念，逐渐形成了一套完整的生态系统，既能够提供内存计算框架，也可以支持 SQL 即时查询、实时流式计算、机器学习和图计算等。Spark 可以部署在资源管理器 YARN 之上，提供一站式的大数据解决方案。因此,Spark 所提供的生态系统足以应对上述三种场景,即同时支持批处理、交互式查询和流数据处理。Spark 生态系统组件的应用场景见表 3–4。

表 3–4 Spark 生态系统组件的应用场景

应用场景	时间跨度	其他框架	组件
复杂的批量数据处理	小时级	MapReduce、Hive	Spark
基于历史数据的交互式查询	分钟级、秒级	Impala、Dremel、Drill	Spark SQL
基于实时数据流的数据处理	毫秒、秒级	Storm、S4	Spark Streaming
基于历史数据的数据挖掘	—	Mahout	MLlib
图结构数据的处理	—	Pregel、Hama	GraphX

3.4.3　新能源汽车数据探索与分析

为了描述新能源汽车的探索与分析过程,本节引出一个概念——衍生变量。本节中,利用衍生变量的概念去描述不同维度下新能源汽车大数据平台中的数据,能够挖掘到一些内容。

1. 衍生变量的定义

顾名思义,衍生变量是由其他已经拥有的变量通过不同形式的组合而衍生出的变量。例如,已知一个物体的质量、长度、体积,就可通过对现有的三个变量的组合得到一些衍生变量,如密度=质量/体积,线密度=质量/长度。

在数据挖掘过程中,通常需要对现有的变量进行各种形式的衍生,以得到更多可用的变量。虽然衍生变量与原始变量有一定的相关性,但能更直观地反映事物的某些特征,表现在数据上就会更直接。因此某些衍生变量在数据挖掘过程中反而具有比其原本变量更大的效用。类似于上文提及的密度和线密度,针对哪些物体可以漂浮在水面上的研究,只要根据密度这一衍生变量就可以判断出来。

2. 变量衍生的原则和方法

变量衍生的方法多种多样,也没有统一的标准,因此对于任何一个数据挖掘项目都有无数个衍生变量。当我们期望从无穷多的衍生变量中找到我们所需要的衍生变量时,就需要遵守以下的衍生变量原则:

① 衍生变量能够客观地反映事物的特征。

② 衍生变量与数据挖掘的业务目标有一定的联系。

当然,在这个原则指导下产生的衍生变量还是很宽泛的,往往还要按照一定的方法,再融入对业务的理解产生衍生变量。这里提供几个基本的产生衍生变量的方法:

① 对多个列变量进行组合。例如,身高的平方/体重(肥胖指数)、负债/收益、

总通话时间/总呼叫次数、网页访问量/购买总量等。

② 按照维度分类汇总。例如，在分析无线通信客户流失现象时发现按照手机型号分类汇总的流失率（流失数量/该手机型号客户总数）比单纯用手机型号分类的数量数据更有用。

③ 对某个变量进一步分解。例如，对于日期变量，可以进一步分解为季度、节假日、工作日、周末等变量。

④ 对具有时间序列特征的变量可以进一步提取时序特征。例如，一段时间的总开销、平均增长率、初始值与终值的比率、两个相邻值之间的比率、顾客在假期购物占年度比重、周末电话时间平均长度与每周电话时间平均长度等。

3. 新能源汽车领域衍生变量介绍

新能源汽车大数据平台上导出的数据非常丰富，可以批量导出多辆车的数据，也可以实时追踪其中的某一辆车的实时行驶数据。对于数量如此庞大的数据，可以暂时分为三类：空间维度、时间维度和新能源汽车特有的充放电及电池状态数据。下面就这三个方面分别介绍一些衍生变量：

（1）空间维度衍生变量

空间维度衍生变量主要基于行驶里程、速度、加速度和位置信息等产生。其中运用比较广泛的数据是基于行驶里程产生的里程利用率。计算公式如下：

$$里程利用率 = \frac{新能源汽车相邻两次充电之间的行驶里程}{新能源汽车官方续驶里程} \qquad (3-20)$$

新能源汽车相邻两次充电之间的行驶里程，即从这一次充电结束起，至下一次充电开始止，新能源汽车所运行的总里程数。该里程数实质上体现的是续驶里程，例如某品牌新能源汽车电池容量大、电池包数目多，则该值就偏大。

考虑到不同新能源汽车的定价和品牌定位不同，为专注于研究车辆的性能和行驶中其他因素（如环境、驾驶员等）的影响，需要对行驶里程进行无量纲化的处理。通过上述公式可得到里程利用率。

里程利用率体现的是车辆行驶能力的利用程度，受到车辆性能水平、驾驶员驾驶水平、当地基础设施水平和环境因素（如温度等）等多方面因素的影响。在不同的背景下对里程利用率进行讨论，将衍生出多种多样的研究方向，例如，针对同一季节、同一地区、同一车型的多辆车里程利用率研究，将能在一定程度上反映出驾驶员的驾驶技术和对新能源汽车的驾驶信心，从而可以对诸如电动出租车公司驾驶员的培训提供相关方面的指导。

（2）时间维度衍生变量

每时每刻都有大量车辆在路上运行，同时产生数据发送到平台端。但是，由于人们的生活作息原因，一天当中的不同时间段被赋予了独特的含义。图 3-11

所示为一天当中不同时间段电动出租车行驶和充电的数量分布图,以 1h 为最小统计单位初步分析一天当中电动出租车行驶和充电数量的变化情况,从而反映一定的行驶规律。进一步可以将一天当中的时间按照人们生活工作作息进行分类,比如早高峰、工作时段、晚高峰和休息时段等。针对不同的时段研究出租车调动策略和充电策略,具有非常巨大的参考价值。

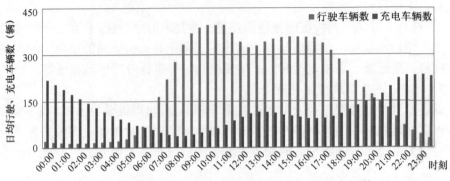

图 3-11 某月北京市电动出租车日均行驶、充电车辆数

（3）新能源汽车特有的充放电和电池状态数据

和平常使用的手机、手提电脑等便携式设备一样,如今的纯电动汽车大部分使用的是锂离子电池。为了满足车辆较长的续驶里程,纯电动汽车的车载动力电池一般容量较大,所需要的充电时间较长,充电电流较大,传统的充电技术不能满足其需求。纯电动汽车的充电方式一般分为常规充电（慢充）和快速充电（快充）。常规充电站是为带车载充电机的纯电动汽车设计的,采用常规充电电流充电,一般分布在居民区或工作场所附近,常规充电站充电电流较小（$0.1C \sim 0.5C$）。快速充电站是为纯电动汽车提供快速充电设施的场所,目的是在短时间内给车充电,充电电流和电压较高,充电机的工作功率也较高。

由于两种充电方式所需的充电站设备的要求不同,充电时对电池产生的影响也不同。因此,将两种充电方式分开来研究十分必要。不同充电行为可对动力电池以及区域电网峰值功率等造成巨大影响。图 3-12 所示为出租车充电开始的时刻频次图,对快充和慢充进行对比,综合时间维度变量因素来进行研究。从图中可以看出,慢充的高峰时间段在晚间 10 点左右,快充的高峰时间段在午间 12 点左右,这对充电桩的规则工作具有很大的参考价值。

3.4.4 小结

本节主要对数据探索与分析进行了介绍,数据的探索主要是指对数据进行统计学分析,包括统计量、散度和位置量的统计对比等;数据分析主要是对已进行数据预处理的数据进行数据挖掘的过程。本节介绍了 7 种常用的数据挖掘工具,

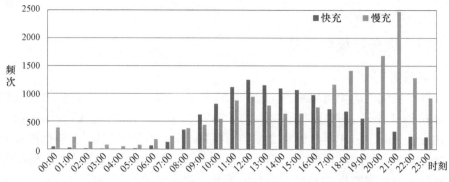

图 3-12　某月北京市电动出租车充电开始时刻频次图

并在最后利用衍生变量，同时结合新能源汽车大数据平台中采集的数据，从空间、时间和新能源汽车特有属性三个维度上对数据进行了分析。正是通过筛选、结合、对比等数据探索与分析过程，这些数据才形成了最终有价值的信息，这也就是大数据应用的主要目的。

3.5　数据可视化

　　数据可视化是关于数据视觉表现形式的科学技术研究。其中，这种数据的视觉表现形式被定义为一种以某种概要形式抽提出来的信息，包括相应信息单位的各种属性和变量○。维基百科对数据可视化的定义较为权威，它认为数据可视化是较为高级的技术方法，而这些技术方法允许利用图形、图像处理、计算机视觉以及用户界面，通过表达、建模以及对立体、表面、属性以及动画的显示，对数据加以可视化解释。

　　在对数据进行统计之后，即可对数据形成一定的认识，但还是不够直观明朗。要想将数据中表达的内涵和对数据的认识直观、形象、准确地表现出来，仍需要一些其他的步骤。数据可视化就是一种优质的、直观的方法，用图的形式将数据的特征表现出来，这样我们就能够更清晰地认识数据。

　　数据可视化旨在借助于图形化手段，清晰有效地传达与沟通信息。一幅图胜过千言万语，人类从外界获得的信息约有 80% 以上来源于视觉系统。当大数据以直观地可视化图形形式展示在分析者面前时，分析者往往能够一眼洞悉数据背后隐藏的信息并转化为知识和智慧。那么，使用得最广泛的图形展示方法又有哪些呢？本节将介绍几种常用的大数据分析可视化方法，并结合当前新能源汽车国家监测与管

○　数据可视化、信息可视化、知识可视化三者的区别和联系可参考 http://dataunion.org/3554.html。

理平台数据进行展示。

3.5.1 数据可视化工具

1. 发展历史

数据可视化的历史可以追溯到 20 世纪 50 年代计算机图形学的早期，人们利用计算机创建出了首批图形图表。到了 1987 年，一篇题为《Visualization in Scientific Computing》（科学计算之中的可视化，即'科学可视化'）的报告成为数据可视化领域发展的里程碑。它强调了推广基于计算机的可视化技术的必要性。

随着人类采集数据的种类和数量的增长，以及计算机运算能力的提升，高级的计算机图形学技术与方法越来越多地应用于处理和可视化这些规模庞大的数据集。20 世纪 90 年代初期，"信息可视化"成为新的研究领域，旨在为许多应用领域中抽象数据集的分析工作提供支持。

目前，数据可视化是一个包含科学可视化和信息可视化的新概念。它是可视化技术在非空间数据上新的应用，可以让人们不再局限于通过关系数据表来观察和分析数据，还能以更直观的方式看到数据及数据之间的结构关系。

2. 数据可视化工具介绍

现如今数据资源越来越丰富，但是只有从数据中及时有效地获取到有用的信息，这些数据资源才有意义。利用数据可视化工具可以形象直观地发现数据背后隐藏的规律和价值。本节将对当前最常用的 6 种数据可视化工具进行介绍。

（1）Tableau Desktop

Tableau Desktop 是 Tableau 公司开发的商业智能工具软件。Tableau Desktop 不仅可以让用户自己编写代码，还可以自定义控制台配置。控制台具有监测信息以及提供完整分析的能力，而且还具有灵活和拥有较高的动态性的特性。

Tableau Desktop 数据来源有多种形式，能同时支持 Excel 以及各种数据库类型，还能以 web 模式发布至网络中供别人访问。

Tableau Desktop 能够将数据运算与优美的图表完美地嫁接在一起。它通过拖放程序把所有的数据展示到数字"画布"上，转眼就能创建好各种图表。而且它还有多种展现形式，操作人员能够自定义图表类型，并以多种图形的方式进行展现，同时针对不同的展示图形有不同的说明（图 3–13）。

当用户完成图形绘制后，Tableau Desktop 数据库中的数据会自动更新，并进行自动同步。同时 Tableau Desktop 中还集成了趋势分析，能对数据未来的走向进行一定的趋势分析。

（2）Python—matplotlib

浏览一下 Python 程序库目录，你会发现无论要画什么图，都能找到相对的库——从适用于眼球移动研究的 GazeParser，到用于可视化实时神经网络训练过程的 pastalog。许多库可以用于广泛的领域，还有一些只能完成特定的任务。Python 数据可视化展示如图 3-14 所示。

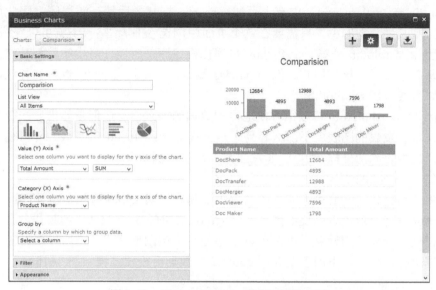

图 3-13　Tableau Desktop 数据可视化展示

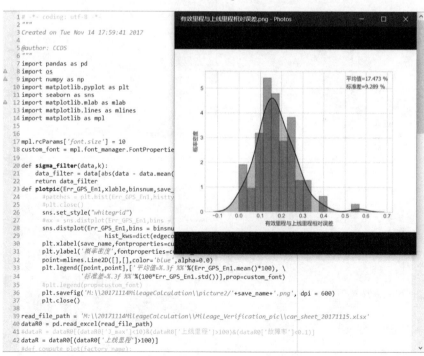

图 3-14　Python 数据可视化展示

其中 matplotlib 是 Python 最著名的绘图库，它提供了一整套类似 Matlab 的 API，非常适合交互式绘图。它的文档相当完备，并且 Gallery 页面（http://matplotlib.org/gallery.html）中有上百幅缩略图，打开之后都有源程序。因此如果需要绘制某种类型的图，只需要在这个页面中浏览/复制/粘贴一下就可以完成。

因为 matplotlib 是第一个 Python 可视化程序库，所以许多程序库都是建立在它的基础上或者直接调用它。例如 pandas 和 Seaborn 就是 matplotlib 的外包，它们可以直接调用 matplotlib。

因为用 matplotlib 可以很方便地得到数据的大致信息，但是如果要快捷简单地制作可供发表的图表就不那么容易了。就像 Chris Moffitt 在"Python 可视化工具简介"中提到的一样："功能非常强大，也非常复杂"。

（3）R—ggplot2

R 语言提供了一套令人满意的内置函数和库，如 ggplot2、leaflet 和 lattice，用于建立可视化效果以呈现数据。因为 ggplot2 具有使图形精美、函数和参数设置方便记忆，代码可用性强，以及可以很方便地定制图形等优点，所以经常被用来对数据进行可视化。下面主要介绍 ggplot2 的数据可视化过程（图 3–15）。

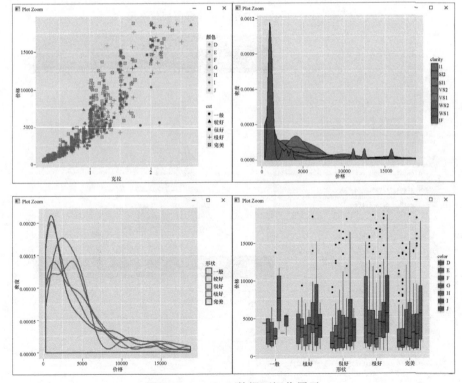

图 3–15　ggplot2 数据可视化展示

① 绘图与数据分离，数据相关的绘图与数据无关的绘图分离。这可以说是 ggplot2 最为吸引人的亮点。众所周知，数据可视化就是将数据中探索的信息与图形要素对应起来的过程。ggplot2 将绘图与数据、数据相关的绘图与数据无关的绘图进行分离，有点类似 Java 的 MVC 框架思想。这让 ggplot2 的使用者能清楚分明地感受到一张数据分析图真正的组成部分，有针对性地进行开发和调整。

② 图层式的开发逻辑。在 ggplot2 中，图形的绘制是一个个图层添加上去的。举个例子来说，探索身高与体重之间的关系。首先画一个简单的散点图，然后用不同颜色区分性别，再将整体拆成东中西三幅小图，最后加入回归直线，这样就可以直观地看出身高与体重的关系。这是一个层层推进的结构过程，在每一个推进中，都有额外的信息被加入进来。在使用 ggplot2 的过程中，上述的每一步都是一个图层，并能够叠加到上一步并可视化展示出来。ggplot2 数据可视化步骤如图 3-16 所示。

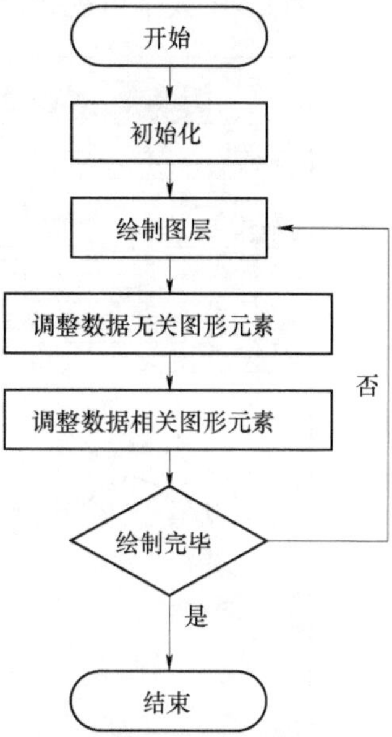

③ 各种图形要素的自由组合。由于 ggplot2 的图层式开发逻辑，我们可以自由组合各种图形要素，充分自由发挥想象力。

（4）Excel

Office 是人们最常用的办公工具，在进行简单的数据处理时，Excel 显然是最方便人们使用的。Excel 作为一个入门级工具，一直为用户使用来进行数据可视化展示，不仅能通过 Excel 内在集成的图表来对选定的数据源进行可视化展示（图 3-17），也能创建供内部使用的数据图，是快速分析数据的理想工具。

图 3-16 ggplot2 数据可视化步骤

Excel 通过直方图、折线图、散点图、气泡图以及条形图等方式对数据进行可视化，使用方法简单，且具有以下优点：

① 在同一个程序里运行数据分析并且创建可视化。
② 数据多种展现的方式进行比较。
③ 改变平铺、布局和其他格式选择。
④ Excel 推荐数据最好的可视化方式。

（5）MATLAB

MATLAB 自产生之日起就具有方便的数据可视化功能，用以将向量和矩阵用图形表现出来，并且可以对图形进行标注和打印。高层次的作图包括二维和三维的可视化、图像处理、动画和表达式作图。可用于科学计算和工程绘图。新版本的 MATLAB 对整个图形处理功能做了很大的改进和完善，使它不仅在一般数据可视化软件都具有的功能（例如二维曲线和三维曲面的绘制和处理等方面）更加完善，而且对于一些其他软件所没有的功能（例如图形的光照处理、色度处理以及四维数据的表现等），同样表现了出色的处理能力。同时对一些特殊的可视化要求，例如图形对话等，MATLAB 也有相应的功能函数，保证了用户不同层次的要求。MATLAB 数据可视化展示如图 3-18 所示。

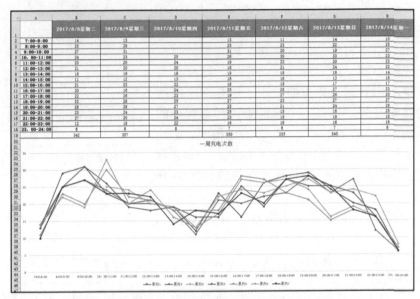

图 3-17　Excel 数据可视化展示

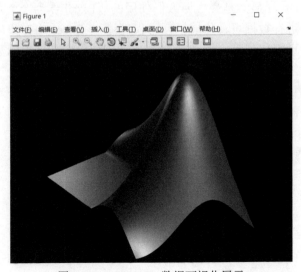

图 3-18　MATLAB 数据可视化展示

（6）大数据魔镜

目前，国内也有许多数据可视化工具，例如：大数据魔镜为国云数据旗下的一款大数据可视化分析工具。大数据魔镜拥有国内强大的可视化效果库，支持500多种图表，包括列表、饼图、漏斗图、散点图、线图、柱状图、条形图、区域图、气泡图、矩阵、地图、树状图、时间序列相关的图表，还支持树图、社交网络图、3D图表等多维动态图表类型。大数据魔镜目前支持市面上所有数据源，云平台版和基础企业版支持Excel和Mysql，高级企业版支持SQL Server、ORACLE、Access、NOSQL、MongoDB、DB2以及Hadoop、Spark等数据源；除此之外，大数据魔镜还支持Google Analytics、微信、微博、淘宝、京东等第三方社会化数据源，供开发者使用。大数据魔镜数据可视化展示如图3-19所示。

大数据魔镜最大的特点是云平台免费（企业基础版也是免费的），可视化的效果较多，可视化渲染速度快。目前大数据魔镜有四个版本：云平台版、基础企业版、高级企业版和Hadoop版。

① 云平台版：永久免费，适合接受SAAS的企业和个人进行数据分析使用。

② 基础企业版：可代替报表工具和传统BI，适合中小型企业内部使用，可全公司协同分析。

③ 高级企业版：适合大型公司，最好有数据仓库，帮助企业完成数据转型。

④ Hadoop版：支持PB级别大数据计算，实时计算，完美兼容Spark、Hbase非结构化计算，适合大数据处理公司，最好数据有一定积累，有Hadoop、Spark等大数据处理需求。

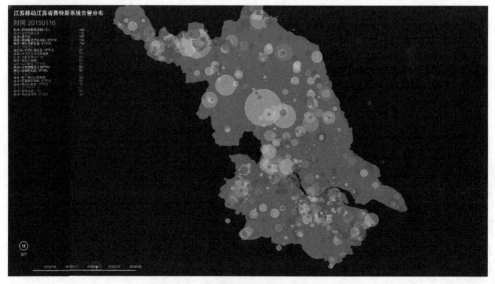

图3-19 大数据魔镜数据可视化展示

3.5.2 新能源汽车数据可视化

车辆运行数据繁多复杂,很难直接从数据中发现车辆运行规律以及车辆运行状态,通过数据可视化可以清楚地显示出这些情况。本节结合新能源汽车实际运行数据,以几种常用的数据可视化形式为例,展示新能源汽车的数据可视化过程。

1. 折线图

折线图可以用来显示某一变量随时间(或另外的变量)的变化而变化的趋势,能够非常清晰地反映出数据变化情况,以及从中预测出一定的数据未来走势。如果分类标签是代表着均匀分布的数值(如日、月、季度和年等),则推荐使用折线图。

图 3-20 所示为某月北京市电动出租车日行驶总里程情况统计。由图可知当月的 20 号出租车运营里程非常少,结合气象部门消息,当月 20 号北京市普降暴雨,大大影响人们的出行。此外,3 号、10 号、17 号、24 号、31 号是星期日,可以发现星期日的出租车行驶总里程相较于工作日减少较多,这对于研究人们的出行习惯和合理规划出租车排班具有重要意义。

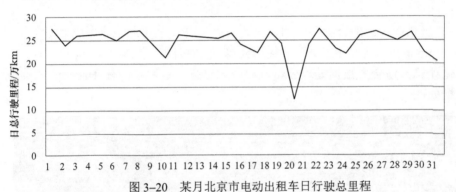

图 3-20 某月北京市电动出租车日行驶总里程

2. 柱状图

柱状图是一种以长方形的长度为变量的表达图形的统计报告图。柱状图通过其高度的大小,来清晰表达不同指标对应的指标值直接的对比,让浏览者一目了然。制作这类数据可视化视图时,最重要的是要精确计算出需要表达的尺度和比例。柱状图可以进一步发展成三维的情况,增加指标数量,丰富对比。

图 3-21 是某月北京市新能源汽车日均上线率统计图。由图可以看到共享租赁新能源汽车使用情况最为活跃;而对于电动出租车来说,城区和郊区的上线率有 10% 的差异,这个差异是由于政策法规、城郊基础设施不同,还是出租车司机出行意愿、乘客出行选择等问题造成的,值得深入研究;另外,电动环卫车和商用车的上线率太低,是否需要政策引导和削减投放,应当深思。

第 3 章
新能源汽车大数据应用流程

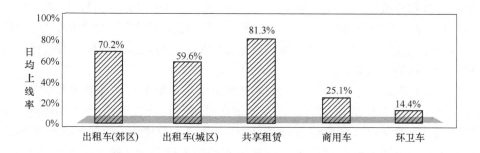

图 3-21 某月北京市新能源汽车日均上线率

3. 饼图

饼图通过把圆分成对应比例的各个部分，来展示不同类别的占据比例和百分数。它主要用来表达某一类型数据在整体中所占的比重以及与其他类型相比较情况，可以很明显地突出所要表达的重点。在数据类型较多时，对比感比柱状图更强。

图 3-22 是某月北京市电动车分时租赁租用时长和行驶里程次数分布图。可以看出每次租赁的使用时长和车辆行驶里程具有比较多样的特征，但短途短时租赁占据了绝大部分比重。传统汽车租赁服务往往面向需要长时间、长距离行驶的客户，因为短途通勤的情况下，公共交通和出租车显然更为方便划算。图中的结果体现出人们当前对纯电动汽车的行驶里程还不够有信心，另外一方面则反映出租赁行业的客户引导服务还需要加强。

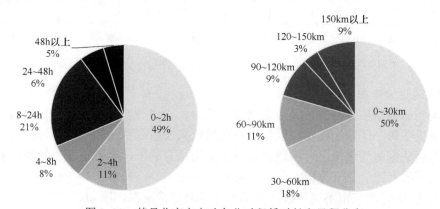

图 3-22 某月北京市电动车分时租赁时长和里程分布

4. 箱形图

箱形图又称为盒式图或箱线图，是一种用作显示一组数据分散情况资料的统计图，因其形状如箱子而得名。绘制箱形图时需使用常用的统计量，能够提供有关数据位置和分散情况的关键信息，尤其在比较不同的母体数据时能更明显地表现其差异。箱形图所需要的常用统计量通常有平均值、最大值、最小值、1/4分位值、3/4分位值等。其主要作用有识别数据异常值、判断数据偏态和尾部重量以及比较几批数据的形状等。

图3-23是某月北京市不同行政区域电动出租车单车日均行驶里程箱形图。图中的数值即箱形中的蓝线值，代表了该区域车日均行驶里程；箱形的上下线位置的值，分别是该区域单车日行驶里程1/4和3/4分位点；顶部和底部蓝色的线位置的值，分别是该区域单车日行驶里程的最大值和最小值。由图可以看出，市区不管是最大值还是均值都是图中最高的水准，说明市区运营条件相对比较好；密云和昌平区的均值较低且最大值也较低，说明当地运营车辆或是基础设施方面存在问题；而延庆区和大兴区均值较低却拥有较高的最大值，说明当地的运营策略和方式存在问题，或者是数据方面存在误差；所有区域的最小值都是0或接近于0，说明有一部分电动出租车并未物尽其用。这些问题都值得认真考虑。

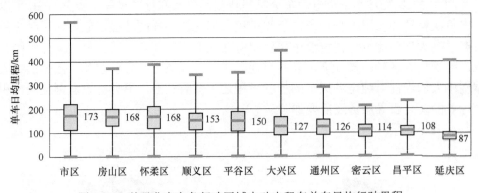

图3-23　某月北京市各行政区域电动出租车单车日均行驶里程

5. 地区分布图

当指标数据要表达的主题跟地域有关联时，我们一般会选用地图为大背景。数据变量在每个区域的地图可以使用颜色级数来表示，通过颜色块的深浅来表现每个地区数据的变化情况。将数据信息和地图结合起来，丰富了信息量的维度，也能为分析者提供一个分析方向的新思路。

图3-24是北京市不同行政区电动出租车充电情况对比图。颜色的深浅体现出不同区域充电量的多少。从图中可以看出，各行政区域之间充电情况非常不平衡，差距非常显著。这种差距造成的原因可能是政策差异、基础设施建设、出租车投放数量造成的。

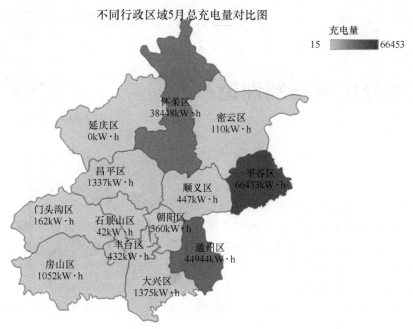

图 3-24 北京市各行政区电动出租车充电情况

3.5.3 小结

本节主要介绍了数据可视化的一些常用工具，以及新能源汽车数据可视化的若干实例。借助可视化工具，通过图形化的手段，可以将原始数据转换成便于人们理解和观察的信息形式。在数据量不断增加的大数据时代，人们很难从海量的数据中快速地获取到重要的信息。在这种背景下，数据可视化就显得尤为关键。

第 4 章

数据分析的基础理论

对海量的数据进行预处理和储存只是大数据挖掘中的一小步，距离我们获取重要信息并应用在实际事件中还有很多工作要做，其中数据分析是数据挖掘的重点内容。通过对数据的分析处理，不仅可以对之前的假设进行验证，还可以发现一些潜在的价值，这对以后的大数据应用有更多的帮助。

大数据分析有许多不同的方法，数据的内容不同，采用的分析方法也不相同。对于不同的挖掘目标，采用合适的大数据分析技术，可以达到更好的数据挖掘效果。

本章将对车辆大数据分析常用的几种方法（相关与回归分析、聚类方法、分类方法、诊断方法以及时间序列数据分析与预测等）进行介绍。

4.1 相关与回归分析

4.1.1 相关分析

无论是数据的描述性度量分析还是抽样数据的推断分析，都是针对某个单独现象内在规律数据的描述与分析，但现实中的现象并非完全独立的，现象与现象之间往往在数量上存在一定的相互联系，这种相互联系表现为数量上的相互依赖、相互制约、相互影响。对这类存在相互联系的数据的分析，可以使用相关分析与回归分析方法。

1. 相关关系

（1）相关关系的概念

现实世界中各种现象之间有时会存在某种数量上的联系，某一个（或一些）现象发生变化时，另一现象会随之发生变化。这种变化分两种情形：一种是当某一个（或一些）现象发生数量上的变化时，另一个现象在数量上的变化是确定的，变化的方向及程度都可以确定，这种确定性的数量关系称为函数关系，如圆的面积与半径之间，自由落体运动的时间与下降的高度之间等；另一种是当一个（或一些）现象发生一定量的变化时，另一个现象也会发生相应的变化，但变化的具体数量是不确定的，会围绕一个值上下随机波动，这种不确定性的数量关系称为相关关系（correlation），如农作物的收获量与浇水量、施肥量之间，居民的消费支出与收入之间，某种商品的销售量与销售价格之间等。

（2）相关关系的种类

① 按相关关系的方向不同，分正相关与负相关。

② 按相关关系涉及变量（因素）的多少，分单相关与复相关。两个变量之间的相关关系称为单相关，三个或三个以上的变量之间的相关关系称为复相关。

③ 按相关关系的形式不同，分线性相关与非线性相关。

④ 按相关关系的密切程度，分完全相关、不完全相关与完全不相关。

（3）相关关系的描述与直观判断

判断两个现象间有无相关关系，可以通过相关表和相关图进行直观判断。

① 相关表。相关表是根据得到的数据，将一个变量的观测值按从小到大（或从大到小）的顺序排列在表的一栏，将另一变量的观测值对应排列在表的另一栏，由此形成的统计表，通过相关表可以判断变量之间相关的方向及大致形态。在观察上升或下降的具体形式时，可进一步计算逐期增长量、环比增长速度等指标，以判断是直线形式，还是抛物线、指数曲线等形式。

需要注意的是，如果观测次数较多，则不能按上述相关表将所有数据列出，此时需要将数据按其中的一个变量分组，计算另一变量的平均值，通过考察分组变量与平均值的数量变化关系进行初步判断。

② 相关图。相关图又叫散点图，是将观测到的两个现象的成对数据，绘制在直角坐标中得到的一系列的散点。相关图比相关表可以更直观地描述现象间有无相关关系、相关的表现形式以及相关的近似密切程度。

需要注意的是，无论是相关表还是相关图，只适合用来考察两个变量之间的相关关系，不能用于考察多个变量间的相关关系。

2. 直线相关系数

相关图表只能直观展现变量之间的相关关系，用于初步判断是否存在相关关系。如果要进一步描述相关的密切程度，则需要计算相关系数。常用的反映两个变量间相关密切程度的简单相关系数有简单线性相关系数和等级相关系数两种。其中，简单线性相关系数也就是直线相关系数，用来度量两个数值型变量线性相关的密切程度。

（1）直线相关系数的计算

直线相关系数是使用最广泛的相关系数，一般情况下提到的相关系数都是直线相关系数。直线相关系数通常采用积差法公式计算，由英国统计学家卡尔·皮尔逊（Karl Pearson）最先提出，故又称为皮尔逊相关系数。用 r 表示直线相关系数，自变量 x 与 y 的直线相关系数为

$$r = \frac{Cov(x,y)}{\sqrt{Var(x)}\sqrt{Var(y)}} \qquad (4-1)$$

式（4-1）的分子为两个变量的协方差，分母分别为两个变量的标准差。对上式可进一步简化为：

$$r = \frac{\frac{1}{n}\sum(x-\bar{x})(y-\bar{y})}{\sqrt{\frac{1}{n}\sum(x-\bar{x})^2}\sqrt{\frac{1}{n}\sum(y-\bar{y})^2}} \qquad (4-2)$$

$$= \frac{n\sum xy - \sum x \sum xy}{\sqrt{n\sum x^2 - (\sum x)^2}\sqrt{n\sum y^2 - (\sum y)^2}}$$

（2）直线相关系数的取值与相关密切程度

可以证明，当相关系数 $|r| \leq 1$ 时：如果 r 大于 0，则表明现象呈正相关关系；如果 r 小于 0，则表明现象呈负相关关系。r 的绝对值越大，表明现象间的直线相关程度越高。当 r 的绝对值为 1 时，两者完全相关，即为函数关系；反之，则表明现象间的直线相关程度越低。当 r 的绝对值为 0 时，说明两者完全不存在直线相关关系。一般来说，可以将相关系数按密切程度划分为以下等级（表 4-1）：

表 4-1 相关系数 $|r|$ 取值对相关程度的影响

相关系数 $|r|$ 的范围	相关程度
$|r|<0.3$	无相关
$0.3 \leq |r| < 0.5$	低度相关
$0.5 \leq |r| < 0.8$	显著相关
$|r| \geq 0.8$	高度相关

以上只是从经验角度进行的划分，现象间是否相关还需要对相关系数进行显著性检验。当两个变量之间直线相关程度较低时，不一定表明两者不存在相关关系，因为两者可能存在曲线相关关系。

（3）计算和运用直线相关系数需要注意的问题

计算和运用相关系数，对现象进行相关分析，需要注意以下几点：

① 直线相关系数适用于两个数值型变量，要求两个变量服从或近似服从正态分布。

② 直线相关系数表明的是两个现象间直线相关程度的高低，当其绝对值小

时，表示两者的直线相关关系不明显，但并不代表两者相关关系不明显，因为两者可能存在某种形式的曲线相关。

③ 两个变量之间的直线相关系数绝对值较高并不表明两者存在因果关系或者存在影响与被影响的关系。判断是否存在因果关系，还需要结合具体情况进一步分析。

3. 等级相关系数

等级相关系数又称秩相关系数，用来测定两个用等级表示的变量之间的相关密切程度，最初由统计学家斯皮尔曼（Charles Edward Spearman）提出，所以又称为斯皮尔曼等级相关系数。

（1）等级相关系数的计算

等级相关系数测定的是两个用等级表示的变量之间的相关密切程度，采用如下公式计算：

$$r_s = 1 - \frac{6\sum(R_x - R_y)^2}{n(n^2 - 1)} \quad (4-3)$$

式中，r_s 为等级相关系数；n 为观测的次数；R_x 和 R_y 分别表示变量 x 和 y 的等级，$R_x - R_y$ 表示变量 x 和 y 之间的等级差。

等级相关系数的取值范围为 -1~1，取值大小对相关密切程度的说明与直线相关系数相同。对于等级变量，可以证明 Pearson 直线相关系数等于 Spearman 等级相关系数。

对于两个等级变量，从皮尔逊直线相关系数公式出发可以推导出上述等级相关系数公式。因此，对两个等级变量计算 Pearson 相关系数和 Spearman 相关系数的结果相同。

（2）计算和运用等级相关系数需要注意的问题

直线相关系数适用于两个数值型变量，要求两个变量服从或近似服从正态分布，而等级相关系数对变量的分布不作要求，属于非参数统计方法，适用范围更广。等级相关系数一般适用于以下情形：

① 两个变量的表现值均为顺序数据。

② 一个变量为顺序数据，另一个变量为数值数据，此时要将数值型数据转换为等级。

③ 如果两个数值型变量的分布未知，则适合计算等级相关系数进行分析，此时要同时将两个数值型数据转换为等级。

④ 对于满足计算直线相关系数条件的数据，也可计算等级相关系数，但统计效能要低一些。

此外，计算等级相关系数时，变量 x 和 y 之间的 n 组成对观测应分属 n 个不同等级。如果排序出现相同的情况,则应取平均排位。

4. 相关系数的显著性检验

在对两个现象进行相关分析时,观测得到的两个变量的 n 组值可以看做是从总体中随机抽取的一个样本,计算出来的相关系数 r 是一个样本相关系数,只是总体相关系数的一个估计,如果再次观测,则又可以得到另一个样本。因而,样本相关系数是一个随机变量,依据样本计算的相关系数是否表明在总体范围内两者仍然存在相关关系呢?为此需要通过显著性检验加以推断。对相关系数的显著性检验分两类:一类是检验总体相关系数是否为 0;另一类是检验总体相关系数是否等于某个不为 0 的特定值。其中以前者最为常见。

在假设检验中对研究问题做出假设时,通常以研究者想要支持的观点作为备择假设,如果拒绝了原假设,则这一结果符合研究者的意愿,在相关和回归分析的各种统计检验中通常表述为通过了显著性检验;否则表述为未通过显著性检验。

(1) 相关系数是否等于 0 的显著性检验

对于总体相关系数是否为 0 的检验通常采用 t 检验,适用于大样本和小样本,步骤如下。

① 需要检验的假设为:

H_0:$\rho = 0$ (总体的两变量相关性不显著)。

H_1:$\rho \neq 0$ (总体的两变量相关性显著)。

② 需要统计量为:

$$t = \frac{r\sqrt{n-2}}{\sqrt{1-r^2}} \tag{4-4}$$

当 H_0 成立时,上述与 r 有关的 t 统计量服从自由度为 $(n-2)$ 的 t 分布。

③ 根据估计的样本相关系数 r 计算出 t 值,给定显著性水平 α,查 t 分布表得临界值 $t_{\alpha/2}(n-2)$:若 $|t| \geq t_{\alpha/2}$,则表明相关系数 r 显著不为 0,应否定 $\rho = 0$ 的假设而接受 $\rho \neq 0$ 的假设,即总体的两变量显著相关;若 $|t| < t_{\alpha/2}$,则收应接受 $\rho = 0$ 的假设,即总体的两变量间相关性不显著。

(2) 相关系数是否等于某个值的显著性检验

如果两个变量相关系数不为 0 的显著性检验通过,则只是表明两者之间存在相关关系。至于相关关系是否达到某种程度还不能加以判断,还需要对相关系数是否等于某个值进行检验。此时,上述 t 检验方法不再适用。为此,费雪(Sir Ronald Aylmer Fisher)将相关系数进一步转换为 z' 统计量构造近似正态分布加以检验。

$$z' = \frac{1}{2}\ln\frac{1+r}{1-r} \tag{4-5}$$

$$z' \sim N\left(\rho, \frac{1}{n-m-1}\right) \quad (4\text{-}6)$$

在上述统计量中，ρ 为总体相关系数；n 为样本容量；m 为变量个数（对于直线相关，$m=2$）。需要注意的是，上述检验要求为大样本。

5. 复相关与偏相关

直线相关系数和等级相关系数是对两个变量呈线性相关时紧密程度的度量。如果两个变量呈非线性相关或相关关系涉及多个变量，则不能用上述相关系数对相关的紧密程度进行度量。

（1）复相关系数

复相关系数是反映因变量与影响它的多个自变量之间相关紧密程度的指标，用 R 表示。如浇水量（x_1）和施肥量（x_2）同时影响作物产量（y），两个自变量作为一个整体与产量之间相关的紧密程度如何，就需要用复相关系数度量。

复相关系数的计算较为麻烦，通常不在相关分析中直接计算其值，而是利用回归分析中的可决系数 R^2 转换。因为各个自变量对因变量的影响方向可能不同，所以复相关系数不再区分符号，将可决系数取算术平方根即为复相关系数。复相关系数的取值为 0～1，越接近 1，表明所有自变量整体与因变量之间的相关关系越紧密。

在回归分析中，可决系数 R^2 代表了模型的拟合优度，而模型的拟合优度即表明所有自变量整体对因变量的解释程度。相关关系越紧密，解释程度越高，R^2 就越接近 1。对于可决系数的计算将在回归分析中加以介绍，直线相关系数可以看做是复相关系数的特例。

（2）偏相关系数

在复相关中，不仅要研究多个自变量与因变量之间的共同依存关系，还要进一步研究每一个自变量与因变量之间的单独依存关系。偏相关系数又称为净相关系数，就是假定在其他自变量不变时，某个自变量与因变量之间相关关系的紧密程度。因变量 y 与自变量 x_i 之间的偏相关系数记为 r_{yx_i}，偏相关系数的取值为 –1～1，其绝对值越大，表明该自变量与因变量之间的关系越紧密。显然，偏相关系数的个数等于自变量的个数，利用偏相关系数可以判别各个自变量与因变量之间紧密程度的主次关系。

偏相关系数的计算也较为麻烦，在相关分析中通常不直接计算其值。因为回归分析中计算与检验回归系数的意义已经涵盖了偏相关系数的意义，并且其值与回归系数有关，所以在实际研究中较少使用。此处对其计算略去。

4.1.2　一元线性回归分析

相关分析的主要目的是对变量间存在的数量关系的密切程度进行测度。回归分析（regression）是在相关分析的基础上，构建变量间数量关系的具体模型，并对模型进行各种检验的分析方法。

与相关分析不同，回归分析需要确定自变量（或解释变量）与因变量（或被解释变量）。因变量为被影响的变量，自变量为影响变量。因变量只有一个，而自变量可以有多个。对于只有一个自变量的回归分析，称为一元回归；有多个自变量的回归分析，则称为多元回归。根据变量间相关的形式不同，又可分为线性回归与非线性回归。回归分析的具体内容包括：

① 确定模型的形式。
② 利用样本数据对模型的参数进行估计。
③ 对模型的拟合优度及变量的显著性进行检验。
④ 利用模型进行预测。

1. 一元线性回归模型

（1）一元线性回归模型的形式

在回归分析中，通常用 x 表示自变量，用 y 表示因变量。回归模型（regression model，RM）是用数学模型描述自变量与因变量之间的数量关系。一元线性回归是一个自变量与因变量之间线性关系的回归，又称为直线回归，是回归分析中最基本的形式。直线回归与直线相关对应，一元线性回归模型的一般表达形式为

$$y_i = \alpha + \beta x_i + \varepsilon_i \tag{4-7}$$

式中，x_i 为自变量；y_i 为因变量；ε_i 表示随机误差，是除自变量 x_i 以外所有其他影响因素的总和；α 和 β 为回归参数，是常数。

模型表示的意义为：对于自变量 x 的一个取值 x_i，因变量 y 的值 y_i 由可确定的部分 $(\alpha + \beta x_i)$ 和不可确定的随机因素 ε_i 共同决定，不可确定的因素 ε_i 是随机的，其影响的大小和方向均不能确定，但存在一定的分布规律。

（2）一元线性回归模型的基本假定

为保证回归分析的有效性，同时作为模型检验的前提，对于一元线性回归模型通常有以下假定：

① 自变量 x_i 为可控的变量，即非随机变量。因为回归分析主要是考察因变量 y_i 如何受自变量 x_i 的影响，所以假定 x_i 的取值是可以确定的。ε_i 为随机变量，这意味着因变量 y_i 也为随机变量。

② 随机变量 ε 的均值为 0。对于 x 的每一个取值 x_i，随机变量 ε_i 的均值都为 0。

③ 随机变量 ε_i 具有同方差。对于 x 的每一个取值 x_i，随机变量 ε_i 的方差相同，

均为某个常数 σ^2。这意味着因变量 y_i 也具有同方差。

④ 随机变量 ε_i 无自相关，即相互独立。

⑤ 随机变量 ε_i 与自变量 x_i 不相关。

⑥ 随机变量 ε_i 为服从均值为 0、方差为 σ^2 的正态分布。由假设①，y_i 也服从正态分布。

满足以上基本假定的线性回归模型又称为经典线性回归模型。

对于一元线性回归模型，在给定 x_i 的取值时，y_i 的值虽不能确定，但其均值是确定的，即 $\alpha + \beta x_i$。将其称为回归方程或回归函数（regression function RF），即：

$$E(y_i / x_i) = \alpha + \beta x_i \quad (4-8)$$

（3）总体回归模型（函数）与样本回归模型（函数）

对于总体而言，x 的可能取值有很多，每一个 x 的取值 x_i，可以观测到对应的 y_i 值理论上有无穷个。但研究实际问题时，某个 x_i 的取值下对 y_i 值的观测往往只有几次甚至一次，并且不是 x 的所有可能取值都会进行观测，总体可能的取值无法穷尽，因而总体回归函数（Population Regression Function，PRF）和回归模型（Population Regression Model，PRM）是未知的。实际研究时，观测到的若干组 x 和 y 的值只是总体中的一个样本，对应于样本数据的回归函数和回归模型称为样本回归函数（Sample Regression Function，SRF）和样本回归模型（Sample Regression Model，SRM）。样本回归函数和回归模型分别用下式表示：

$$\begin{cases} \hat{y}_i = \hat{\alpha} + \hat{\beta} x_i \\ y_i = \hat{\alpha} + \hat{\beta} x_i + e_i \end{cases} \quad (4-9)$$

式中，$\hat{\alpha}$ 和 $\hat{\beta}$ 分别表示样本回归模型的参数；e_i 表示随机误差。

需要注意的是，尽管总体回归函数未知，但它是确定的，并且是唯一的。未知的原因是无法得到总体的全部数据，并不代表总体回归函数不存在。回归分析的任务是用样本回归函数估计总体回归函数。样本回归函数因样本的不同而不同，也就是说 $\hat{\alpha}$ 和 $\hat{\beta}$ 属于随机变量，但对于一个确定的样本，参数 $\hat{\alpha}$ 和 $\hat{\beta}$ 是确定的。

2. 一元线性回归模型的参数估计

（1）普通最小二乘法估计参数的原理

在一元线性回归分析中，对于确定的样本，使用不同的估计方法可以得到不同的样本回归函数。在满足经典假设的情况下，使用普通最小二乘法（Ordinary Least Squares，OLS）估计的结果是最优的，其原理如下所示。

对于已经观测到的一组样本观测值（x_i，y_i）（i=1，2，…，n），将其描绘成直角坐标中的各个散点，要求样本回归函数尽可能好地拟合这组值，即回归直线尽可能地从这些点中间穿过，如图 4-1 所示。当 x 取 x_i 时，y 的实际观测值 y_i 与估计值之间存在偏差 e_i。偏差有正有负，每个观测点的偏差直接相加会相互抵消，因而取偏差的平方和 $\sum e_i^2$ 作为衡量所有观测点偏离程度的标准。显然，$\sum e_i^2$ 由参数 $\hat{\alpha}$ 和 $\hat{\beta}$ 的取值决定。当偏差的平方和最小时，回归直线最好地拟合了所有的观测点。根据求极值的原理，使 $\sum e_i^2$ 最小的参数应满足：

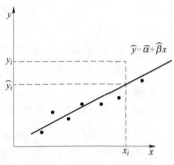

图 4-1 最小二乘原理

$$\begin{cases} \dfrac{\partial(\sum e_i^2)}{\partial \hat{\alpha}} = -2\sum(y_i - \hat{\alpha} - \hat{\beta}x_i) = 0 \\ \dfrac{\partial(\sum e_i^2)}{\partial \hat{\beta}} = -2\sum(y_i - \hat{\alpha} - \hat{\beta}x_i)x_i = 0 \end{cases} \quad (4-10)$$

整理得到以下方程组：

$$\begin{cases} \sum y_i = n\hat{\alpha} + \hat{\beta}\sum x_i \\ \sum x_i y_i = \hat{\alpha}\sum x_i + \hat{\beta}\sum x_i^2 \end{cases} \quad (4-11)$$

其中，n 为观测得到的数据点，即样本容量。求解上述方程组得：

$$\begin{cases} \hat{\beta} = \dfrac{n\sum x_i y_i - \sum x_i \sum y_i}{n\sum x_i^2 - (\sum x_i)^2} \\ \hat{\alpha} = \dfrac{\sum x_i^2 \sum y_i - \sum x_i \sum x_i y_i}{n\sum x_i^2 - (\sum x_i)^2} \end{cases} \quad (4-12)$$

上述求解的参数通常表示为

$$\begin{cases} \hat{\beta} = \dfrac{n\sum x_i y_i - \sum x_i \sum y_i}{n\sum x_i^2 - (\sum x_i)^2} \\ \hat{\alpha} = \dfrac{\sum y_i}{n} - \hat{\beta}\dfrac{\sum x_i}{n} \end{cases} \quad (4-13)$$

（2）直线回归与直线相关的关系

可以证明回归方程中的回归系数与直线相关系数之间存在如下关系：

$$\hat{\beta} = r\dfrac{\sigma_y}{\sigma_x} \quad (4-14)$$

首先，相关系数与自变量前的回归系数符号相同。在相关分析中已经了解到，如果两个变量有同方向变化关系，则其相关系数大于 0，为正相关。因而回归方程中自变量前的回归系数必然大于 0，上述关系式也正说明了相关与回归是统一的。

其次，从普通最小二乘法求解回归参数的原理可以看出，变量 x 和 y 之间的散点分布无论呈何种情况，用普通最小二乘法都能求解出唯一的一条直线来描述两者的数量关系。当散点分布越近似直线时，相关系数的绝对值越接近 1（越大），此时，回归直线就越好地拟合了各个点，各实际值与拟合值的离差平方和就越小，或者说拟合的精度越高。这一关系可用下式表达：

$$\sigma_{ys}^2 = (1-r^2)\sigma_y^2 \qquad (4-15)$$

式中，σ_{ys}^2 为剩余方差，代表了拟合的精度。其计算式如下：

$$\sigma_{ys}^2 = \sum(y-\hat{y})^2 / n \qquad (4-16)$$

（3）一元线性回归模型参数（OLS）估计的分布特征与性质

总体回归模型的参数只能通过样本观测值估计，样本回归参数的估计量是随样本变动的随机变量，采用普通最小二乘估计得到的样本参数是否可靠，还需要进行假设检验，因而需要知道样本回归参数的分布特征。

① 样本回归参数 $\hat{\alpha}$ 和 $\hat{\beta}$ 服从正态分布。根据普通最小二乘估计的结果有

$$\begin{aligned}\hat{\beta} &= \frac{n\sum x_i y_i - \sum x_i \sum y_i}{n\sum x_i^2 - (\sum x_i)^2} \\ &= \frac{\sum(x_i-\bar{x})(y_i-\bar{y})}{\sum(x_i-\bar{x})^2} \\ &= \frac{\sum(x_i-\bar{x})y_i - \sum(x_i-\bar{x})\bar{y}}{\sum(x_i-\bar{x})^2} \\ &= \frac{\sum(x_i-\bar{x})y_i}{\sum(x_i-\bar{x})^2} = \sum \frac{(x_i-\bar{x})}{\sum(x_i-\bar{x})^2} y_i \\ &= \sum k_i y_i \end{aligned} \qquad (4-17)$$

$$\begin{aligned}\hat{\alpha} &= \frac{\sum y_i}{n} - \hat{\beta}\frac{\sum x_i}{n} \\ &= \bar{y} - \hat{\beta}\bar{x}\end{aligned} \qquad (4-18)$$

根据模型假设，自变量 x 为可控变量，是可以事先设定的一组固定的值，因而 k_i 为一组常数，且 $\sum k_i = 0$，$\sum k_i x_i = 1$ 可见，$\hat{\alpha}$ 和 $\hat{\beta}$ 具有线性，都是 y_i 的线性

组合。因为 y_i 与模型中的随机变量 ε 同分布，所以 $\hat{\alpha}$ 和 $\hat{\beta}$ 都是服从正态分布的随机变量。

② 样本回归参数 $\hat{\alpha}$ 和 $\hat{\beta}$ 的期望分别等于总体回归参数 α 和 β，证明过程如下：

$$\hat{\beta} = \sum k_i y_i = \sum k_i(\alpha + \beta x_i + \varepsilon_i) = \alpha \sum k_i + \beta \sum k_i x_i + \sum k_i \varepsilon_i = \beta + \sum k_i \varepsilon_i$$

$$E(\hat{\beta}) = E(\beta + \sum k_i \varepsilon_i) = \beta + \sum k_i E(\varepsilon_i) = \beta$$

$$E(\hat{\alpha}) = E(\overline{y} - \hat{\beta}\overline{x}) = E(\overline{y}) - \overline{x}E(\hat{\beta}) = \overline{y} - \overline{\beta}\overline{x} = \alpha$$

（4-19）

这表明，回归系数的最小二乘估计是无偏估计。

③ 样本回归参数 $\hat{\alpha}$ 和 $\hat{\beta}$ 的方差分别为

$$Var(\hat{\beta}) = \frac{\sigma^2}{\sum (x_i - \overline{x})^2}$$

$$S(\hat{\beta}) = \frac{\sigma}{\sqrt{\sum (x_i - \overline{x})^2}}$$

（4-20）

$$Var(\hat{\alpha}) = \frac{\sum x_i^2}{n \sum (x_i - \overline{x})^2}$$

$$S(\hat{\alpha}) = \sigma \sqrt{\frac{\sum x_i^2}{n \sum (x_i - \overline{x})^2}}$$

（4-21）

上述公式的推导过程略去。

可以证明，在所有的线性无偏估计中，回归系数的最小二乘估计具有最小方差。

④ 随机误差项的方差 σ^2 的估计。在回归参数的方差和标准差公式中，σ^2 为总体回归模型中随机误差项 ε_i 的方差，σ^2 是无法观测得到的，但可以由样本回归模型中随机误差项进行估计。

$$\hat{\sigma}^2 = \frac{\sum e_i^2}{n-2}$$

（4-22）

可以证明，上述估计量是 σ^2 的一个无偏估计。式中 n 为观测值的个数，$(n-2)$ 为自由度。

3. 一元线性回归模型的拟合优度与标准误差

基于一个特定的观测样本数据，尽管由普通最小二乘方法估计出的样本回归直线是所有直线中最优的一条，但直线与各观测点总存在或正或负的偏离。这种偏离程度的大小说明了样本回归直线对样本数据拟合的优劣程度。回归方程拟合优度的度量使用可决系数指标。

（1）可决系数

可决系数（R-Square）又称为判定系数，其度量回归方程拟合优度的基本原理是：以所有 y_i 的均值 $\bar{y}$ 作为偏离的度量基准，每一个实际观测值 y_i 对均值的偏离可以分解为两部分，如图 4–2 所示。

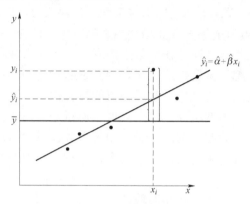

图 4–2　离差分解图

$$y_i - \bar{y} = (\hat{y}_i - \bar{y}) + (y_i - \hat{y}_i) \tag{4-23}$$

式中，等号后一部分为因变量的实际观测值与回归估计值的偏差，将上述偏差分解式两边平方并加总得：

$$\begin{cases} \sum(y_i - \bar{y})^2 = \sum(\hat{y}_i - \bar{y})^2 + \sum(y_i - \hat{y}_i)^2 + \sum 2(\hat{y}_i - \bar{y})(y_i - \hat{y}_i) \\ \sum 2(\hat{y}_i - \bar{y})(y_i - \hat{y}_i) = 0 \\ \sum(y_i - \bar{y})^2 = \sum(\hat{y}_i - \bar{y})^2 + \sum(y_i - \hat{y}_i)^2 \\ \sum(y_i - \bar{y})^2 \cdots SST; \sum(\hat{y}_i - \bar{y})^2 \cdots SSR; \sum(y_i - \hat{y}_i)^2 \cdots SSE \end{cases} \tag{4-24}$$

在上述离差平方和分解式中，左边部分称为总离差平方和（SST），可以分解为由回归直线解释的部分回归平方和（SSR）与回归直线不能解释的部分残差平方和（SSE）。

对于一个观测样本，总离差平方和是既定的，对其拟合不同的直线会有不同的回归平方和与残差平方和。直线拟合越好，各观测点与直线越靠近，此时残差平方和部分就越小，回归平方和越大；反之，直线拟合越不好，各观测点离直线越远，此时残差平方和部分就越大，回归平方和越小。将回归平方和与总离差平方和之比称为可决系数，用 R^2 表示，则

$$R^2 = \frac{\sum(\hat{y}_i - \bar{y})^2}{\sum(y_i - \bar{y})^2} \quad \text{或} \quad R^2 = 1 - \frac{\sum(y_i - \hat{y}_i)^2}{\sum(y_i - \bar{y})^2} \tag{4-25}$$

显然，回归平方和占总离差平方和比重越大或残差平方和占总离差平方和比重越小，R^2 越大，回归方程拟合得越优。

（2）可决系数的特点及其与相关系数间的关系

① 可决系数非负。

② 可决系数的取值范围为 $0 \leqslant R^2 \leqslant 1$。

③ 与回归参数一样，不同的样本有不同的可决系数，因而 R^2 为随机变量。

④ 可决系数在数值上等于直线相关系数的平方，即 $R^2 = r^2$。

可决系数与相关系数之间存在数量上的联系。相关系数表明两个变量数量上联系的紧密程度，其绝对值越接近 1，表明联系越紧密，其符号表明了数量上的依存方向。可决系数反映的是模型对观测值的拟合程度。两个变量无论数量联系的方向如何，相关密切程度越高，模型会拟合得越好，因而可决系数不用区分方向。可决系数与相关系数的区别还在于：相关系数针对变量而言，不用区分变量的因果关系或影响与被影响的关系；可决系数针对回归模型而言，需要明确自变量与因变量。

（3）一元线性回归模型的标准误差

得出回归方程后，还要对方程的拟合精度或代表性进行度量，统计学中借助估计标准误差来说明回归方程的代表性，一元线性回归中用 S_{yx} 表示标准误差。

估计标准误差是对总体回归模型的随机误差项 ε_i 的标准差 σ 的估计，它反映了实际观测值偏离回归直线的程度，用来预测 y 值的置信区间对周围的分散状况。估计标准误差越大，说明回归方程的代表性越差，或者说回归方程的拟合精度越低。

由于总体回归模型中随机误差项 ε_i 的方差 σ^2 无法观测得到，只能用样本估计量 $\hat{\sigma}^2$ 对其进行估计，因而估计标准误差就是残差平方和的均方根，公式为

$$S_{yx} = \sqrt{\frac{\sum e_i^2}{n-2}} \qquad (4-26)$$

在估计标准误差公式中，根式中的分母不是 n，而是除以 $n-2$，表示其自由度。

4. 一元线性回归模型中变量的显著性检验

通过回归得到的模型，除了对模型的拟合优度进行度量外，还需要分别对回归系数的显著性及回归方程的显著性进行检验。回归系数的显著性检验主要是检验每一个自变量对因变量的影响是否显著；回归方程的显著性检验主要是检验所有自变量的线性组合整体上对因变量的影响是否显著。由于一元线性回归中只有一个自变量，因而变量的显著性检验和回归方程的显著性检验是等价的，即两者要么同时通过检验，要么都不能通过检验。本节中主要介绍变量的显著性检验，回归方程的显著性检验将在多元线性回归中进行介绍。

一元线性回归中，回归系数 α 和 β 的检验方法相同，但对自变量前面的系数

β 的检验更有意义。因而回归系数的显著性检验通常是指变量的显著性检验。

(1) 回归系数检验的步骤

① 提出假设。在线性回归中,人们更关心的是自变量对因变量是否存在显著性影响,即回归系数是否为 0,这比检验回归系数是否等于某个值更有意义。因而做出的假设一般为

$$H_0: \rho = 0 \quad H_1: \rho \neq 0$$

如果不拒绝原假设,则表明自变量 x 对因变量 y 不存在显著的线性影响,如果拒绝原假设,则表明 x 对 y 存在显著的线性影响。

② 检验统计量。在前面介绍回归系数的分布特征时,已经知道回归系数服从正态分布。由于总体回归模型中随机误差项 ε_i 的方差 σ^2 无法观测得到,只能用样本估计量 $\hat{\sigma}^2$ 代替,此时要检验的统计量服从 t 分布:

$$t = \frac{\hat{\beta} - \beta}{S(\hat{\beta})} t(n-2) \tag{4-27}$$

③ 设定显著性水平 α,确定临界值。上述假设属于双侧检验,查表可得临界值为 $t_{\alpha/2}(n-2)$。

④ 判断并得出结论。当原假设成立时,计算的 t 统计量值如果落在接受域,则不拒绝原假设 $\beta = 0$,表明自变量对因变量无显著线性影响;如果 t 统计量的值落在拒绝域,则拒绝原假设 $\beta = 0$,表明自变量对因变量存在显著的线性影响。

(2) 回归系数的 P 值检验

上面对回归系数的检验方法是先计算出 t 值,然后与给定的显著性水平下查表得到的临界值比较,进而对假设做出判断。对回归系数的显著性检验也可用 P 值决策判断,其结论与 t 值检验相同。

P 值检验的方法是,在计算出 t 值后,由 t 分布表可以得到大于 t 值的概率 P,将其与给定的显著性水平 α 进行比较。显然,当 P 值大于 $\alpha/2$ 时,不能拒绝原假设,表明自变量对因变量不存在显著的线性影响;当 P 值小于 $\alpha/2$ 时,拒绝原假设,表明自变量对因变量存在显著的线性影响。

5. 一元线性回归模型的预测

回归分析的最终目的是要利用得到的回归模型进行预测。当建立的回归方程通过了各种统计检验和经济意义上的检验时,就可以利用模型对因变量进行有效预测。

(1) 因变量的点值预测

点值预测就是将自变量的一个值 x_0 代入回归方程中计算出因变量 $\hat{y}_0$ 的值,以此作为 y_0 的一个点估计值,即

$$\hat{y}_0 = \hat{\alpha} + \hat{\beta} x_0 \tag{4-28}$$

显然,根据回归方程与回归模型的关系,$\hat{y}_0$ 只是 y_0 的均值的一个点估计。

(2)因变量的区间预测

对因变量进行区间预测就是给出自变量的一个值,在一定的概率保证下对因变量的可能取值范围进行预测估计。因变量的区间预测分两种:一种是对因变量值 y_0 的区间估计;另一种是对因变量均值 $E(y_0)$ 的区间估计。因变量的区间预测通常是指对因变量个值的区间预测。

① 因变量均值的区间估计。由于样本是随机选取的,样本回归方程的参数是随样本变化的随机变量,因而 $\hat{y}_0$ 也是一个随机变量,并且服从正态分布,根据回归模型的假设可以得出

$$E(\hat{y}_0) = E(\hat{\alpha} + \hat{\beta}x_0) = \alpha + \beta x_0$$

$$Var(\hat{y}_0) = E\left[(\hat{\alpha} + \hat{\beta}x_0) - (\alpha + \beta x_0)\right]^2$$

$$= E(\hat{\alpha} - \alpha)^2 + E\left[x_0(\hat{\beta} - \beta)\right]^2 - E\left[2(\hat{\alpha} - \alpha)(\hat{\beta} - \beta)\right] \quad (4-29)$$

$$= \sigma^2 \left[\frac{1}{n} + \frac{(x_0 - \overline{x})^2}{\sum(x_i - \overline{x})^2}\right]$$

在 σ^2 未知的情况下,用样本估计量 $\hat{\sigma}^2$ 代替,$\hat{y}_0$ 标准化后服从自由度为 $(n-2)$ 的 t 分布。在给定显著性水平 α 下,$\hat{y}_0$ 的区间估计为

$$\left[\begin{array}{l}\hat{y}_0 - t_{\alpha/2}\hat{\sigma}\sqrt{\dfrac{1}{n} + \dfrac{(x_0 - \overline{x})^2}{\sum(x_i - \overline{x})^2}} \\ \hat{y}_0 + t_{\alpha/2}\hat{\sigma}\sqrt{\dfrac{1}{n} + \dfrac{(x_0 - \overline{x})^2}{\sum(x_i - \overline{x})^2}}\end{array}\right] \quad (4-30)$$

② 因变量值的区间估计。给定自变量的一个取值 x_0 时,因变量值为 y_0。同样是属于服从正态分布的随机变量,根据模型假设容易得出

$$y_0 \sim N(\alpha + \beta x_0, \sigma^2)$$

$$(\hat{y}_0 - y_0) \sim N\left[0, \sigma^2\left(1 + \frac{1}{n} + \frac{(x_0 - \overline{x})^2}{\sum(x_i - \overline{x})^2}\right)\right] \quad (4-31)$$

在 σ^2 未知的情况下,用样本估计量 $\hat{\sigma}^2$ 代替,上述统计量服从自由度为 $(n-2)$ 的 t 分布。在给定显著性水平 α 下,y_0 的值的区间估计为

$$\left[\hat{y}_0 - t_{\alpha/2}\hat{\sigma}\sqrt{1 + \frac{1}{n} + \frac{(x_0 - \overline{x})^2}{\sum(x_i - \overline{x})^2}}, \hat{y}_0 + t_{\alpha/2}\hat{\sigma}\sqrt{1 + \frac{1}{n} + \frac{(x_0 - \overline{x})^2}{\sum(x_i - \overline{x})^2}}\right] \quad (4-32)$$

③ 因变量区间估计精度的影响因素。对比两种估计可以看出,在同样的显著性水平下,由样本估计因变量值的区间要比因变量均值的区间宽。在给定不同的

自变量取值对因变量进行区间估计时，区间宽度不同，如图 4-3 所示，当 $x_0 = \bar{x}$ 时，估计区间最窄。也就是说，利用回归方程进行预测时，x 在其均值附近取值，对因变量的区间预测精度最高。

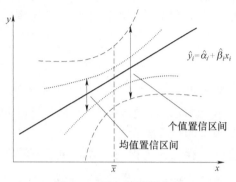

图 4-3　回归预测置信带

此外，预测区间还与样本容量有关，样本容量 n 越大，因变量值或均值估计区间公式中根号内的部分越小，区间越窄，此时会提高预测精度。

4.1.3　多元线性回归分析

在一元线性回归分析中，假定因变量只受一个自变量的影响，然而研究许多现实问题时，研究对象往往受到多个自变量的影响，比如：公司股价可以由每股盈利、每股净资产等众多变量解释；作物产量受施肥量、浇水量、耕作深度等因素的影响；产品的销量不仅受销售价格的影响，还受消费者的收入水平、广告宣传费用、替代商品的价格等多个因素的影响。因此，研究一个因变量与多个自变量之间的数量关系需要用到多元线性回归分析。多元线性回归分析是指因变量表现为两个或两个以上自变量的线性组合关系，多元线性回归分析与一元线性回归分析的基本原理和方法类似。

1. 多元线性回归模型

（1）多元线性回归的基本模型

多元线性回归模型与一元线性回归模型相似，只是自变量由一个增加到多个。设因变量 y 表现为 k 个自变量 x_1，x_2，$\cdots$，x_k 的线性组合，则多元线性回归的基本模型可以表示为

$$y_i = \hat{\beta}_0 + \hat{\beta}_1 x_{1i} + \hat{\beta}_2 x_{2i} + \cdots + \hat{\beta}_k x_{ki} + \varepsilon_i \ (i=1,2,\cdots,n) \qquad (4\text{-}33)$$

在上述模型中，k 为自变量的个数；β_j（j=0，1，2，$\cdots$，k）为模型参数；ε_i 表示随机误差项；（x_{1i}，x_{2i}，$\cdots$，x_{ki}）为对总体的第 i 次观测。

与一元线性回归类似，多元线性回归方程为

$$E(y_i / x_{1i}, x_{2i}, \cdots, x_{ki}) = \hat{\beta}_0 + \hat{\beta}_1 x_{1i} + \hat{\beta}_2 x_{2i} + \cdots + \hat{\beta}_k x_{ki} \qquad (4-34)$$

在多元线性回归模型中，系数 β_j 表示在其他自变量不变时，第 j 个自变量变化一个单位对因变量均值的影响，又称偏回归系数。与一元线性回归模型一样，由于总体回归方程未知，只能利用样本进行估计，则样本回归方程和样本回归模型分别表示为

$$\hat{y}_i = \hat{\beta}_0 + \hat{\beta}_1 x_{1i} + \hat{\beta}_2 x_{2i} + \cdots + \hat{\beta}_k x_{ki} \qquad (4-35)$$

$$y_i = \hat{\beta}_0 + \hat{\beta}_1 x_{1i} + \hat{\beta}_2 x_{2i} + \cdots + \hat{\beta}_k x_{ki} + e_i \qquad (4-36)$$

在上述模型和方程中，$\hat{\beta}_j$（$j=0$，1，2，$\cdots$，k）是总体回归参数 β_j 的估计。

（2）多元线性回归模型的矩阵表示

对于总体的 n 次观测，存在 n 个相同参数的回归方程组

$$\begin{aligned} y_1 &= \hat{\beta}_0 + \hat{\beta}_1 x_{11} + \hat{\beta}_2 x_{21} + \cdots + \hat{\beta}_k x_{k1} + \varepsilon_1 \\ y_2 &= \hat{\beta}_0 + \hat{\beta}_1 x_{12} + \hat{\beta}_2 x_{22} + \cdots + \hat{\beta}_k x_{k2} + \varepsilon_2 \\ &\vdots \\ y_n &= \hat{\beta}_0 + \hat{\beta}_1 x_{1n} + \hat{\beta}_2 x_{2n} + \cdots + \hat{\beta}_k x_{kn} + \varepsilon_n \end{aligned} \qquad (4-37)$$

将上述方程组用矩阵表达

$$Y = X\beta + \varepsilon \qquad (4-38)$$

其中，

$$Y = \begin{bmatrix} y_1 \\ y_2 \\ \vdots \\ y_n \end{bmatrix}, \quad X = \begin{bmatrix} 1 & x_{11} & x_{21} & \cdots & x_{k1} \\ 1 & x_{12} & x_{22} & \cdots & x_{k2} \\ \vdots & \vdots & \vdots & & \vdots \\ 1 & x_{1n} & x_{2n} & \cdots & x_{kn} \end{bmatrix}, \quad \beta = \begin{bmatrix} \beta_1 \\ \beta_2 \\ \vdots \\ \beta_n \end{bmatrix}, \quad e = \begin{bmatrix} e_1 \\ e_2 \\ \vdots \\ e_n \end{bmatrix}$$

样本回归模型和回归方程的矩阵表达为

$$\begin{cases} Y = X\hat{\beta} + e \\ \hat{Y} = X\hat{\beta} \end{cases} \qquad (4-39)$$

其中，因变量均值向量、回归系数向量和残差向量分别为

$$\hat{Y} = \begin{bmatrix} \hat{y}_1 \\ \hat{y}_2 \\ \vdots \\ \hat{y}_n \end{bmatrix}, \quad \hat{\beta} = \begin{bmatrix} \hat{\beta}_1 \\ \hat{\beta}_2 \\ \vdots \\ \hat{\beta}_n \end{bmatrix}, \quad e = \begin{bmatrix} e_1 \\ e_2 \\ \vdots \\ e_n \end{bmatrix}$$

（3）多元线性回归模型的假定

与一元线性回归模型相比，多元线性回归模型除了有随机项服从正态分布、

随机项零均值、随机项同方差、随机项无自相关、随机项与自变量不相关的假定外，还假定各自变量之间不存在线性相关。

2. 多元线性回归模型的参数估计

（1）多元线性回归参数的最小二乘估计

在一元线性回归参数的估计中，对于自变量和因变量的观测值可以借助二维平面坐标的散点表现。但在多元线性回归中，这些点不在一个平面上，需要借助多维空间的"点"描述。尽管如此，多元线性回归参数的估计原理与一元线性回归相同，也是采用残差平方和最小准则即普通最小二乘法估计模型参数。

对于一个包含 n 组观测值的样本 (y_i, x_{ji})，其中 $i=1,2,3,\cdots,n; j=1,2,3,\cdots,k$

残差平方和为

$$\sum e_i^2 = \sum (y_i - \hat{y}_i)^2 = \sum (y_i - \hat{\beta}_0 - \hat{\beta}_1 x_{1i} - \hat{\beta}_2 x_{2i} - \cdots - \hat{\beta}_k x_{ki})^2 \quad (4\text{–}40)$$

使残差平方和最小的充分必要条件是：

$$\frac{\partial (\sum e_i^2)}{\partial \hat{\beta}_j} = 0 \quad (j=0,1,2,\cdots,k) \quad (4\text{–}41)$$

由此得到 $k+1$ 个求导方程：

$$\begin{aligned}
&\sum 2(y_i - \hat{\beta}_0 - \hat{\beta}_1 x_{1i} - \hat{\beta}_2 x_{2i} - \cdots - \hat{\beta}_k x_{ki})(-1) = 0 \\
&\sum 2(y_i - \hat{\beta}_0 - \hat{\beta}_1 x_{1i} - \hat{\beta}_2 x_{2i} - \cdots - \hat{\beta}_k x_{ki})(-x_{1i}) = 0 \\
&\qquad\vdots \\
&\sum 2(y_i - \hat{\beta}_0 - \hat{\beta}_1 x_{1i} - \hat{\beta}_2 x_{2i} - \cdots - \hat{\beta}_k x_{ki})(-x_{ki}) = 0
\end{aligned} \quad (4\text{–}42)$$

将上述方程组简化，得到正规方程组

$$\begin{aligned}
&\sum y_i = n\hat{\beta}_0 + \hat{\beta}_1 \sum x_{1i} + \hat{\beta}_2 \sum x_{2i} + \cdots + \hat{\beta}_k \sum x_{ki} \\
&\sum y_i x_{1i} = \hat{\beta}_0 \sum x_{1i} + \hat{\beta}_1 \sum x_{1i}^2 + \hat{\beta}_2 \sum x_{1i} x_{2i} + \cdots + \hat{\beta}_k \sum x_{1i} x_{ki} \\
&\qquad\vdots \\
&\sum y_i x_{ki} = \hat{\beta}_0 \sum x_{ki} + \hat{\beta}_1 \sum x_{1i}^2 + \hat{\beta}_2 \sum x_{1i} x_{ki} + \cdots + \hat{\beta}_k \sum x_{ki}^2
\end{aligned} \quad (4\text{–}43)$$

上述正规方程组为关于待估计参数的 $k+1$ 元一次方程组，求解可得各待估参数的值。用矩阵表示参数的估计式为

$$\hat{\beta} = (X'X)^{-1} X'Y \quad (4\text{–}44)$$

（2）参数最小二乘估计的分布特征与性质

与一元线性回归一样，在满足经典假设的情况下，可以证明多元线性回归模

型参数的最小二乘估计服从正态分布，并具有无偏性、最小方差性和线性。

（3）随机误差项的方差 σ^2 的估计

在回归参数的方差和标准差公式中，σ^2 为总体回归模型中随机误差项 ε_i 的方差。σ^2 是无法观测得到的，但可以由样本回归模型中随机误差项进行估计，估计结果为

$$\hat{\sigma}^2 = \frac{\sum e_i^2}{n-k-1} \tag{4-45}$$

可以证明，上述估计量是随机误差项 ε_i 的方差 σ^2 的无偏估计。($n-k-1$) 是其自由度。

3. 多元线性回归模型的拟合优度与统计检验

（1）多元线性回归模型的拟合优度

① 多重可决系数 R^2。与一元线性回归类似，多元线性回归模型也需要考察模型对观测值的拟合程度，以说明模型的拟合优度。多元线性回归对模型拟合优度的考察，也是使用总离差平方和中回归平方和所占比重，即 R^2。与一元线性回归不同，多元线性回归的回归平方和是由多个自变量共同解释的部分。为了以示区别，将多元线性回归中回归平方和占总离差平方和的比重称为多重可决系数或复可决系数。R^2 的计算如下

$$R^2 = \frac{\sum(\hat{y}_i - \overline{y})^2}{\sum(y_i - \overline{y})^2}$$

或

$$R^2 = 1 - \frac{\sum(y_i - \hat{y}_i)^2}{\sum(y_i - \overline{y})^2} \tag{4-46}$$

R^2 的值越接近 1，表明模型对样本数据的拟合程度越优。在实际应用中，R^2 达到多大才算模型通过了检验并没有绝对标准，应根据具体情况确定。值得注意的是，模型的拟合优度并不是判断模型质量的唯一标准，有时需要考虑模型的实际意义、回归系数的可靠性等因素。

② 调整后的 R^2。在实际应用中发现，基于已经观测到的样本数据，如果在模型中增加自变量，则模型的解释功能增强了，残差平方和会相应减少，R^2 会增大。这就给人一个错觉：为了使模型拟合得更好，应增加自变量的个数。但在样本容量一定的前提下，增加自变量不仅会损失自由度，还会带来其他问题。为了消除自变量个数对模型拟合优度的影响，实际应用中往往对 R^2 进行调整（Adjusted-R-Square），其计算公式为：

$$\bar{R}^2 = 1 - \frac{\sum(y_i - \hat{y}_i)^2/(n-k-1)}{\sum(y_i - \bar{y})^2/(n-1)} = 1 - \frac{n-1}{n-k-1}\frac{\sum(y_i - \hat{y}_i)^2}{\sum(y_i - \bar{y})^2} \quad (4\text{--}47)$$

式中，($n-k-1$) 为残差平方和的自由度；($n-1$) 为总离差平方和的自由度。可以看出，R^2 经过调整比原来变小了。

(2) 回归方程的显著性检验（F 检验）

模型的拟合优度用于判断自变量对因变量的拟合程度。拟合优度越高，表明线性方程对数据拟合得越好，但这只是一个模糊的判断，需要给出统计上的检验。方程的显著性检验就是对模型的整体线性关系是否成立所进行的检验。方程的显著性检验使用的方法因构造的统计量不同而不同，其中以 F 检验应用最为普遍，一般的数据分析软件中都有 F 统计量的计算结果。

① 检验的模型为

$$y_i = \hat{\beta}_0 + \hat{\beta}_1 x_{1i} + \hat{\beta}_2 x_{2i} + \cdots + \hat{\beta}_k x_{ki} + \varepsilon_i \quad (i=1,2,\cdots,n) \quad (4\text{--}48)$$

② 要检验的假设为

$$H_0: \beta_1 = \beta_2 = \cdots \beta_k = 0$$
$$H_1: \beta_j (j=1,2,\cdots,k) \text{ 不全为 } 0$$

如果 H_0 成立，则所有自变量系数全为 0，表明由所有自变量构成的线性部分整体上不能解释因变量，即方程不成立；如果 H_1 成立，即至少有一个自变量系数不为 0，则表明线性关系成立。

③ 检验的统计量。y_i 服从正态分布，因此 y_i 的一组样本的平方和服从 χ^2 分布，有

$$\begin{aligned} ESS &= \sum(\hat{y}_i - \bar{y})^2 \chi^2(k) \\ RSS &= \sum(y_i - \hat{y}_i)^2 \chi^2(n-k-1) \end{aligned} \quad (4\text{--}49)$$

构造 F 统计量

$$F = \frac{ESS/k}{RSS/(n-k-1)} \sim F(k, n-k-1) \quad (4\text{--}50)$$

在给定的显著性水平 α 下，如果 $F > F_\alpha(k, n-k-1)$，则拒绝 H_0，即模型的线性关系显著成立，模型通过显著性检验；如果 $F < F_\alpha(k, n-k-1)$，则不拒绝 H_0，表明回归方程中所有自变量联合起来对因变量的影响不显著，即模型的线性关系显著不成立，模型未通过显著性检验。

(3) 变量的显著性检验（t 检验）

在多元线性回归分析中，方程的总体线性关系成立并不能说明每个自变量对因变量的影响都是显著的，必须对每个自变量进行显著性检验。在一元线性回归

分析中，因为只有一个自变量，所以方程的显著性检验等价于变量的显著性检验。多元线性回归中变量的显著性检验方法与一元线性回归相同，普遍使用 t 检验。

可以证明，回归系数的估计量服从正态分布

$$\hat{\beta}_j \sim N[\beta_j, Var(\hat{\beta}_j)] \quad (4-51)$$

其中，参数的协方差矩阵为

$$Cov(\hat{\beta}) = \sigma^2 (X'X)^{-1} \quad (4-52)$$

以 C_{ii} 表示矩阵 $(X'X)^{-1}$ 主对角线上的第 i 个元素；参数估计量 $\hat{\beta}_i$ 的方差为 $Var(\hat{\beta}_i)$ 为 $\sigma^2 C_{ii}$。

由于随机误差项 ε_i 的方差 σ^2 未知，使用样本估计量 $\hat{\sigma}^2$ 代替，由此构造 t 统计量：

$$t = \frac{\hat{\beta}_j - \beta_j}{S(\hat{\beta}_j)} \sim t(n-k-1)$$

$$S(\hat{\beta}_j) = \sqrt{\hat{\sigma}^2 c_{jj}} \quad (4-53)$$

$$\hat{\sigma}^2 = \frac{\sum e_i^2}{n-k-1}$$

① 构造假设为

$$H_0: \beta_j = 0$$

$$H_1: \beta_j \neq 0 \quad (j=1,2,\cdots,k)$$

如果拒绝 H_0，则变量通过显著性检验，即自变量 x_j 对因变量 y 有显著的影响，否则自变量 x_j 对因变量 y 的影响不显著。

② 计算 t 统计量的值。当 H_0 成立时，由样本数据计算出检验的统计量为

$$t = \frac{\hat{\beta}_j}{S(\hat{\beta}_j)} \quad (4-54)$$

③ 依据临界值进行检验。给定显著性水平 α，得到临界值 $t_{\alpha/2}(n-k-1)$，如果 $|t| > t_{\alpha/2}(n-k-1)$，则拒绝 H_0，变量通过显著性检验，即变量 x_j 对因变量 y 有显著的影响，否则不能通过显著性检验。

4.1.4 非线性回归模型

在实际研究中，很多时候变量之间的关系不一定是线性关系，而是因变量表现为自变量的非线性组合，此时研究现象之间的关系需要配合非线性回归模型。由于非线性模型的估计比线性模型要复杂得多，通常尽可能将其转化为线性问题

加以解决，尽管不是所有非线性模型都可以线性化，但许多非线性模型线性化后仍适用于线性回归模型的估计方法。本节将介绍此类非线性模型的线性化。

1. 非线性模型的线性化

变量之间的非线性关系许多情况下可以通过简单变换完全转化为线性关系，其中变量非线性问题和有些参数非线性问题一般可以完全转化为线性问题。

（1）双曲线模型的线性化

双曲线模型的一般形式为

$$\frac{1}{y_i} = \alpha + \beta \frac{1}{x_i} + \varepsilon_i \quad (i=1,2,\cdots,n) \tag{4-55}$$

在模型中，x_i 为自变量；y_i 为因变量；ε_i 表示随机误差；α 和 β 为回归参数。

令

$$y_i' = \frac{1}{y_i}, \quad x_i' = \frac{1}{x_i}$$

则有

$$y_i' = \alpha + \beta x_i' + \varepsilon_i$$

此时，两变量之间的非线性问题完全转化为一元线性问题。

（2）幂函数模型的线性化

幂函数模型的一般形式为

$$y_i = \alpha \cdot x_i^{\beta} \cdot \varepsilon_i \tag{4-56}$$

模型两边取对数有

$$\lg y_i = \lg \alpha + \beta \lg x_i + \varepsilon_i \tag{4-57}$$

令

$$y_i' = \lg y_i, \quad x_i' = \lg x_i, \quad \alpha_i' = \lg \alpha_i, \quad \varepsilon_i' = \lg \varepsilon_i$$

则有

$$y_i' = \alpha' + \beta x_i' + \varepsilon_i'$$

此时，幂函数模型完全转化为一元线性模型。

（3）指数函数模型的线性化

指数函数模型的一般形式为

$$y_i = \alpha \cdot e^{\beta x_i} \cdot e^{\varepsilon_i} \tag{4-58}$$

模型两边取自然对数有

$$\ln y_i = \ln \alpha + \beta x_i + \varepsilon_i \tag{4-59}$$

令

$$y_i' = \ln y_i, \quad \alpha' = \ln \alpha$$

则有

$$y_i' = \alpha' + \beta x_i + \varepsilon_i$$

此时，指数函数模型完全转化为一元线性模型。

（4）S 形曲线模型的线性化

S 形曲线模型的一般形式为

$$y_i = \frac{1}{\alpha + \beta e^{-x_i} + \varepsilon_i} \tag{4-60}$$

令

$$y_i' = \frac{1}{y_i}, \quad x_i' = e^{-x_i}$$

则有

$$y_i' = \alpha + \beta x_i' + \varepsilon_i$$

此时，S 形曲线模型完全转化为一元线性模型。

（5）多项式模型的线性化

在某些一元非线性模型中，因变量表现为自变量的多项式组合，比较典型的如抛物线模型，抛物线模型有二次、三次等不同形式。考虑二次抛物线形式

$$y_i = \alpha + \beta x_i + \gamma x_i^2 + \varepsilon_i \tag{4-61}$$

此时，将 x_i 看作自变量 x_{1i}，将 x_i^2 看作自变量 x_{2i}，则有

$$y_i = \alpha + \beta x_{1i} + \gamma x_{2i} + \varepsilon_i \tag{4-62}$$

二次抛物线模型完全转化为二元线性模型。同样，k 次抛物线可以完全线性化为 k 元线性模型。

需要注意的是，上述多项式模型线性化后，容易引起多重共线性问题。

在原来的非线性模型中，满足线性回归模型假设条件的，转化为线性模型后假设条件不一定再满足。比如：原模型中随机误差项在满足经典假设的情况下，线性模型中新的随机误差项不一定再满足正态分布的假设；多项式非线性模型转化为线性模型后自变量之间不存在线性相关的假设不再满足；等等。

2. 不可化为线性的非线性问题

并非所有的非线性模型都可以转换为线性问题。如果非线性回归模型无论采用什么样的变换都不可能实现其线性化，则称之为不可线性化的非线性回归模型。这种模型的估计方法是迭代线性化逐步逼近法，其基本步骤是：

① 首先通过泰勒级数展开将模型的非线性函数在某一组初始参数估计值附近线性化。

② 对这一线性化的函数应用普通最小二乘法，得到一组新的参数估计值。

③ 再使非线性函数在新的参数估计值附近线性化，对新的线性化的模型再次应用普通最小二乘法，又得到一组新的参数估计值。

④ 不断重复上述过程，直至参数估计值收敛为止，即第 n 组参数估计值与第 $n–1$ 组参数估计值没有显著差别时为止。

这个方法的优点是：

① 有比较高的计算效率。如果被估计的非线性函数很接近一个线性函数，则只需要几次迭代就可以得到满意的结果。

② 因为每一次迭代都是一次线性回归，因此我们可以进行标准的显著性检验、拟合优度检验等各种统计检验。

4.1.5 小结

在统计学中，回归分析指的是确定两种或两种以上变量间相互依赖的定量关系的一种统计分析方法。回归分析按照涉及的变量的多少，分为一元回归和多元回归分析；按照自变量和因变量之间的关系类型，可分为线性回归分析和非线性回归分析。在大数据分析中，回归分析是一种预测性的建模技术，它研究的是因变量（目标）和自变量（预测器）之间的关系。这种技术通常用于预测分析、时间序列模型以及发现变量之间的因果关系。例如，研究驾驶员的鲁莽驾驶与道路交通事故数量之间的关系，最好的方法就是回归。本节着重介绍了相关分析、一元和多元线性回归分析以及非线性回归分析，在应用中可根据实际情况选择合适的模型。

4.2 聚类方法

在自然科学和社会科学中存在着大量的聚类问题。其实聚类是一个人们日常生活的常见行为，所谓"物以类聚，人以群分"，其核心思想就是聚类。人们总是不断地改进意识中的聚类模式来学习如何区分各个事物和人。通过聚类，人们能分辨出密集和稀疏的区域，发现全局的分布规律，以及数据属性之间有趣的相互关系。

聚类起源于分类学，在古老的分类学中，人们主要依靠经验和专业知识来实现分类，很少利用数学工具进行定量的分类。随着科学技术的发展，人类对分类的要求越来越高，以致有时仅凭经验和专业知识难以确切地进行分类。于是人们逐渐地把数学工具引入到了分类学中，形成了数值分类学，之后又将多元分析的技术引入到数值分类学形成了聚类。在实践中，聚类往往为分类服务，即先通过聚类来判断事物的合适类别,然后再利用分类技术对新的样本进行分类。

聚类已经广泛地应用在许多应用中,包括模式识别、数据分析、图像处理以及市场研究。作为数据挖掘的一个功能,聚类能作为独立的工具来获得数据分布的情况,观察每个簇的特点,集中对特定的某些簇做进一步的分析。此外,聚类分析还可以作为其他算法的预处理步骤,简化计算量,提高分析效率。本节将介绍聚类的常用方法。

4.2.1 聚类方法概要

1. 聚类的概念

将物理或抽象对象的集合分成由类似的对象组成的多个类或簇(Cluster)的过程被称为聚类(Clustering)。由聚类所生成的簇是一组数据对象的集合,这些对象与同一个簇中的对象相似度较高,与其他簇中的对象相似度较低。相似度是根据描述对象的属性值来度量的,距离是经常采用的度量方式。分析事物聚类的过程称为聚类分析或者群分析,它是研究(样品或指标)分类问题的一种统计分析方法。

在许多应用中,簇的概念都没有严格的定义。为了理解确定簇构造的困难性,可参考图4-4。该图显示了18个点和将它们划分成簇的3种不同方法。标记的形状指示簇的隶属关系。图4-4b和图4-4d分别将数据划分成两部分和六部分。然而,将2个较大的簇都划分成3个子簇可能是人的视觉系统造成的假象。此外,说这些点形成4个簇(图4-4c)可能也不无道理。该图表明簇的定义是不精确的,而最好的定义依赖于数据的特性和期望的结果。另外,簇的形象表现在空间分布上也不是确定的,而是成各种不同的形状,在二维平面里就可以有各种不同的形状,如图4-5所示,在多维空间里,有更多的形状。因此簇的定义,也需要具体情况具体分析,但总的趋势是,同一个簇的样本在空间上是靠拢在一起的。

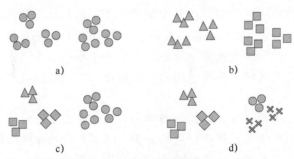

图4-4 相同点集的不同聚类方法
a)原来的点 b)2个簇 c)4个簇 d)6个簇

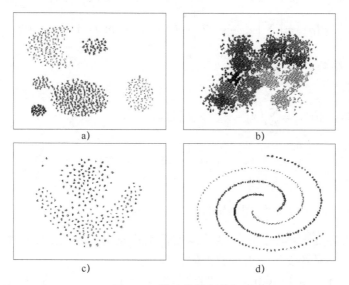

图 4-5 常见的类别特征

聚类分析与其他将数据对象分组的技术相关。例如,聚类可以看作一种分类,它用类(簇)标号创建对象的标记。然而,只能从数据导出这些标号。相比之下,分类是监督分类(Supervised Classification),即使用由类标号已知的对象开发的模型,对新的、无标记的对象赋予类标号。为此,有时称聚类分析为非监督分类(Unsupervised Classification)。

此外,尽管分割(Segmentation)和划分(Partitioning)这两个术语有时也用作聚类的同义词,但是这些术语通常用来表示传统的聚类分析之外的方法。例如,划分(Partitioning)通常用在与将图分成子图相关的技术,与聚类并无太大联系。分割(Segmentation)通常指使用简单的技术将数据分组;例如,图像可以根据像素亮度或颜色分割,人可以根据他们的收入分组。尽管如此,图划分、图像分割和市场分割的许多工作都与聚类分析有关。

2. 类的度量方法

既然要研究聚类,我们就有必要了解不同类的度量方法。纵然类的形式各有不同,但总的来说,常用的类的度量方法有两种,即距离和相似系数。距离用来度量样品之间的相似性,相似系数用来度量变量之间的相似性。

(1)距离

设 X_1,X_2,…,X_n 为取自 p 元总体的样本,记第 i 个样品为 $X_i = (x_{i1}, x_{i2}, \cdots, x_{ip})$ $(i = 1, 2, \cdots, n)$。聚类分析中常用的距离有以下几种:

① 明可夫斯基(Minkowski)距离。第 i 个样品 X_i 和第 j 个样品 X_j 之间的明可夫斯基距离(也称"明氏距离")定义为

$$d(q)_{ij} = \left[\sum_{k=1}^{p} |x_{ik} - x_{jk}|^q\right]^{1/q} \quad (i=1,2,\cdots,n; j=1,2,\cdots,n) \tag{4-63}$$

其中，q 为正整数。

特别地，

当 $q=1$ 时，$d(1)_{ij} = \sum_{k=1}^{p} |x_{ik} - x_{jk}|$ 为绝对值距离。

当 $q=2$ 时，$d(2)_{ij} = \left[\sum_{k=1}^{p} |x_{ik} - x_{jk}|^2\right]^{1/2}$ 为欧式距离。

当 $q \to \infty$ 时，$d(\infty)_{ij} = \max_{1 \le k \le p} |x_{ik} - x_{jk}|$ 为切比雪夫距离。

注意：当各变量的单位不同或测量值范围相差很大时，不应直接采用明可夫斯基距离，应先对各变量的观测数据做标准化处理。

② 兰氏（Lance 和 Williams）距离。当 $x_{ik} > 0$ $(i=1,2,\cdots,n; j=1,2,\cdots p)$ 时，定义第 i 个样品 X_i 和第 j 个样品 X_j 之间的兰氏距离为

$$d_{ik}(L) = \sum_{k=1}^{p} \frac{|x_{ik} - x_{jk}|}{x_{ik} + x_{jk}} \quad (i=1,2,\cdots,n; j=1,2,\cdots,n) \tag{4-64}$$

兰氏距离与各变量的单位无关，它对大的异常值不敏感，故适用于高度斜偏的数据。

③ 马哈拉诺比斯（Mahalanobis）距离。第 i 个样品 X_i 和第 j 个样品 X_j 之间的马哈拉诺比斯距离（简称"马氏距离"）定义为

$$d_{ij}^* = \sqrt{\frac{1}{p^2}\sum_{k=1}^{p}\sum_{k=1}^{p}(x_{ik}-x_{jk})(x_{il}-x_{jl})r_{kl}} \quad (i=1,2,\cdots,n; j=1,2,\cdots,n) \tag{4-65}$$

其中，r_{kl} 是变量 x_k 和变量 x_l 之间的相关系数。

（2）相似系数

常用的相似系数有两种度量方法：

① 夹角余弦。变量 x_i 和变量 x_j 的夹角余弦定义为

$$C_{ij}(1) = \frac{\sum_{k=1}^{n} x_{ki} x_{kj}}{\sqrt{\left(\sum_{k=1}^{n} x_{ki}^2\right)\left(\sum_{k=1}^{n} x_{kj}^2\right)}} \quad (i=1,2,\cdots,p; j=1,2,\cdots,p) \tag{4-66}$$

它是变量 x_i 的观测值向量 $(x_{1i}, x_{2i}, \cdots, x_{ni})'$ 和变量 x_j 的观测值向量 $(x_{1j}, x_{2j}, \cdots, x_{nj})'$ 间夹角的余弦值。

② 相关系数。变量 x_i 和变量 x_j 的夹角相关系数为

$$C_{ij}(2) = \frac{\sum_{k=1}^{n}(x_{ki}-\overline{x}_i)(x_{kj}-\overline{x}_j)}{\sqrt{\left[\sum_{k=1}^{n}(x_{ki}-\overline{x}_i)^2\right]\left[\sum_{k=1}^{n}(x_{kj}-\overline{x}_j)^2\right]}} \quad (i=1,2,\cdots,p; j=1,2,\cdots,p)$$

(4-67)

其中，

$$\overline{x}_i = \frac{1}{n}\sum_{k=1}^{n}X_{ki}$$

$$\overline{x}_j = \frac{1}{n}\sum_{k=1}^{n}X_{kj} \quad (i=1,2,\cdots,p; j=1,2,\cdots,p)$$

由相似系数还可以定义变量间距离，如

$$d_{ij} = 1-C_{ij} \quad (i=1,2,\cdots,p; j=1,2,\cdots,p)$$

3. 聚类方法分类

聚类问题的研究已经有很长的历史。迄今为止，为了解决各领域的聚类应用，已经提出的聚类算法有近百种。根据聚类原理，可将聚类算法分为以下几种：划分聚类、层次聚类、基于密度的聚类、基于网格的聚类和基于模型的聚类。

虽然聚类的方法很多，但在实践中用得比较多的还是 K-means、层次聚类、神经网络聚类、模糊 C-均值聚类、高斯聚类这几种常用的方法。所以本节随后将重点介绍这几个方法。

4.2.2 K-means 方法

K-means（K-均值聚类）算法是著名的划分聚类分割方法。划分方法的基本思想是：给定一个有 N 个元组或者记录的数据集，分裂法将构造 K 个分组，每一个分组就代表一个聚类，$K<N$。而且这 K 个分组满足下列条件：

① 每一个分组至少包含一个数据记录。

② 每一个数据记录属于且仅属于一个分组。

对于给定的 K，算法首先给出一个初始的分组方法，以后通过反复迭代的方法改变分组，使得每一次改进之后的分组方案都较前一次好。而所谓好的标准就是：同一分组中的记录越近越好（已经收敛，反复迭代至组内数据几乎无差异），而不同分组中的记录越远越好。

1. K-means 算法的原理和步骤

K-means 算法的工作原理：首先随机从数据集中选取 K 个点，每个点初始地代表每个簇的聚类中心，然后计算剩余各个样本到聚类中心的距离，将它赋给最近的簇，接着重新计算每一簇的平均值。整个过程不断重复。如果相邻两次调整没有明显变化，则说明数据聚类形成的簇已经收敛。本算法的一个特点是在每次迭代中都要考察每个样本的分类是否正确。若不正确，就要调整，在全部样本调整完后，再修改聚类中心，进入下一次迭代。这个过程将不重复直到满足某个终止条件，终止条件可以是以下任何一个：

① 没有对象被重新分配给不同的聚类。
② 聚类中心不再发生变化。
③ 误差平方和局部最小。

算法步骤：

① 从 n 个数据对象中任意选择 k 个对象作为初始聚类中心。
② 循环③到④，直到每个聚类不再发生变化为止。
③ 根据每个聚类对象的均值（中心对象），计算每个对象与这些中心对象的距离；并根据最小距离重新对相应对象进行划分。
④ 重新计算每个聚类的均值（中心对象），直到聚类中心不再变化。这种划分使得下式最小

$$E = \sum_{j=1}^{k} \sum_{x_i \in \omega_j} \|x_i - m_j\|^2 \quad (4-68)$$

2. K-means 算法的特点

① 在 K-means 算法中 K 是事先给定的。这个 K 值的选定是非常难以估计的。
② 在 K-means 算法中，首先需要根据初始聚类中心来确定一个初始划分，然后对初始划分进行优化。
③ K-means 算法需要不断地进行样本分类调整，不断地计算调整后的新的聚类中心，因此当数据量非常大时，算法的时间开销是非常大的。
④ K-means 算法对一些离散点和初始 K 值敏感，不同的距离初始值对同样的数据样本可能得到不同的结果。

4.2.3 层次聚类

1. 层次聚类原理和步骤

层次聚类算法，是通过将数据组织为若干组并形成一个相应的树来进行聚类的。根据层次是自底向上还是自顶向下形成，层次聚类算法可以进一步分为凝聚的聚类算法和分裂的聚类算法，如图 4-6 所示。一个完全层次聚类的质量由于无法对已经做的合并或分解进行调整而受到影响。但是层次聚类算法没有使用准则函数，它所含的对数据结构的假设更少，所以它的通用性更强。

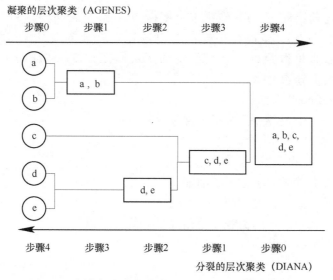

图 4-6 凝聚的层次聚类和分裂的层次聚类处理过程

在实际应用中一般有两种层次聚类方法：

① 凝聚的层次聚类：这种自底向上的策略首先将每个对象作为一个簇，然后合并这些原子簇为越来越大的簇，直到所有的对象都在一个簇中，或者某个终结条件被达到要求。大部分的层次聚类方法都属于一类，它们在簇间的相似度的定义有点不一样。

② 分裂的层次聚类：像这样的自顶向下的策略与凝聚的层次聚类有些不一样。它首先将所有对象放在一个簇中，然后慢慢地细分为越来越小的簇，直到每个对象自行形成一簇，或者直到满足其他的一个终结条件，例如满足了某个期望的簇数目，又或者两个最近的簇之间的距离达到了某一个阈值。

图 4-6 描述了一个凝聚的层次聚类方法 AGENES 和一个分裂的层次聚类方法 DIANA 在一个包括 5 个对象的数据的集合 $\{a, b, c, d, e\}$ 上的处理过程。初始时，AGENES 将每个样本点自为一簇，之后这样的簇依照某一种准则逐渐合并，例如簇 C_1 中的某个样本点和簇 C_2 中的一个样本点相隔的距离是所有不同类簇的样本点间欧几里得距离最近的，则认为簇 C_1 和簇 C_2 是相似可合并的。这就是一类单链接的方法，即每一个簇能够被簇中其他所有的对象所代表，两簇之间的相似度是由这里的两个不同簇中的距离最相近的数据点对的相似度来定义的。聚类的合并进程往复地进行直到其他的对象合并形成了一个簇。而 DIANA 方法的运行过程中，初始时 DIANA 将所有样本点归为同一类簇，然后根据某种准则进行逐渐分裂，例如类簇 C 中两个样本点 A 和 B 之间的距离是类簇 C 中所有样本点间距离最远的一对，那么样本点 A 和 B 将分裂成两个簇 C_1

和 C_2，并且先前类簇 C 中其他样本点根据与 A 和 B 之间的距离，分别纳入到簇 C_1 和 C_2 中。例如，类簇 C 中样本点 O 与样本点 A 的欧几里得距离为 2，与样本点 B 的欧几里得距离为 4，因为 $Distance(A, O) < Distance(B, O)$，那么 O 将纳入类簇 C_1 中。

其中，AGENES 算法的核心步骤是：
- 输入：K—目标类簇数；D—样本点集合；
- 输出：K 个类簇集合。
- 方法：

① 将 D 中每个样本点当作其类簇。
② 循环③到④直到类簇数=K 为止。
③ 找到分属两个不同类簇，且距离最近的样本点对。
④ 将两个类簇合并。

而 DIANA 算法的核心步骤是：

输入：K—目标类簇数；D—样本点集合；

输出：K 个类簇集合。

方法：

① 将 D 中所有样本点归并成类簇。
② 循环③到④直到类簇数=K 为止。
③ 在同类簇中找到距离最远的样本点对。
④ 以该样本点对为代表，将原类簇中的样本点重新分属到新类簇。

2. 层次聚类特点

① 在凝聚的层次聚类方法和分裂的层次聚类的所有方法中，都需要用户提供所希望得到的聚类的单个数量和阈值作为聚类分析的终止条件，但是对于复杂的数据来说这是很难事先判定的。尽管层次聚类的方法实现很简单，但是偶尔会遇见合并或分裂点的抉择困难。这样的抉择是特别关键的，因为只要其中的两个对象被合并或者分裂，接下来的处理将只能在新生成的簇中完成。已形成的处理就不能被撤销，两个聚类之间也不能交换对象。如果在某个阶段没有选择合并或分裂的决策，就非常可能会导致质量不高的聚类结果。而且这种聚类方法不具有特别好的可伸缩性，因为它们合并或分裂的决策需要经过检测和估算大量的对象或簇。

② 层次聚类算法由于要使用距离矩阵，因此它的时间和空间复杂性都很高，几乎不能在大数据集上使用。层次聚类算法只处理符合某静态模型的簇，忽略了不同簇间的信息以及簇间的互连性（互连性指的是簇间距离较近数据对的多少）和近似度（近似度指的是簇间对数据对的相似度）。

第 4 章 数据分析的基础理论

4.2.4 类别数的确定方法

1. 原理

在聚类过程中类的个数如何来确定才合适呢？这是一个十分困难的问题，人们至今仍未找到令人满意的方法。但是这个问题又是不可回避的。下面我们介绍两种比较常用的方法。

（1）阈值法

阈值法是最简单且有效的方法，其要点就是通过观测聚类图，给出一个合适的阈值 T，要求类与类之间的距离不要超过 T 值。比如，在图 4-7 所示的层次聚类图中，如果取阈值 $T=6$，则聚为 2 类，如果取阈值 $T=3$，则聚为 4 类。在实际的聚类中，我们一方面希望类之间有明显的区分，同时希望类别的数量越大越好。因此对于此图显示的聚类分析，该问题聚成 4 类是比较合适的。

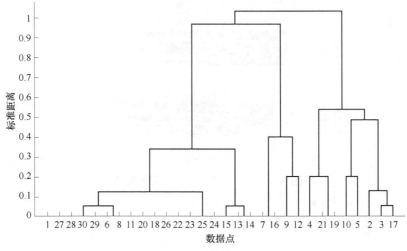

图 4-7 层次聚类图

（2）轮廓图法

轮廓图法是一种相对更智能确定聚类类别的方法。轮廓图可由 MATLAB 中的 silhouette 函数来绘制。该函数可以用来根据 cluster.clusterdata.kmeans 的聚类结果绘制轮廓图，从图上可以看每个点的分类是否合理。轮廓图上第 i 点的轮廓值定义为

$$S(i) = \frac{\min(b) - a}{\max[a, \min(b)]} \quad (i = 1, \cdots, n) \tag{4-69}$$

其中，a 是第 i 个点与同类其他点的平均距离；b 是向量，其元素表示第 i 个点与不同类的类内各点的平均距离。

$S(i)$ 的取值范围是 $[-1, 1]$，此值越大，说明该点的分类越合理。当 $S(i) < 0$

时，说明该点分类不合理。

在 MATLAB 中，silhouette 函数有以下几种用法：

s=silhouette（X，clust）   %此命令只返回轮廓值，不画轮廓图；
[s，h]=silhouette（X，clust）；
[…]=silhouette（X，clust，metric）；
[…]=silhouette（X，clust，distfun，p1，p2，…）。

【实例】利用 K-means 方法和轮廓图法确定最佳的聚类类别数，结果如图 4-8 所示，此图中分别显示当类别为 2、3、4 时的轮廓图。图 4-9 得到各类别数对应的平均轮廓值，根据聚类的原则，由此图可知，类别数取 4 比较合适。

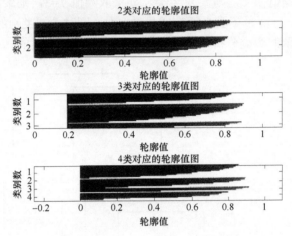

图 4-8 类别为 2、3、4 时的轮廓图

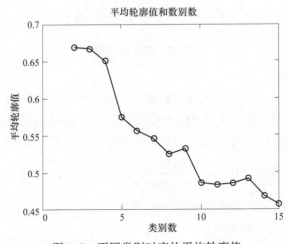

图 4-9 不同类别对应的平均轮廓值

4.2.5 小结

本节主要介绍了几个常用的聚类方法和这些方法的应用案例。对于聚类问题，首先要确定聚类方法的适用场景，一般情况下聚类主要是为分类服务，主要是评估分成几类比较合适。另外聚类对于研究问题的层级结构非常有帮助，也是最有效的方法。

对于聚类方法的选择，通常要考虑以下几个原则（评判聚类好坏的标准）：
① 能够适用于大数据量。
② 能应付不同的数据类型。
③ 能够发现不同类型的聚类。
④ 使对专业知识的要求降到最低。
⑤ 能应付脏数据。
⑥ 对于数据不同的顺序不敏感。
⑦ 能应付很多类型的数据。
⑧ 模型可解释、可使用。

但纵观这些方法，其中的 K-means 和层次聚类两种方法的适应性最强，也应用得最广泛。所以在不确定该用哪种聚类方法时，可以先用这两种方法，先用层次聚类方法大致确定问题的层级关系，再用 K-means 方法直接进行聚类，或者结合轮廓图方法直接运用 K-means 方法进行聚类。

4.3 分类方法

分类是一种重要的数据挖掘技术。分类的目的是根据数据集的特点构造一个分类函数或分类模型（也常称作分类器）。该模型能把未知类别的样本映射到给定的类别中。

分类方法是解决分类问题的方法，是数据挖掘、机器学习和模式识别中一个重要的研究领域。分类算法通过对已知类别训练集的分析，从中发现分类规则，以此预测新数据的类别。分类算法的应用非常广泛，包括银行中风险评估、客户类别分类、文本检索和搜索引擎分类、安全领域中的入侵检测以及软件项目中的应用等。本节将介绍分类的基本概念、常用分类方法的理论及应用实例。

4.3.1 分类方法概要

1. 分类的概念

数据挖掘中分类的目的是学会一个分类函数或分类模型（也常称为分类器）。

该模型能把数据库中的数据项映射到给定类别中的某一个。

分类可描述如下：输入数据，或称训练集（Training Set），是由一条条数据库记录（Record）组成的。每一条记录包含若干个属性（Attribute），组成一个特征向量。训练集的每条记录还有一个特定的类标签（Class Label）与之对应。该类标签是系统的输入，通常是以往的一些经验数据。一个具体样本的形式可为样本向量：$(v_1, v_2, \cdots, v_n; c)$，在这里 v_1 表示字段值，c 表示类别。分类的目的是：分析输入数据——通过在训练集中的数据表现出来的特性，为每一个类找到一种准确的描述或者模型。由此生成的类描述用来对未来的测试数据进行分类。尽管这些未来的测试数据的类标签是未知的，我们仍可以由此预测这些新数据所属的类。注意是预测，而不能肯定，因为分类的准确率不能达到百分之百。我们也可以由此对数据中的每一个类有更好的理解。也就是说：我们获得了对这个类的知识。

所以分类（Classification）也可以定义为：对现有的数据进行学习，得到一个目标函数或规则，把每个属性集 x 映射到一个预先定义的类标号 y。

目标函数或规则也称分类模型（Classification Model），分类模型有两个主要作用：一是描述性建模，即作为解释性的工具，用于区分不同类中的对象；二是预测性建模，即用于预测未知记录的类标号。

2. 分类的原理

分类方法是一种根据输入数据集建立分类模型的系统方法，这些方法都是使用一种学习算法（Learning Algorithm）确定分类模型，使该模型能够很好地拟合输入数据中类标号和属性集之间的联系。学习算法得到的模型不仅要很好地拟合输入数据，还要能够正确地预测未知样本的类标号。因此，训练算法的主要目标就是建立具有很好泛化能力的模型，即建立能够准确预测未知样本类标号的模型。

图 4-10 展示了解决分类问题的一般方法。首先需要一个训练集，它由类标号已知的记录组成。使用训练集建立分类模型，该模型随后将运用于检验集（Test Set）。检验集由类标号未知的记录组成。

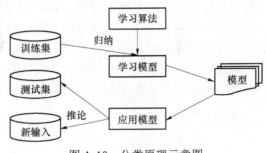

图 4-10 分类原理示意图

通常分类学习所获得的模型可以表示为分类规则形式、决策树形式或数学公式形式。例如，给定一个顾客信用信息数据库，通过学习所获得的分类规则可用于识别顾客是否具有良好的信用等级或一般的信用等级。分类规则也可用于对今后未知所属类别的数据进行识别判断，同时也可以帮助用户更好地了解数据库中的内容。

构造模型的过程一般分为训练和测试两个阶段。在构造模型之前，要求将数据集随机地分为训练数据集和测试数据集。在训练阶段，使用训练数据集，通过分析由属性描述的数据库元组来构造模型，假定每个元组属于一个预定义的类，由一个称作类标号属性的属性来确定。训练数据集中的单个元组也称作训练样本，一个具体样本的形式可为：$(u_1, u_2, \cdots, u_n; c)$。其中 u_i 表示属性值，c 表示类别。由于提供了每个训练样本的类标号，该阶段也称为有指导的学习。通常，模型用分类规则、判定树或数学公式的形式提供。在测试阶段，使用测试数据集来评估模型的分类准确率。如果认为模型的准确率可以接受，就可以用该模型对其他数据元组进行分类。一般来说，测试阶段的代价远远低于训练阶段。

为了提高分类的准确性、有效性和可伸缩性，在进行分类之前，通常要对数据进行预处理，包括：

① 数据清理。其目的是消除或减少数据噪声，处理空缺值。

② 相关性分析。由于数据集中的许多属性可能与分类任务不相关，若包含这些属性可能将减慢和误导学习过程。相关性分析的目的就是删除这些不相关或冗余的属性。

③ 数据变换。数据可以概化到较高层概念。比如，连续值属性"收入"的数值可以概化为离散值：低，中，高。又比如，标称值属性"市"可概化到高层概念"省"。此外，数据也可以规范化。规范化将给定属性的值按比例缩放，落入较小的区间，比如 [0, 1] 等。

3. 常用的分类方法

分类的方法有多种，常用的分类方法主要有 7 种，如图 4-11 所示。在随后的内容中，将 K-近邻和贝叶斯分类方法的基本原理及典型的应用案例。

4.3.2　K-近邻

1. K-近邻原理

K-近邻（K-Nearest Neighbor，KNN）算法是一种基于实例的分类方法，最初由 Cover 和 Hart 于 1968 年提出，是一种非参数的分类技术。

K-近邻分类方法通过计算每个训练样例到待分类样品的距离，取和待分类样品距离最近的 K 个训练样例。K 个样品中哪个类别的训练样例占多数，则待分类元组就属于哪个类别。使用最近邻确定类别的合理性可用下面的谚语来说明："如

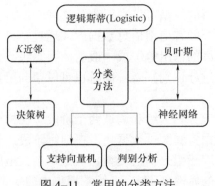

图 4–11　常用的分类方法

果走像鸭子，叫像鸭子，看起来还像鸭子，那么它很可能就是一只鸭子"，如图 4–12 所示。最近邻分类器把每个样例看作 d 维空间上的一个数据点，其中 d 是属性个数。给定一个测试样例，我们可以计算该测试样例与训练集中其他数据点的距离（邻近度），给定样例 z 的 K-最近邻是指找出和 z 距离最近的 K 个数据点。

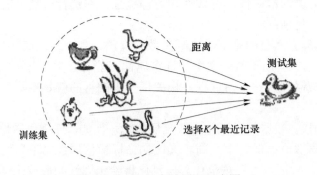

图 4–12　KNN 方法原理示意图

图 4–13 给出了位于圆圈中心的数据点的 1-最近邻、2-最近邻和 3-最近邻。该数据点根据其近邻的类标号进行分类。如果数据点的近邻中含有多个类标号，则将该数据点指派到其最近邻的多数类。在图 4–13a 中，数据点的 1-最近邻是一个负例，因此该点被指派到负类。如果最近邻是三个，如图 4–13c 所示，其中包括两个正例和一个负例。根据多数表决方案，该点被指派到正类。在最近邻中正例和负例个数相同的情况下（图 4–13b），可随机选择一个类标号来分类该点。

KNN 算法具体步骤如下：

步骤 1：初始化距离为最大值。

步骤 2：计算未知样本和每个训练样本的距离 dist。

步骤 3：得到目前 K 个最近邻样本中的最大距离 maxdist。

步骤 4：如果 dist 小于 maxdist，则该训练样本作为 K-最近邻样本。

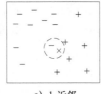  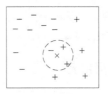

a) 1-近邻　　　　　　b) 2-近邻　　　　　　c) 3-近邻

图 4-13　实例

步骤 5：重复步骤 2~步骤 4，直到未知样本和所有训练样本的距离都算完。

步骤 6：统计 K 个最近邻样本中每个类别出现的次数。

步骤 7：选择出现频率最高的类别作为未知样本的类别。

根据 KNN 算法的原理和步骤可以看出，KNN 算法对 K 值的依赖较高，所以 K 值的选择非常重要。如果 K 太小，则预测目标容易产生变动性；如果 K 太大，最近邻分类器可能会误分类测试样例，因为最近邻列表中可能包含远离其近邻的数据点（图 4-14）。推定 K 值的有益途径是通过有效参数的数目这个概念，有效参数的数目是和 K 值相关的，大致等于 n/K。其中，n 是这个训练数据集中实例的数目。在实践中往往通过若干次实验来确定 K 值，取分类误差率最小的 K 值。

2. K-近邻特点

用 KNN 方法在类别决策时，只与极少量的相邻样本有关，因此，采用这种方法可以较好地避免样本的不平衡问题。另外，由于 KNN 方法主要是靠周围有限的邻近的样本，而不是靠判别类域的方法来确定所属类别，因此对于类域的交叉或重叠较多的待分样本集来说，KNN 方法较其他方法更为适合。

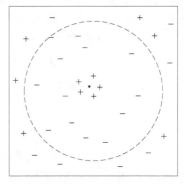

该方法的不足之处是计算量较大，因为对每一个待分类的样本都要计算它到全体已知样本的距离，才能求得它的 K 个最近邻点。针对该不足，主要有以下两类改进方法：

图 4-14　K 较大时的 K-最近邻分类

① 对于计算量大的问题目前常用的解决方法是事先对已知样本点进行剪辑，事先去除对分类作用不大的样本。这样可以挑选出对分类计算有效的样本，使样本总数合理地减少，以同时达到减少计算量又减少存储量的双重效果。该算法比较适用于样本容量比较大的类域的自动分类，而那些样本容量较小的类域采用这种算法比较容易产生误分。

② 对样本进行组织与整理，分群分层，尽可能地将计算压缩在接近测试样本领域的小范围内，避免盲目地与训练样本集中的每个样本进行距离计算。

总体来说，该算法的适应性强，尤其适用于样本容量比较大的自动分类问题，而对于那些样本容量较小的分类问题，采用这种算法比较容易产生误分。

4.3.3 贝叶斯分类

1. 贝叶斯分类原理

贝叶斯分类是一类分类算法的总称，这类算法均以贝叶斯定理为基础，故统称为贝叶斯分类。

贝叶斯分类是一类利用概率统计知识进行分类的算法，其分类原理是贝叶斯定理。贝叶斯定理是由18世纪概率论和决策论的早期研究者Thomas Bayes提出的，故用其名字命名。

贝叶斯定理（Bayes' theorem）是概率论中的一个结果，它与随机变量的条件概率以及边缘概率分布有关。在有些关于概率的解说中，贝叶斯定理能够告知我们如何利用新证据修改已有的看法。通常，事件A在事件B（发生）的条件下的概率，与事件B在事件A的条件下的概率是不一样的；然而，这两者是有确定的关系，贝叶斯定理就是这种关系的陈述。

假设X、Y是一对随机变量，它们的联合概率$P(X=x,Y=y)$是指X取值x且Y取值y的概率。条件概率是指一个随机变量在另一个随机变量取值已知的情况下取某一特定值的概率。例如，条件概率$P(Y=y|X=x)$是指在变量X取值x的情况下，变量Y取值y的概率。X和Y的联合概率和条件概率满足如下关系：

$$P(Y,X) = P(Y|X)P(X) = P(X|Y)P(Y) \tag{4-70}$$

对式（4-70）变形，可得到下面的公式，称为贝叶斯定理：

$$P(Y|X) = \frac{P(X|Y)P(Y)}{P(X)} \tag{4-71}$$

贝叶斯定理很有用，因为它允许我们用先验概率$P(Y)$、条件概率$P(X|Y)$和证据$P(X)$来表示后验概率。而在贝叶斯分类器中，朴素贝叶斯最为常用，接下来将介绍朴素贝叶斯的原理。

2. 朴素贝叶斯分类原理

朴素贝叶斯分类是一种十分简单的分类算法，之所以如此命名，是因为这种方法的思想真的很朴素。朴素贝叶斯的思想基础是这样的：对于给出的待分类项，求解在此项出现的条件下各个类别出现的概率，哪个最大，就认为此待分类项属于哪个类别。通俗来说，例如，在医生给患者看病时，患者所描述的症状为打喷嚏，在患者还没有做任何检查之前，医生仅能根据通常情况判断患者为感冒引起的打喷嚏，因为由感冒引起的打喷嚏概率比较大。在我们没有其他信息可以参考的时候，我们选择信任较大概率的事件，这就是朴素贝叶斯的基本思想。

朴素贝叶斯分类器以简单的结构和良好的性能受到人们的关注,是最优秀的分类器之一。朴素贝叶斯分类器建立在一个类条件独立性假设(朴素假设)基础之上:给定类节点(变量)后,各属性节点(变量)之间相互独立。根据朴素贝叶斯的类条件独立假设,有:

$$P(X|C_i) = \prod_{k=1}^{m} P(X_k|C_i) \tag{4-72}$$

条件概率 $P(X_1|C_i)$,$P(X_2|C_i)$,$\cdots$,$P(X_n|C_i)$,可以从训练数据集求得。根据此方法,对一个未知类别的样本 X,可以先分别计算出 X 属于每一个类别 C_i 的概率 $P(X|C_i)P(C_i)$,然后选择其中概率最大的类别作为其类别。

朴素贝叶斯分类的步骤如下:

步骤 1:设 $x = \{a_1, a_2, \cdots, a_m\}$ 为一个待分类项,而每个 a 为 x 的一个特征属性。

步骤 2:有类别集合 $C = \{y_1, y_2, \cdots, y_n\}$。

步骤 3:计算 $P(y_1|x)$,$P(y_1|x)$,$\cdots$,$P(y_n|x)$。

步骤 4:如果 $P(y_k|x) = \max\{P(y_1|x), P(y_2|x), \cdots, P(y_n|x)\}$,则 $x \in y_k$。

那么现在的关键就是如何计算步骤 3 中各个条件的概率,我们可以这么做:

① 找到一个已知分类的待分类项集合,这个集合叫作训练样本集。

② 统计得到在各类别下各个特征属性的条件概率估计,即

$P(a_1|y_1), P(a_2|y_1), \cdots, P(a_m|y_1); P(a_1|y_2), P(a_2|y_2), \cdots, P(a_m|y_2);$
$\cdots; P(a_1|y_n), P(a_2|y_n), \cdots, P(a_m|y_n)$

③ 如果各个特征属性是条件独立的,则根据贝叶斯定理有如下推导:

$$P(y_i|x) = \frac{P(x|y_i)P(y_i)}{P(x)} \tag{4-73}$$

因为分母对于所有类别为常数,因此只要将分子最大化即可,因为各特征属性是条件独立的,所以有

$$P(x|y_i)P(y_i) = P(a_1|y_i)P(a_2|y_i)\cdots P(a_m|y_i)P(y_i) = P(y_i)\prod_{j=1}^{m} P(a_j|y_i)$$

$$\tag{4-74}$$

根据上述分析,朴素贝叶斯分类的流程可以由图 4-15 表示(暂时不考虑验证)。

可以看到,整个朴素贝叶斯分类分为三个阶段:

第一阶段:准备工作阶段。这个阶段的任务是为朴素贝叶斯分类做必要的准备,主要工作是根据具体情况确定特征属性,并对每个特征属性进行适当划分,然后由人对一部分待分类项进行分类,形成训练样本。这一阶段的输入是所有待

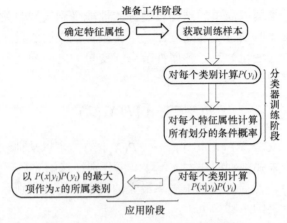

图 4-15 朴素贝叶斯算法分类流程图

分类数据,输出是特征属性和训练样本。这一阶段是整个朴素贝叶斯分类中唯一需要人工完成的阶段,其质量将对整个过程有重要影响,分类器的质量在很大程度上由特征属性、特征属性划分及训练样本决定。

第二阶段:分类器训练阶段。这个阶段的任务就是生成分类器,主要工作是计算每个类别在训练样本中的出现频率及每个特征属性划分对每个类别的条件概率估计,并记录结果。其输入是特征属性和训练样本,输出是分类器。这一阶段是机械性阶段,根据前面讨论的公式可以由程序自动计算完成。

第三阶段:应用阶段。这个阶段的任务是使用分类器对待分类项进行分类,其输入是分类器和待分类项,输出是待分类项与类别的映射关系。这一阶段也是机械性阶段,由程序完成。

朴素贝叶斯算法成立的前提是各属性之间相互独立。当数据集满足这种独立性假设时,分类的准确度较高,否则可能较低。另外,该算法没有分类规则输出。

在许多场合,朴素贝叶斯(Naive Bayes,NB)分类可以与决策树和神经网络分类算法相媲美,该算法能运用到大型数据库中,且方法简单、分类准确率高、速度快。因为贝叶斯定理假设一个属性值对给定类的影响独立于其他的属性值,而此假设在实际情况中经常是不成立的,所以其分类准确率可能会下降。为此,出现了许多降低独立性假设的贝叶斯分类算法,如 TAN(Tree Augmented Bayes' Network)算法、贝叶斯网络分类器(Bayesian Network Classifier,BNC)。

3. 朴素贝叶斯特点

朴素贝叶斯分类器一般具有以下特点。

① 简单、高效、健壮。面对孤立的噪声点,朴素贝叶斯分类器是健壮的,因为在从数据中估计条件概率时,这些点被平均,另外朴素贝叶斯分类器也可以处理属性值遗漏问题。而面对无关属性,该分类器依然是健壮的。因为如果 X_i 是无

关属性，那么 $P(X_i|Y)$ 几乎变成了均匀分布，X_i 的类条件概率不会对总的后验概率的计算产生影响。

② 相关属性可能会降低朴素贝叶斯分类器的性能，因为对这些属性，条件独立的假设已不成立。

4.3.4 分类的评判

1. 正确率

在介绍系列指标之前，先明确以下4个基本的定义：

① True Positive（TP）：指模型预测为正（1）的，并且实际上也的确是正（1）的观察对象的数量。

② True Negative（TN）：指模型预测为负（0）的，并且实际上也的确是负（0）的观察对象的数量。

③ FalsePositive（FP）：指模型预测为正（1）的，但是实际上是负（0）的观察对象的数量。

④ FalseNegative（FN）：指模型预测为负（0）的，但是实际上是正（1）的观察对象的数量。

上述4个基本定义可以用一个表格形式简单地体现，见表4-2。

表4-2 二类问题的混淆矩阵

实际的类 \ 预测的类	类1	类0
类1	TP	FN
类0	FP	TN

基于上面的4个基本定义，可以延伸出下列评价指标：

① Accuracy（正确率）：模型总体的正确率，是指模型能正确预测、识别1和0的对象数量与预测对象总数的比值，公式为

$$Accuracy = \frac{TP+TN}{TP+FP+FN+TN} \tag{4-75}$$

② Errorrate（错误率）：模型总体的错误率，是指模型错误预测、错误识别1和0的观察对象的数量与预测对象总数的比值，即1减去正确率的差，公式为

$$Errorrate = 1 - \frac{TP+TN}{TP+FP+FN+TN} \tag{4-76}$$

③ Sensitivity（灵敏性）：又叫击中率或真正率，模型正确识别为正（1）的对象占全部观察对象中实际为正（1）的对象数量的比值，公式为

$$Sensitivity = \frac{TP}{TP + FN} \qquad (4-77)$$

④ Specificity（特效性）：又叫真负率，模型正确识别为负（0）的对象占全部观察对象中实际为负（0）的对象数量的比值，公式为

$$Specificity = \frac{TN}{TN + FP} \qquad (4-78)$$

⑤ Precision（精度）：模型正确识别为正（1）的对象占模型识别为正（1）的观察对象总数的比值，公式为

$$Precision = \frac{TP}{TP + FP} \qquad (4-79)$$

⑥ False Positive Rate（FPR，错正率）：又叫假正率，模型错误地识别为正（1）的对象数量占实际为负（0）的对象数量的比值，即1减去真负率（Spedficity），公式如下：

$$FPR = \frac{FP}{TN + FP} \qquad (4-80)$$

⑦ Negative Predictive Value（NPV，负元正确率）：模型正确识别为负（0）的对象数量占模型识别为负（0）的观察对象总数的比值，公式为

$$NPV = \frac{TN}{TN + FN} \qquad (4-81)$$

⑧ False Discovery Rate（FDR，正元错误率）：模型错误识别为正（1）的对象数量占模型识别为正（1）的观察对象总数的比值，公式为

$$FDR = \frac{FP}{TP + FP} \qquad (4-82)$$

可以很容易地发现，正确率是灵敏性和特效性的函数：

$$Accuracy = Sensitivity \frac{TP + FN}{TP + FP + FN + TN} + Specificity \frac{TN + FP}{TP + FP + FN + TN} \qquad (4-83)$$

上述各种基本指标，从各个角度对模型的表现进行了评估，在实际业务应用场景中，可以有选择地采用其中的某些指标（不一定全部采用），关键要看具体的项目背景和业务场景，针对其侧重点来选择。

另外，上述各种基本指标看上去很容易让人混淆，尤其是与业务方讨论这些指标时更是如此。而且这些指标虽然从各个不同角度对模型效果进行了评价，但指标之间是彼此分散的，因此使用起来需要人为地进行整合。

作为示例，图4-16展示了某案例中各分类算法正确率的评估图。

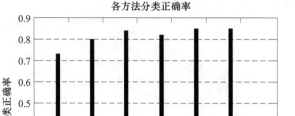

图 4-16　各分类算法的正确率评估图

2. ROC 曲线

ROC 曲线是一种有效比较（或对比）两个（或两个以上）二元分类模型（Binary Model）的可视工具，ROC（Receiver Operating Characteristic，接收者运行特征）曲线来源于信号检测理论，它显示了给定模型的灵敏性（Sensitivity）、真正率与假正率（False Positive Rate）之间的比较评定。给定一个二元分类问题，我们通过对测试数据集的不同部分所显示的模型可以正确识别"1"实例的比例与模型将"0"实例错误地识别为"1"的比例进行分析，来进行不同模型的准确率的比较评定。真正率的增加是以假正率的增加为代价的，ROC 曲线下面的面积就是比较模型准确度的指标和依据。面积大的模型对应的模型准确度要高，也就是要择优应用的模型。面积越接近 0.5，对应模型的准确率就越低。

图 4-17 是两个分类模型所对应的 ROC 曲线图，其横轴是假正率，其纵轴是真正率，该图同时显示了一条对角线。ROC 曲线离对角线越近，模型的准确率就越低。从排序后的最高"正"概率的观察值开始，随着概率从高到低逐渐下降，相应的观察群体里真正的"正"群体则会逐渐减少，而假"正"真"负"的群体则会逐渐增多，ROC 曲线也从开始的陡峭逐渐变为水平。图中最上面的曲线所代表的神经网络模型（Neural）的准确率就要高于其下面的曲线所代表的逻辑回归模型（Reg）的准确率。

要绘制 ROC 曲线，首先要对模型所做的判断即对应的数据排序，把经过模型判断后的观察值预测为正（1）的概率从高到低进行排序（最前面的应该是模型判断最可能为"正"的观察值），ROC 曲线的纵轴（垂直轴）表示真正率（模型正确判断为正的数量占实际为正的数量的比值），ROC 曲线的横轴（水平轴）表示假正率（模型错误判断为正的数量占实际为负的数量的比值）。具体绘制时，要从

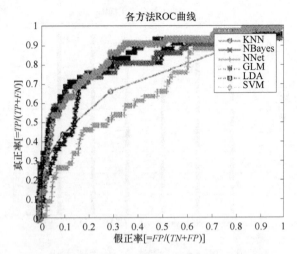

图 4-17 两个分类模型所对应的 ROC 曲线图

左下角开始,在此真正率和假正率都为 0。按照刚才概率从高到低的顺序,依次针对每个观察值实际的"正"或"负"进行 ROC 图形的绘制。如果它是真正的"正",则在 ROC 曲线上向上移动并绘制一个点;如果它是真正的"负",则在 ROC 曲线上向右移动并绘制一个点。对于每个观察值都重复这个过程,(按照预测为"正"的概率从高到低的顺序来绘制),每次对实际为"正"的在 ROC 曲线上向上移动一个点,对实际为"负"的在 ROC 曲线上向右移动一个点。当然,很多数据挖掘软件包已经可以自动实现对 ROC 曲线的展示,所以更多时候只是需要知道其中的原理,并且知道如何评价具体模型的 ROC 曲线即可。

4.3.5 小结

分类是数据挖掘的重要方法之一,到目前为止,已有多种基于各种思想和理论基础的分类算法,算法的实际应用也已趋于成熟。但实践证明,没有一种分类算法对所有的数据类型都优于其他分类算法,每种相对较优的算法都有它具体的应用环境。以上简单介绍了各种主要的分类方法,应该说都有其各自不同的特点。

本节介绍的几种分类方法都是较为常用的。对于每种方法,可研究的内容也很多,也很复杂,这里介绍的都是最基础和最典型的应用,建议读者先了解这些方法的基本形式,随着应用的深入,再逐渐拓展自己感兴趣的方法。这里介绍的这些方法,虽然都是比较简单的形式,但在实践中却是最为实用的技术,在实践中不是方法越复杂越好,而是越简单、越稳定、越容易解释越好。

在选择分类方法时除了考虑准确率,通常还要兼顾其他性能,比如:计算速度,包括构造模型以及使用模型进行分类的时间;强壮性,模型对噪声数据或空缺值数据正确预测的能力;可伸缩性,对于数据量很大的数据集,有效构造模型的能力;模型描述的简洁性和可解释性,模型描述越简洁、越容易理解,则越受欢迎。

4.4 诊 断 方 法

离群点诊断方法简称诊断方法,是数据挖掘领域中的一项重要的挖掘技术,其目标是发现数据集中行为异常的少量数据对象,这些数据对象被称为离群点或孤立点(Outlier)。离群点通常在数据预处理过程中被认为是噪声或异常而被清理。许多挖掘算法(比如聚类方法)也都试图降低离群点的影响,甚至完全排除它们。然而由于离群点既有可能是噪声信息也有可能是有用信息,随意删除离群数据可能导致有用信息的丢失,所以通过离群点诊断发现和利用在离群点中有用信息具有非常重要的意义。

事实上,在某些应用领域中研究离群点的异常行为更能发现隐藏在数据集中有价值的知识。例如,飞机性能统计数据中的一个离群点可能是飞机发动机的一个设计缺陷,地理图像上的一个离群点可能标志着一个危险对象(如埋藏生化武器),网络系统中的一个离群点还可能是对某个恶意入侵的精确定位。离群点挖掘还可应用于信用卡欺诈、金融审计、网络监控、电子商务、故障检测、恶劣天气预报、医药研究、客户异常行为检测和职业运动员成绩分析等。

本节将对离群点诊断常用的方法进行介绍,并给出各种算法的优缺点比较和算法复杂度分析,最后结合相关算法给出离群点挖掘的一些应用实例。

4.4.1 离群点诊断概要

为了使离群点不影响数据分析模型的精度和准确度,可通过一系列的算法找出数据中的离群点,然后针对离群点进行处理以提高数据质量。

1. 离群点诊断的定义

离群点诊断(或称离群点挖掘)可以描述为:给出 n 个数据点或对象的集合,以及预期的离群点的数目 k,发现与剩余的数据相比是显著差异的、异常的或不一致的前 k 个对象。因此,离群点诊断可以看作是在给定的数据集合中定义离群点,并找到一个有效的方法来挖掘出这样的离群点。

离群点是指数值中,远离数值的一般水平的极端大值和极端小值。形成离群点的主要原因有:首先可能是采样中的误差,如记录的偏误、工作人员出现笔误、计算错误等,都有可能产生极端大值或者极端小值。其次可能是被研究现象本身由于受各种偶然非正常的因素影响而引起的。例如，在人口死亡序列中，由于某年发生了地震，使该年度死亡人数剧增，形成离群点；在股票价格序列中，由于受某项政策出台或某种谣传的刺激，都会出现极增、极减现象，变为离群点。

不论是何种原因引起的离群点，对以后的分析都会造成一定的影响。从造成分析的困难来看，统计分析人员不希望序列中出现离群点，因为离群点会直接影响模型的拟合精度，甚至会得到一些虚伪的信息。因此，离群点往往被分析人员看作是一个"坏值"。但是，从获得信息来看，离群点提供了很重要的信息，它不仅提示我们认真检查采样中是否存在差错，在进行分析前认真确认，而且当确认离群点是由于系统受外部突发因素刺激而引起的时候，它会提供相关的系统稳定性、灵敏性等重要信息。

2. 离群点诊断方法分类

目前，人们已经提出了大量关于离群点挖掘的算法。这些算法大致上可以分为以下几类：基于统计学或模型的方法、基于距离或邻近度的方法、基于密度的方法和基于聚类的方法，这些方法一般称为经典的离群点挖掘方法。近年来，有不少学者从关联规则、模糊集和人工智能等其他方面出发提出了一些新的离群点挖掘算法，比较典型的有基于关联的方法、基于模糊集的方法、基于人工神经网络的方法、基于遗传算法或克隆选择的方法等。

4.4.2 基于统计的离群点诊断

1. 理论基础

最早的离群点挖掘算法大多是基于统计学原理或分布模型实现的，通常可以分为基于分布的方法和基于深度的方法两类。一般地，讨论基于统计的离群点挖掘主要指的是基于分布的方法。

基于统计的离群点诊断的基本思想是基于这样的事实：符合正态分布的对象（值）出现在分布尾部的机会很小。例如，对象落在距均值 3 个标准差的区域以外的概率仅有 0.002 7。更一般地，当 x 为属性值时，$|x| \geq c$ 的概率随 c 的增加而迅速减小。设 $\alpha = p(|x| \geq c)$，表 4-3 显示当分布为 N（0，1）时 c 的某些样本值和对应的 α 值。从表 4-3 可以看出，离群值超过 4 个标准差的值出现的可能性是万分之一。

表 4-3 落在标准差的中心区域以外的概率

c	1	1.5	2	2.5	3	3.5	4
N（0，1）的 α	0.317 3	0.133 6	0.045 5	0.012 4	0.002 7	0.000 5	0.000 1

为了更清晰地表现基于统计的离群点诊断原理，可以绘制图4-18所示的离群点分布带示意图。该图在实践中具有重要的意义，对于观测样本 x，我们可以这样理解该图：

① 如果此点在上、下警告线之间区域内，则数据处于正常状态。

② 如果此点超出上、下警告线，但仍在上、下控制线之间的区域内，则提示质量开始变劣，可能存在"离群"倾向。

③ 若此点落在上、下控制线之外，则表示数据已经"离群"，这些点即被诊断出的离群点。

如果（正常对象的）一个感兴趣的属性的分布是具有均值 μ 和标准差 σ 的正态分布，则可以通过变换 $z=(x-\mu)/\sigma$ 转换为标准正态分布 $N(0,1)$。通常 μ 和 σ 是未知的，可以通过样本均值和样本标准差来估

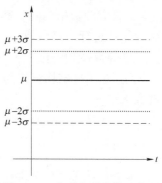

图4-18 离群点分布带示意图

计。实践中，当观测值很多时，这种估计的效果很好；另外，由概率统计中的大数定律可知，在大样本的情况下可以用正态分布近似其他分布。

基于统计的方法需要使用标准统计分布（如标准正态分布）来拟合数据点，然后根据概率分布模型采用不一致性检验来确立离群点。因此基于统计的离群点诊断方法要求事先知道数据集的统计分布、分布参数（如均值和方差）、预期的离群点数目和离群点类型等。

基于分布的方法的优缺点都很明显。其优点主要是易于理解，实现起来也比较方便，并且对数据分布满足某种概率分布的数值型单维数据集较为有效。但在多数情况下数据分布是未知的，也就很难建立某种确定的概率分布模型。同时，在实际中往往要求在多维空间中发现离群点，而绝大多数统计检验是针对单个属性的。因此，当没有特定的检验时，基于分布的方法不能确保发现所有的异常，或者观测到的分布不能恰当地被任何标准的分布来拟合[⊖]。

Grabbs 导出了统计量 $g=|x_i-\bar{x}|/s$ 的分布。取显著水平 α，可以得到临界值 g_0，使得：

$$P(|x_i-\bar{x}|\geqslant g_0 s)=\alpha \tag{4-84}$$

其中，$\bar{x}=\dfrac{1}{n}\sum_{i=1}^{n}X_i$；$s=\sqrt{\dfrac{1}{n-1}\sum_{i=1}^{n}(x_i-\bar{x})^2}$。

若某一个测量数据 x_i 满足下式时，则认为数据为异常数据而把它剔除：

⊖ Pangning Tan 等. 数据挖掘导论[M]. 范明等译. 北京：人民邮电出版社，2014.

$$|x_i - \bar{x}| \geq g_0 s \tag{4-85}$$

式中，g_0 可以通过查询专门的 g_0 表得到。

如果一次可以判断两个或两个以上的数据是异常数据，则只将其中使得 $x_i - \bar{x}$ 最大的数据剔除。然后，重新计算 $\bar{x}$、g_0、s，再一次迭代寻找异常数据。如此循环进行，直到找不出离群点为止。

具体算法如下：

① 求出样本均值 $\bar{x}$ 和样本标准差 s。根据给定的显著水平 α 和样本容量 n，查表求出 g_0。

② 计算 $|x_i - \bar{x}|, i = 1, 2, \cdots n$，找出 x_k 使得：

$$|x_k - \bar{x}| = \max_{1 \leq i \leq n} |x_i - \bar{x}| \tag{4-86}$$

③ 若有 $|x_i - \bar{x}| \leq g_0 s$，则认为数据中无异常数据；否则认为 x_k 是异常数据，将之从数据中剔除。

重复步骤①～③，直到数据中无异常数据为止。

在实践中，对于临界值 g_0，从严格的角度，可以通过查表给出具体的值。但通常的做法就是直接给出，比如取 1、2 或 3，甚至小数。具体取多大的值，取决于数据的量及对离群点诊断的严格程度。

2. 优点与缺点

离群点诊断的统计学方法具有坚实的基础，建立在标准的统计学技术（如分布参数的估计）之上。当存在充分的数据和所用的检验类型时，诊断离群点非常有效。对于单个属性，存在各种统计离群点诊断方法。对于多元数据，很难同时对多维数据使用基于统计的离群点诊断方法，通常还需要按照单个变量的方法进行诊断。

4.4.3 基于距离的离群点诊断

1. 理论基础

基于距离的离群点检测方法，其基本思想是如果某个对象远离大部分其他对象，那么该对象是离群的。这样做的好处是，确定数据集的有意义的邻近性度量比确定它的统计分布更容易，综合了基于分布的思想，克服了基于分布方法的主要缺陷。

基于距离的离群点诊断方法根据某个距离函数计算数据对象之间的距离，最早是由 Knorr 和 Ng 提出来。他们给出了基于距离的离群点的定义：如果数据集合 S 中对象至少有 p 部分和对象 o 的距离大于 d，则对象 o 是一个带参数 p 和 d 的基于距离的（DB）离群点，即 DB(p, d)。

基于距离方法的两种不同策略：

第一种策略是采用给定邻域半径，依据点的邻域中包含的对象多少来判定离群点。如果一个点的邻域内包含的对象少于整个数据集的一定比例,则标识它为离群点,也就是将没有足够邻居的对象看成是基于距离的离群点。

第二种策略是利用 K-最近邻距离的大小来判定离群。使用 K-最近邻的距离度量一个对象是否远离大部分点,一个对象的离群程度由到它的 K-最近邻的距离给定。这种方法对 k 的取值比较敏感。如果 k 太小(例如 1),则少量的邻近离群点可能导致较低的离群程度。如果 k 太大,则点数少于 k 的簇中所有的对象可能都成了离群点。

定义:点 x 的离群因子定义为

$$OF1(x,k) = \frac{\sum_{y \in N(x,k)} \text{distance}(x,y)}{|N(x,k)|} \tag{4-87}$$

这里,$N(x,k)$ 是不包含 x 的 k-最近邻的集合,其数学表示为

$N(x,k) = \{y \mid \text{distance}(x,y) \leq k - \text{distance}(x), y \neq x\}$,$|N(x,k)|$ 是该集合的大小。

输入:数据集 D;最近邻个数 k;

输出:离群点对象列表。

① for all 对象 x do。

② 确定 x 的 k-最近邻集合 N(x,k)。

③ 确定 x 的离群因子 OF1(x,k)。

④ end for。

⑤ 对 OF1(x,k)降序排列,确定离群因子大的若干对象。

⑥ return。

应注意:x 的 K-最近邻的集合包含的对象数可能超过 K。

2. 优点与缺点

基于距离的方法也有比较明显的优缺点。其优点有以下几方面:

① 不必对数据集的相关信息(数据服从哪种统计分布模型、数据类型特点等)足够了解,只要给出距离的度量并对数据进行预处理后,就可以找出数据集中的离群点,并且避免了大量的计算。而大量的计算正是使观察到的数据分布适合某个标准分布及选择不一致性检验所需要的。

② 在理论上可以处理任意维任意类型的数据,克服了基于统计的方法只能较好地处理某种概率分布的数值型单变量数据集的缺陷。

基于距离的方法的缺点主要是当数据集规模异常大时,计算复杂度很高。其次是检测结果对参数 K 的选择较敏感,对于不同参数,结果有很大的不稳定性,而且在高维数据中应用比较困难。最后是对挖掘出的离群点,不能区分强离群点和弱离群点⊖。

⊖ 韩秋明,李微等. 数据挖掘技术应用实例[M]. 北京:机械工业出版社,2009.

4.4.4 基于密度的离群点挖掘

1. 理论基础

当数据集含有多种分布或数据集由不同密度子集混合而成时，数据是否离群不仅仅取决于它与周围数据的距离大小，而且与邻域内的密度状况有关。这时就可以考虑用基于密度的离群点诊断方法。

基于密度的方法就是探测局部密度，通过不同的密度估计策略来检测离群点。所谓密度，是指任一点和 p 点距离小于给定半径 R 的邻域空间数据点的个数。Breuning 用局部离群因子（LOF）来表示点的孤立程度，离群点就是具有较高 LOF 值的数据对象。也就是说，数据是否是离群点不仅仅取决于它与周围数据的距离大小，而且与邻域内的密度状况有关。

基于密度的离群点检测与基于邻近度的离群点检测密切相关，因为密度通常用邻近度定义。一种常用的定义密度的方法是，定义密度为到 K 个最近邻的平均距离的倒数。如果该距离小，则密度高，反之亦然。某个对象的局部邻域密度定义为

$$density(x,K) = \left(\frac{\sum_{y \in N(x,K)} density(x,y)}{|N(x,K)|} \right)^{-1} \quad (4-88)$$

还有一个描述对象密度的方法为相对密度，其定义为

$$relative\_density(x,K) = \frac{\sum_{y \in N(x,K)} density(y,K) / |N(x,K)|}{density(x,K)} \quad (4-89)$$

其中，$N(x,K)$ 是不包含 x 的 K-最近邻的集合，$N(x,K)$ 是该集合的大小，y 是一个最近邻。

基于相对密度的离群点检测方法通过比较对象的密度与它邻域中对象的平均密度来检测离群点。簇内靠近核心点的对象的相对密度接近于 1，而处于簇的边缘或是簇外面的对象的密度相对较大。定义相对密度为离群因子：

$$LOF(x,K) = relative\_density(x,K) \quad (4-90)$$

具体的基于密度的离群点诊断步骤如下：

① $\{K$ 是最近邻个数$\}$。
② for all 对象 x do。
③ 确定 x 的 K-最近邻 $N(x, K)$。
④ 使用 x 的最近邻（即 $N(x, K)$ 中的对象），确定 x 的密度 $density(x, K)$。
⑤ end for。
⑥ for all 对象 x do。

⑦ 确定 x 的相对密度 relative density (x, K)，并赋值给 LOF (x, K)。
⑧ end for。
⑨ 对 LOF (x, K) 降序排列，确定离群点得分高的若干对象。

基于密度的离群点挖掘最显著的特点是给出了对象是离群点程度的定量度量，并且即使数据具有不同密度的区域也能够很好地处理。因此，LOF 能够探测到所有形式的离群点，包括一些不能被基于统计的、距离的和偏离的方法探测到的离群点。基于密度的方法也有缺点，与基于距离的方法类似，当数据集规模异常大时复杂度会很高。参考文献还指出 LOF 这种基于局部密度的离群点检测算法忽视了基于簇的离群点的存在。

2. 优点与缺点

基于相对密度的离群点检测给出了对象是离群点程度的定量度量，并且即使数据具有不同密度的区域也能够很好地处理。与基于距离的方法一样，这些方法必然具有 $O(m^2)$ 时间复杂度（其中 m 是对象个数），虽然对于低维数据，使用专门的数据结构可以将它降低到 $O(m\log m)$，参数选择也是困难的。虽然标准 LOF 算法通过观察不同的 K 值，然后取最大离群点得分来处理该问题。然而，仍然需要选择这些值的上下界。

4.4.5 基于聚类的离群点挖掘

1. 理论基础

聚类分析是用来发现数据集中强相关的对象组，而离群点诊断是发现不与其他对象组强相关的对象。因此，离群点诊断和聚类是两个相对立的过程。如果在聚类的结果中，某个簇的点比较少，且中心距离其他簇又比较远，则该簇中的点是离群点的可能性就比较大，因此从这个角度将聚类方法用于离群点诊断也是很自然的想法。

如上所述，我们已经了解了相关聚类方法，比如 K-means、层次聚类等方法。它们都有一定的异常处理能力，但主要目标是产生聚类，即寻找性质相同或相近的记录并归为一类，这不同于离群点挖掘的目的和意义。

利用聚类方法诊断离群点的一种系统的方法是，首先聚类所有的对象，然后评估对象属于簇（Cluster）的程度。对于基于原形的聚类，可以用对象到它的簇中心的距离来度量对象属于簇的程度。更一般地，对于基于目标函数的聚类技术，可以使用该目标函数来评估对象属于任意簇的程度。参考文献给出了基于聚类的离群点的定义：如果一个对象不强属于任何簇，则称该对象是属于聚类的离群点。

定义：假设数据集 D 被聚类算法划分为 k 个簇 $C=\{C_1, C_2, \cdots, C_k\}$。对象 p 的离群因子（Outllei-Factor）OF3 (p) 定义为 p 与所有簇间距离的加权平均值：

$$OF3(p) = \sum_{j=1}^{k} \frac{|C_j|}{|D|} d(p, C_j) \qquad (4-91)$$

基于该定义，进行基于聚类的离群点诊断步骤过程如下：

① 对数据集 D 采用聚类算法进行聚类，得到聚类结果 $C = \{C_1, C_2, \cdots, C_k\}$。

② 计算数据集 D 中所有对象 p 的离群因子 OF3（p），及其平均值 Ave_OF 和标准差 Dev_OF，满足条件 OF3（p）$\geq$ Ave_OF + β Dev_OF（$1 \leq \beta \leq 2$）的对象判定为离群点，这里 β 为设定的阈值。

基于聚类的离群点挖掘的时间和空间复杂度都是线性或接近线性的，因此算法具有高效的性能。但另一方面，产生的离群点集合它们的得分可能非常依赖所用的簇的个数和数据中离群点的存在性。由于每种聚类算法只适合特定的数据类型，而簇的质量对该算法产生的离群点的质量影响非常大，因此实际应用中应当谨慎地选择聚类算法。

2. 优点与缺点

有些聚类技术（如 k 均值）的时间和空间复杂度是线性或接近线性的，因而基于这种算法的离群点检测技术可能是高度有效的。此外，聚类过程是对所有样本进行聚类，因此可能同时发现簇和离群点。在缺点方面，产生的离群点集和它们的得分可能非常依赖所用的簇的个数。

4.4.6 小结

本节介绍了目前离群点诊断的几种常见的方法，一方面了解了各种算法的基本思想和原理，同时通过对其优缺点、适用范围进行分析，认识到各种挖掘算法在实际问题中应该有选择地应用。另一方面，通过给出离群点诊断的典型应用，加深了对离群点挖掘的理解，并且随着人们对各种算法的不断研究，离群点诊断技术在将来一定会得到更广泛的应用。

4.5 时间序列数据分析与预测

4.5.1 时间序列概述

1. 时间序列的含义及构成要素

（1）时间序列的含义

时间序列又称动态数列是指对某一现象的表现值按照一定时间间隔进行连续观测得到的序列值。比如过去 20 年每年参加高考的学生人数、每年的物价指数、每个月的石油平均价格、每个季度的汽车销量等都分别构成一个时间序列。

（2）时间序列的构成要素

时间序列由时间（t）和对应于各时间上的水平值（y）两个要素构成。一个时间序列通常表示为

$$t_1, t_2, \cdots, t_i, \cdots, t_n$$
$$y_1, y_2, \cdots, y_i, \cdots, y_n$$

序列中，t_1 表示期初；t_n 表示期末；y_1 和 y_n 分别表示期初水平和期末水平。在时间序列中，一般要求每个时间间隔及长度必须相同，水平指标 y 从期初到期末必须保持相同的内涵、外延及计算方法。

在对时间序列进行趋势分析与预测时，通常将时间 t 重新定义为有规律的整数值，如 1、2、3……或 0、1、2、3……或 –8、–6、–4、–2、0、2……无论采用哪种形式，都不影响趋势分析及预测结果。

2. 时间序列的因素分解

时间序列刻画的自然、经济或社会现象受多种因素影响。通常，可以将时间序列的变化分为四种主要成分：长期趋势成分（T）、季节变动成分（S）、循环变动成分（C）和不规则变动成分（I）。

（1）长期趋势

长期趋势是指现象受某些根本因素的支配，在一个较长时间内表现出来的持续性的变化趋势。从大方向上看，这种趋势可以是持续向上，也可以是持续向下或平稳的；从趋势的表现形式上看，可以是直线形式，也可以是指数曲线或其他曲线形式。

（2）季节变动

季节变动是指现象受自然界季节更替的影响，表现出的周期性波动规律。季节变动产生的原因可能是自然季节影响，也可能是与季节有关的社会活动季节规律（如节假日、每周五天工作制等）的影响。例如：一天中城市公交客运量的变化，因早晚上下班出现两次高峰，这种规律每天反复出现。

季节变动有两个特点：一是变化的周期固定，但长度不超过一年；二是每个周期内的波动幅度基本相同。常见的时间序列周期长度有一天、一周、一个月、一个季度、半年和一年。当数据为年度数据时，则不存在季节变化。

（3）循环变动

循环变动是指现象以若干年为周期，呈现出扩张和收缩的交替波动。与季节变动不同，循环变动的周期长短不固定，并且每个周期内波动的幅度也不同。

（4）不规则变动

不规则变动又称随机变动，是指短时间内由于各种偶然因素影响所形成的不

规则波动。

不规则变动往往无法预测，也可以将其理解为时间序列中剔除长期趋势、季节变动和循环变动后剩余的部分，可用实际值与预测值之间的误差表示，等同于回归分析模型中的随机扰动项，具有某种分布特征。如果不对时间序列进行区间预测，则不用考虑不规则变动的特征。

3. 时间序列的组合模型

将时间序列分解成长期趋势、季节变动、循环变动和不规则变动四个因素后，可以认为时间序列 Y 是这四个因素的函数，即

$$Y_t = f(T_t, S_t, C_t, I_t) \tag{4-92}$$

上面的函数是时间序列的组合模型，通常按长期趋势、季节变动、循环变动和不规则变动的次序分别进行分析，然后再组合。基于组合形式的差异，时间序列组合模型有不同的形式，其中基本的模型形式有加法模型和乘法模型两种。

（1）加法模型

加法模型是将时间序列的四个要素采用相加的形式，以描述现象的数量变化，其具体形式如下：

$$Y_t = T_t + S_t + C_t + I_t \tag{4-93}$$

（2）乘法模型

乘法模型是将时间序列的四个要素采用相乘的形式，以描述现象的数量变化，其具体形式如下：

$$Y_t = T_t \cdot S_t \cdot C_t \cdot I_t \tag{4-94}$$

两种表述模型中，长期趋势均采用绝对量的形式，另外三个要素表述形式因模型形式不同而存在区别。加法模型中三者均采用绝对量的形式，而乘法模型中三者均采用相对指数形式。相比较而言，乘法模型比加法模型使用更为普遍。

需要说明的是，不是每一个时间序列都包含了全部四种成分。如有些时间序列循环变动的因素很弱，此时组合模型就可以简化为只包含三种因素的模型。

4.5.2 时间序列的描述分析

1. 时间序列的图表展示

表格是准确记录时间序列数据的最常用工具，其特点是包含的数据容量大，可以依据趋势分析的需要对表格形式进行设置，但缺陷是不能对时间序列的趋势进行直观展示。

通常，为了从视觉上获得时间序列变化的直接感性认识，人们更多地利用图形来描述时间序列的变化过程。可以展示时间序列变化趋势的图形主要有折线图

和柱形图，两者都是以时间为横轴，其中尤其以折线图应用较为普遍。

2. 时间序列的描述分析指标

（1）平均发展水平

平均发展水平是时间序列中各期发展水平的平均值，也叫序时平均数或动态平均数，它表明现象在不同时间上的一般水平。平均发展水平的计算依时间序列的形式不同而有所差别。

时间序列按所反映的指标形式不同分为绝对数时间序列、相对数时间序列和平均数时间序列三种。绝对数时间序列反映的是某个绝对指标随时间的变化；相对数时间序列反映的是某个相对指标随时间的变化；平均数时间序列反映的是某个平均指标随时间的变化。三种序列计算平均发展水平时，都以绝对数序列为基础。

绝对数时间序列又分为时期序列和时点序列。所谓时期序列，是指时间序列中的时间代表一个时期，序列中的指标属于时期指标；所谓时点序列，是指时间序列中的时间代表一个时刻或时点，序列中的指标属于时点指标。时期序列中各期水平可以相加，而时点序列中各期水平不能相加或相加无意义，因而两者计算平均发展水平的方法不同。

① 时期序列求平均。对于时期序列，求平均发展水平采用算术平均数的计算方法。

$$\bar{y} = \frac{\sum y_i}{n} \tag{4-95}$$

式中，$\bar{y}$ 代表平均发展水平；y_i 表示各期发展水平；n 表示时间序列的项数。

② 时点序列求平均。时点序列又分为连续时点和间断时点序列。连续时点序列一般是给出连续多日的数据，计算平均发展水平也采用算术平均的方法。比如：连续观测一周上午 8 时的室外气温数据为：20.1、21.8、21.4、22.6、24.7、23.8 和 23.6（单位为℃），则该周上午 8 时的室外平均气温为：

(20.1+21.8+21.4+22.6+24.7+23.8+23.6)/7=22.6（℃）

间断时点序列求平均，采用分段平均并以间隔长度作为权数进行加权平均的方法。n 个时点可以将序列分为 $n-1$ 个时间段，每个时间段内分别求简单算术平均，然后以间隔长度为权数对各段平均数进行加权再平均，公式为

$$\bar{y} = \frac{\frac{y_1+y_2}{2}f_1 + \frac{y_2+y_3}{2}f_2 + \cdots + \frac{y_{n-1}+y_n}{2}f_{n-1}}{f_1 + f_2 + \cdots + f_{n-1}} \tag{4-96}$$

（2）发展速度与增长速度

发展速度和增长速度是从相对速度角度描述现象发展变化的快慢。其中，发

展速度是由两个不同时期的发展水平相比得到的结果,表明报告期是基期水平的多少倍或百分之几;增长速度是报告期增加的绝对量与基期水平的比,说明报告比基期减少或增加了百分之几,计算公式分别为

$$发展速度 = \frac{报告期水平}{基期水平} \times 100\% \quad (4-97)$$

$$增长速度 = \frac{报告期水平 - 基期水平}{基期水平} \times 100\% = 发展速度 - 1 \quad (4-98)$$

如果发展速度小于 100%,则表明报告期相对基期降低了,此时增长速度小于 0,表示降低的幅度;如果发展速度大于 100%,则表明报告期相对基期增长了,此时增长速度大于 0,表示增长的幅度。

根据采用基期的不同,发展速度分为定基发展速度和环比发展速度,如果采用一个固定时期作为基期,则为定基发展速度;如果采用前一期作为基期,则为环比发展速度。两者可表示如下:

定基发展速度: $\frac{y_2}{y_1}, \frac{y_3}{y_1}, \frac{y_4}{y_1}, \cdots, \frac{y_n}{y_1}$

环比发展速度: $\frac{y_2}{y_1}, \frac{y_3}{y_2}, \frac{y_4}{y_3}, \cdots, \frac{y_n}{y_{n-1}}$

显然,定基发展速度等于各期环比发展速度的连乘积:

$$\frac{y_2}{y_1} \times \frac{y_3}{y_2} \times \frac{y_4}{y_3} \times \cdots \times \frac{y_n}{y_{n-1}} = \frac{y_n}{y_1}$$

对应于发展速度,增长速度也分为定基增长速度和环比增长速度:

定基增长速度: $\frac{y_2 - y_1}{y_1}, \frac{y_3 - y_2}{y_1}, \frac{y_4 - y_3}{y_1}, \cdots, \frac{y_n - y_{n-1}}{y_1}$

环比增长速度: $\frac{y_2 - y_1}{y_1}, \frac{y_3 - y_2}{y_2}, \frac{y_4 - y_3}{y_3}, \cdots, \frac{y_n - y_{n-1}}{y_{n-1}}$

(3) 平均发展速度与平均增长速度

平均发展速度是表明各期发展速度的平均值,反映了现象在一个较长时间内发展变化的平均速度;平均增长速度则反映了现象在一个较长时间内增长速度的平均值。平均增长速度等于平均发展速度减去 1。

平均发展速度的计算有几何平均法和高次方程法两种。两种方法的侧重点不同,计算结果也有差异。几何平均法侧重于反映现象发展变化的结果,而高次方程法侧重于反映现象发展变化的过程。几何平均法求平均发展速度的公式如下:

$$\bar{V} = \sqrt[n-1]{v_1 \times v_2 \times v_3 \times \cdots v_{n-1}} = \sqrt[n-1]{\frac{y_2}{y_1} \times \frac{y_3}{y_2} \times \frac{y_4}{y_3} \times \cdots \times \frac{y_n}{y_{n-1}}} = \sqrt[n-1]{\frac{y_n}{y_1}} \quad (4-99)$$

4.5.3 长期趋势分析

长期趋势分析是时间序列分析中最基本的内容。分析长期趋势的目的可以概括为以下几个方面：首先是认识长期趋势本身的定量规律性；其次是认识时间序列变化中非趋势的其他成分的变化规律，这里的非趋势成分是指时间序列数据中提出趋势成分后剩下的数据序列；最后是可以基于趋势成分变化的规律性来预测时间序列未来的变化。

时间序列趋势分析的方法比较多，常用的有移动平均法、指数平滑法和趋势模型法等。

1. *移动平均法*

移动平均法是一种应用广泛的简单趋势分析技术，它是从序列的第一项开始，按一定的项数计算序时平均，依次向后移动得到一个新的移动平均序列。由于移动平均序列消除了偶然因素的干扰，因而依据新的序列比较容易观察现象发展变化的长期趋势。假设按 k 项移动平均，则移动平均序列为

$$T_t = \frac{(y_t + y_{t-1} + \cdots + y_{t-k+1})}{k} \quad (4-100)$$

应用移动平均法时，确定移动的项数很关键，通常遵循如下原则：一是项数要适中，项数太多虽然较容易观察出长期趋势，但也意味着损失更多的信息，项数太少则不容易消除偶然因素的干扰；二是当数据是以时间周期形式给出时，应取周期项数或其整数倍移动，如序列为若干年的月度数据，则应取 12 项移动平均；三是尽可能取奇数项移动，因为移动平均的结果应该与原序列的中间项对应，当选择偶数项移动平均时，需要对移动平均的结果再次进行两项移动平均才能与原序列对齐。

移动平均法能够很好地消除季节因素和不规则因素的影响，不仅可用于分析时间序列的长期趋势，还经常用于对序列进行修正。因为移动平均序列项数变少，移动平均法损失的信息较多，所以该方法不适合直接用于外推预测。

2. *指数平滑法*

在移动平均法中，假定过去 k 期观测值的权重相等，并且没有考虑早期的信息。但在很多情况下，最近的观测值比早期观测值包含更多对于认识现象未来变化有用的信息，而指数平滑法则较好地体现了这一原则。

指数平滑法是以平滑系数为权数，利用本期观测值和本期预测值共同构造下一期预测值的一种加权平均方法。指数平滑法有一次指数平滑、二次指数平滑、H 次指数平滑等，此处仅介绍一次指数平滑，其公式如下：

$$T_{t+1} = \alpha y_t + (1-\alpha) T_t \quad (t = 1, 2, \cdots, n) \quad (4-101)$$

式中，y_t 为 t 期的实际观测值；T_t 和 T_{t+1} 分别为 t 期和 $t+1$ 期的平滑预测值；α 为平滑系数（$0<\alpha<1$），其取值越大代表当前已观测到的信息在预测中的作用越大。在实际应用中，通常可选取几个 α 进行预测，最终选取预测误差最小的 α 作为最后的平滑系数。

对上述一次指数平滑公式展开，则有：

$$T_2 = \alpha y_1 + (1-\alpha)T_1$$

$$T_3 = \alpha y_2 + (1-\alpha)T_2 = \alpha y_2 + \alpha(1-\alpha)y_1 + (1-\alpha)^2 T_1$$

$$T_4 = \alpha y_3 + (1-\alpha)T_3 = \alpha y_3 + \alpha(1-\alpha)y_2 + \alpha(1-\alpha)^2 y_2 + (1-\alpha)^3 T_1$$

$$\vdots \quad (4-102)$$

$$T_{t+1} = \alpha y_t + (1-\alpha)T_t = \alpha y_t + \alpha(1-\alpha)y_{t-1} + \cdots + \alpha(1-\alpha)^{t-1} y_1 + (1-\alpha)^t T_1$$

由上面的展开式可以看出，早期观测值的系数按照指数规律递减，越早期的观测值系数越小。当序列项数较多时，初始值对平滑预测值的影响可以忽略，因此，初始平滑值可以取初始观测值 $T_1 = y_1$。

指数平滑方法能够较好地消除不规则因素的影响，特别适合于具有特殊惯性趋势形态的序列，不适合具有某种曲线趋势的序列。此外，该方法只适合直接外推预测近期的趋势值，不能预测远期的趋势值。

3. 趋势模型法

当时间序列的长期趋势呈近似直线或某种曲线变化规律时，适合采用模型法对其长期趋势进行分析预测。采用模型法进行趋势预测的优点是可以对未来较远时期的趋势值进行预测，而且还可对模型进行各种统计检验。

模型法是以时间 t 为自变量，以实际观测值 y 为因变量建立回归模型，利用回归分析方法估计模型参数，并在此基础上对序列的趋势进行预测的方法。根据长期趋势的形态，模型法分为直线模型和曲线模型两类。

选用何种模型分析时间序列的长期趋势，主要基于以下四点：一是要对现象发展变化的驱动力量进行定性分析，不能只注重数据和形式上的趋势变化；二是将观测值绘成折线图，从图形判断其趋势符合哪种形式；三是分别配合多种模型，选取误差最小的模型；四是对于变化复杂的时间序列，可以考虑分段配合不同的模型。

（1）直线回归模型测定长期趋势

当时间序列的长期趋势近似呈直线形式时，可配合线性回归模型对时间序列的长期趋势进行分析，配合的一般线性方程为

$$\hat{y}_t = \hat{\beta}_0 + \hat{\beta}_1 t \quad (4-103)$$

式中，$\hat{y}_t$ 为趋势值或预测值；$\hat{\beta}_0$ 和 $\hat{\beta}_1$ 为模型参数，可采用回归分析中的最小二乘

方法对参数进行估计。其推导过程见回归分析相关内容,结果为

$$\begin{cases} \hat{\beta}_1 = \dfrac{n\sum ty - \sum t \sum y}{n\sum t^2 - (\sum t)^2} \\ \hat{\beta}_0 = \dfrac{\sum t^2 \sum y - \sum t \sum ty}{n\sum t^2 - (\sum t)^2} \end{cases} \quad (4\text{-}104)$$

（2）曲线回归模型测定长期趋势

对于长期趋势呈曲线形式的时间序列,应该配合曲线模型对趋势变化进行分析。时间序列中常见的曲线趋势模型有抛物线、指数曲线、对数曲线、Logistic 曲线等。曲线模型的参数估计可参见本书回归分析中非线性回归的相关内容,此处仅介绍二次抛物线模型分析长期趋势。测定长期趋势的二次抛物线回归方程形式如下:

$$\hat{y}_t = \hat{\beta}_0 + \hat{\beta}_1 t + \hat{\beta}_2 t^2 \quad (4\text{-}105)$$

4.5.4 季节变动分析

季节变动分析是分析一个季节周期内时间序列在各个时期的强弱变化规律。需要注意的是,如果时间序列给出的是年度数据,则每项数据都包含了完整的季节周期,序列不再包含季节变动因素,不需要进行季节变动分析。

如果对时间序列采用乘法模型分析,则其中的季节变动规律用季节指数来表示。季节指数是一个相对数,季节指数大于 1 表示该季为旺季,小于 1 表示淡季,接近 1 则表示平季。各个季节指数相加应等于一个周期中的季节指数个数。如果对时间序列采用加法模型分析,则其中的季节变动用季节差表示,季节差属于绝对数,季节差大于 0 表示该季为旺季,小于 0 表示淡季,接近 0 则表示平季。各个季节差相加应等于 0。

实际分析季节变动时,以季节指数使用较多。如果各期的季节指数比较接近,则说明季节变动不明显或不存在季节变动;否则,即为存在季节变动。

分析季节变动一般需要三个以上季节周期的数据。按照是否消除长期趋势的影响,季节变动分析方法分为同期简单平均法和趋势剔除法两种。

1. 同期简单平均法

同期简单平均法是对各个同期水平分别计算平均数,然后与全部数据的总平均数相比,计算季节指数。比如,根据各年度的月度数据分析季节变动,则有 1～12 月共 12 个季节指数;根据各年度的季度数据分析季节变动,则有 1～4 季 4 个季节指数;根据若干周每天的数据分析季节变动,则有星期一至星期天 7 个季节指数等。

同期简单平均法消除了不规则变动的影响,是分析季节变动最基本的方法。

2. 趋势剔除法

简单同期平均没有考虑长期趋势对季节变动的影响,只适用于长期趋势不明显的序列。但社会经济现象一般都有明显的上升或下降的长期趋势。如果序列有明显上升的长期趋势,则会影响四个季度的季节指数依次上升;如果序列有明显下降的长期趋势,则会影响四个季度的季节指数依次下降。因此,只有消除长期趋势,才能得到准确的季节变动规律。

剔除长期趋势的具体步骤是:

① 首先对原序列(Y)按季节周期进行移动平均,得到的移动平均序列(M)消除了季节因素和不规则因素的影响,只包含长期趋势和循环变动因素。

② 然后用原序列(Y)除以移动平均序列(M)得到一个新序列(F),此序列只包含季节变动和不规则变动。

③ 最后对包含季节变动和不规则变动的序列(F)采用简单同期平均法可计算出季节指数。

上述过程可用图 4-19 表示。

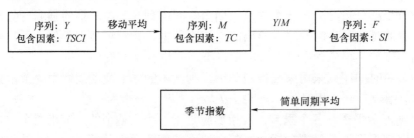

图 4-19 趋势剔除法测定季节指数流程图

4.5.5 循环变动分析

与长期趋势测定和季节变动测定相比,循环变动的周期不严格固定,并且每个周期波动的幅度也不完全相同,因此对其进行准确测定更为困难。

在乘法模型中,循环变动用循环指数表示。循环变动分析是测定循环变动的周期长度,并且计算出一个周期内各期的循环指数。如果各期循环指数较为接近,则认为不存在循环变动。

对循环变动进行分析的步骤是:首先测定出序列的长期趋势(T);然后对原序列采用移动平均得到包含长期趋势和循环变动的序列($M=TC$),用序列 M 的值除以长期趋势值,得到循环指数 C,将循环指数 C 的值描绘成折线图,观察其周期;最后计算周期内各期的循环指数。

4.5.6 时间序列的预测

对时间序列进行预测,一般假定时间序列在未来会按已知的规律进行变化,为此可以找出各个构成要素的变化规律,利用组合模型进行预测。由于影响现象变化因素的复杂性与多变性,使得现象未来的变化未必遵循原有的规律,因而对时间序列的未来值进行准确预测变得较为困难。

1. 时间序列的预测误差

对一个时间序列进行预测可供选择的方法较多,不同预测方法的优劣如何比较?预测的效果如何?最简单的方法是比较预测值与实际值,通过两者差值(误差)的大小来比较不同预测方法的优劣以及预测效果。

预测误差可以看作是不规则变动因素的影响,等于实际观测值与预测值的差,用 e 表示。常用的预测误差测量指标有绝对平均误差(Mean Absolute Deviation,MAD)、均方误差(Mean Square Error,MSE)、平均绝对误差百分比(Mean Absolute Percentage Error,MAPE)等,各种误差的计算公式如下:

$$MAD = \frac{\sum |e_i|}{n} = \frac{\sum |y_i - Y_i'|}{n} \qquad (4-106)$$

$$MSE = \sqrt{\frac{\sum e_i^2}{n}} = \sqrt{\frac{\sum (y_i - Y_i')^2}{n}} \qquad (4-107)$$

$$MAPE = \frac{\sum |(y_i - Y_i')/y_i|}{n} \times 100\% \qquad (4-108)$$

式中,n 为预测次数;y_i 为第 i 期的实际观测值;Y_i' 为第 i 期的预测值。平均绝对误差百分比可用于比较不同时间序列的预测效果,绝对平均误差和均方误差则用于比较同一序列不同预测方法的预测效果。

需要注意的是,预测误差只是衡量预测效果的一种参考,因为平均误差是过去所有时期预测误差的平均值。与之相比,最近的误差显然更有参考价值,平均误差小并不代表最近的误差也小,因而需要将两者结合起来考量。

2. 时间序列的预测方法

时间序列的预测方法有很多种,既有移动平均法、简单指数平滑法、趋势模型法等针对包含长期趋势和不规则因素的时间序列预测方法,也有基于要素组合的分解预测、Winters 指数平滑预测等针对复合型时间序列的预测方法,还有将时间序列看作具有内生解释能力的 ARIMA 预测方法。每种方法的适用对象都存在差异,预测方法的选择需要考虑时间序列自身的特点、所包含的构成要素、历史数据的多少、预测期的长短等因素。下面主要介绍分解预测和 Winters 指数平滑预测两种方法。

（1）基于要素组合模型的分解预测

基于要素组合模型的分解预测方法适合于包含长期趋势、季节变动和循环变动要素及不规则变动的复合型时间序列，要求至少有 4 个年度的分季或分月的数据。该方法可以对时间序列进行短期、中期和长期预测。该方法的特点是以历史数据所包含的规律对未来进行预测，各个历史数据均等同对待，不考虑时间序列未来规律可能出现的变化。该方法对于规律性较强并且规律变化不明显的序列能够做出有效预测。

基于要素组合模型分解预测方法的基本原理是，首先根据历史数据分离出长期趋势、季节变动和循环变动等因素，然后构建时间序列的组合模型并利用模型对时间序列进行预测。假定时间序列未来是按已经观测到的长期趋势、季节变动和循环变动规律发展变化，根据时间序列的乘法模型，时间序列的预测值 Y'_t 为

$$Y'_t = T_t S_t C_t I_t \tag{4-109}$$

通常情况下，对时间序列的预测属于均值预测。如果不考虑区间预测，则预测模型中的不规则变动可以不予考虑，因此组合模型可简化为

$$Y'_t = T_t S_t C_t \tag{4-110}$$

如果时间序列不存在季节变动和循环变动，则预测值等于长期趋势值；对于年值数据序列，不存在季节变动，预测值等于长期趋势值与循环指数的乘积。

（2）Winters 指数平滑预测

Winters 指数平滑预测模型具体形式较多，本书只介绍 Holt—Winters 三参数指数平滑模型预测方法。从模型形式上分，WintersH 参数指数平滑预测模型同样可分为乘法和加法模型两种，适用于存在线性趋势和季度变动两种要素的复合序列，要求至少有 4 个年度的分季或分月数据。

Winters 三参数指数平滑法可以适用于具有线性趋势和季节特征的时间序列数据。假定一个从 $t=0$ 时期开始的时间序列 $\{x_t\}$ 具有周期长度为 L 的季节变化。用 $\{s_t\}$ 表示 t 时期的平滑值，$\{b_t\}$ 表示叠加在季节变化上的趋势值，而 $\{I_t\}$ 是 t 时期的季节修正因子，则对 $(t+m)$ 时期（$m>0$）的预测记为 F_{t+m}，s_t、b_t 和 I_t 序列分别取不同平滑因子平滑得到，预测值 F_{t+m} 由以下公式确定

$$F_{t+m} = (s_t + mb_t)I_{t-L+m} \tag{4-111}$$

上式为乘法模型。式中 $s_t + mb_t$ 是趋势因素；I_{t-L+m} 是季节指数。取 α 为水平值平滑因子（$0<\alpha<1$），β 为趋势平滑因子（$0<\beta<1$），γ 为季节平滑因子（$0<\gamma<1$），则各序列确定公式如下：

$$s_t = \alpha \frac{x_t}{I_{t-L}} + (1-\alpha)(s_{t-1} + b_{t-1})$$
$$b_t = \beta(s_t - s_{t-1}) + (1-\beta)b_{t-1} \qquad (4\text{--}112)$$
$$I_t = \gamma \frac{x_t}{s_t} + (1-\gamma)I_{t-L}$$

上述三个序列的初始值如下,其中初始季节指数有 L 个:

$$s_0 = x_0$$
$$b_0 = \sum_{i=0}^{L-1} \frac{(x_{L+i} - x_i)}{L} \qquad (4\text{--}113)$$
$$I_i = \frac{x_i}{\left(\sum_{i=0}^{L-1} x_k\right)/L} \quad (i = 0, 1, 2, \cdots, L-1)$$

4.5.7 小结

时间序列分析是一种根据动态数据揭示系统动态结构和规律的统计方法。该方法基于随机过程理论和数理统计学方法,研究随机数据序列所遵从的统计规律以用于解决实际问题。时间序列建模基本步骤是:

① 用观测、调查、统计、抽样等方法取得被观测系统时间序列动态数据。
② 根据动态数据作相关图,进行相关分析,求自相关函数。
③ 辨识合适的随机模型,进行曲线拟合,即用通用随机模型去拟合时间序列的观测数据。

本节介绍了时间序列的相关概念和方法,重点介绍了长期趋势分析、季节变动分析和循环变动分析以及基于时间序列的预测方法和模型。

第 5 章

新能源汽车的运行大数据统计分析与应用实例

随着新能源汽车产业的不断发展,新能源汽车运行数据和运营数据呈现爆炸式增长,如何通过大数据分析挖掘技术发现车辆运行数据中潜在的有价值信息是政府相关部门、新能源汽车生产销售企业以及个人消费者所关心和关注的问题。本章主要分为新能源汽车大数据应用概述、技术分析与应用、使用行为分析与应用、宏观经济分析与应用四个部分,从技术、应用和宏观经济三个维度分别介绍车辆数据挖掘的具体方法与相关结论。

5.1 新能源汽车大数据的应用概述

5.1.1 大数据标准化

数据的标准化是公开共享、公平应用、公正评估的前提。通过标准化、规范化数据表示、元数据类型和操作方式,为数据的统一存储提供基础。通过制定大数据分析技术要求、分析过程模型、可视化工具要求等标准,解决多类型数据的可靠存储问题,提高大数据处理产品的质量。

目前,新能源车辆大数据平台实时信息上报数据包含驱动电机数据(10项)、整车数据(11项)、极值数据(12项)、报警数据(10项)、车辆位置数据(3项)、燃料电池数据(12项)、发动机数据(3项)共61项。基于车联网数据标准,建立能耗支撑数据、驾驶行为支撑数据、售后服务支撑数据等数据网络,是进行安全监管、质量评估、运行统计、政策研究、数据融合等研究的前提。

未来车辆大数据最终要实现人、车和环境的深入融合,故未来大数据标准将基于"人、车、环境"三要素进行建立(图5-1)。

通过对人的学历、年龄、职业等信息进行标准化处理,可进行人的购买能力分析；基于人流量统计、出行行为统计，可进行人流热点分析和常去地点分析；基于车辆采集数据标准，采集车辆的位置信息、电池信息、能耗信息等数据，可对车辆行驶状态、安全状态、能耗情况等进行评估；建立环境标准化评估方法，考虑地方政府法规，依据周边环境的拥堵信息、路政情况、充电桩布局等信息，可实现对环境的准确评估。

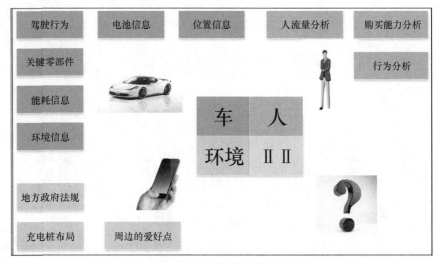

图 5-1　大数据标准化趋势

5.1.2　大数据应用领域

电动车辆大数据的应用领域主要划分为政府、商业、用户三个层次。针对不同层次领域应用对象、应用要求都有所不同。

政府需要对车辆安全、交通规划、公共安全、产业政策、环境保护方面进行管理。为推动大数据在政府管理中的运用，结合实际与需要，提出以下几点要求：

① 加强和完善大数据基础设施建设及服务功能，扩大大数据专业人才及技术引进力度。广泛应用物联网、云计算、数据实时分析产品、分布式数据处理系统等新一代信息技术，促进政务发展与信息化深度融合。

② 加快搭建统一平台，统筹大数据研发应用。从组织保障、数据采集、数据共享、数据应用等方面入手，建立部门联络、分级管理、信息保密、授权使用、考核激励等一系列机制，加强平台建设及日常管理。

③ 继续推进大部制改革，促进统一类型数据在业务部门内整合。完善大数据发展政策，围绕大数据开发及应用形成良好的治理体系。建立政务数据管理条例，对数据的所有权、使用权、知情权等一系列问题给出明确的制度界定。高度重视网络安全，出台网络空间治理相关的法律法规，针对大数据应用过程中涉及的信

息安全问题采取切实有效的保护措施。

④ 加速数据挖掘及运用,提高大数据在政府决策中的作用。有效挖掘、存储、处理、分析数据,并创新性地利用大数据辅助决策,提升公共服务水平。

商业领域主要包括公共服务、商业服务、汽车金融和汽车企业四个方面(图5-2)。

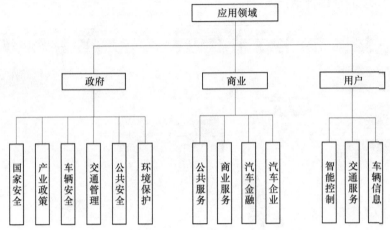

图 5-2 大数据的应用领域

在公共服务方面,通过挖掘大数据中的潜在信息,可提供更优质的公共服务,例如建设更全面高效的充换电基础设施,提供充分的保养维修服务等。而对于商业服务,大数据在市场中的应用能够实现更加精准的用户细分,更加高效的工作效率,更加个性、优质的服务体验。在汽车金融方面,可以让汽车保险定价更合理、让理赔定损更简单等。至于汽车企业,合理运用车辆大数据,可实现设计优化、车间通信、无人驾驶等功能。除此之外,对维修企业与汽配电商而言,大数据的应用,可以让配件查找更精确快捷。

用户领域主要包括智能控制、交通服务、车辆信息等方面,可以将这些方面的内容集成在 APP 终端上。通过 APP 终端的下载与应用,可以给用户提供车辆信息,提供交通服务,对车辆进行智能控制,帮助用户更好地驾驶车辆,提升驾驶体验。

5.2 新能源汽车技术分析与应用

5.2.1 动力电池系统故障分析

1. 应用背景

随着新能源汽车产业的发展,纯电动汽车的安全问题和质量问题已经成为人们关注的热点。动力电池系统作为纯电动汽车中重要的能源存储装置，在其使用过程中发挥着重要的作用。近年来频发的动力电池系统危险故障加剧了纯电动汽车消费者的担忧，因此加快动力电池系统的故障诊断和安全管理势在必行。对动力电池系统进行故障诊断，明确故障类型，定位故障位置，避免故障发生，对电动汽车的稳定性提升有十分积极的作用。

本案例通过纯电动汽车运行大数据的统计分析，研究动力电池电压的变化规律和异常波动，并据此判定故障概率，最后与实车对应，将数据统计故障诊断结论转换成实际车辆故障诊断结论。

2. 处理流程

3σ 多层次数据筛选的主要作用是运用高斯分布的概率特性，对无故障数据进行集中筛选。多层次数据筛选策略运用 3σ 准则进行筛选。图 5-3 所示为高斯分布中心值附近不同分布区间内的概率密度，从图中可以看出在 3σ 之外的概率之和只有不到 0.3%，因此事件发生在 3σ 范围之外的概率非常小。在多层次筛选算法中，给定一组中心值应该一致的数据，认为超过 3σ 范围的数据存在故障。在建立高斯分布时，高斯分布的中心位置应该减少这些故障数据的影响。因此在多层次筛选算法中，每一次筛选都会将数据组中超过 3σ 范围的数据剔除掉，并重新计算中心值。

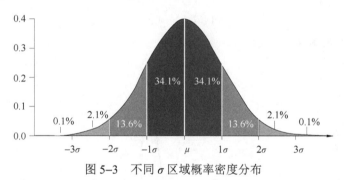

图 5-3 不同 σ 区域概率密度分布

下面以北京某车型样车在 2016 年某日行驶的行向量（物理意义为电池单体端电压）为例，对多层次 3σ 筛选过程进行解释计算。电池组中有 91 个单体，电压形成行向量 $D1$。

$D1$=［4.02 4.02 4.02 4.02 4.02 4.09 4 4.02 4.02 4 4.02 4.02 4.02 4.02 4.02 4.02 4.02 4 4.02 4.02 4 4.02 4.02 4.02 4.02 4.02 4.02 4 4.02 4.02 4.02 4.02 4.02 4.02 4 4.02 4.02 4.1 4.02 4.02 4.02 4.02 4.02 4.02 4.02 4.02 4.02 4.02 4.02 4.02 4.02 4.02 4.02 4.02 4.02 4.02 4.02 4.02 4.02 4.02 4.02 4 4.02 4.02 4.02 4.02 4.02 4.02 4.02 4.02 4.02 4.02 4.02 4.02 4.02 4.02］

从图 5-4 可以看到，在第 6 位置和第 41 位置电压值明显超出电池组电压平均水平，计算这组端电压的均值时不希望被这两个位置影响。因此在计算均值时，利用多层次筛选算法将这两个值剔除出去。

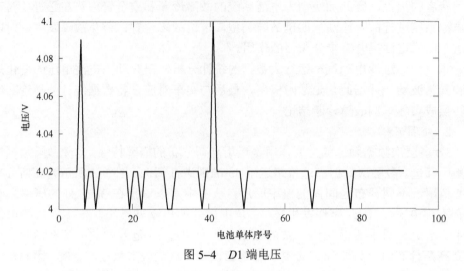

图 5-4　$D1$ 端电压

从图 5-5 中可以看到这组电池数据的中心在 4.0195 附近，标准差为 0.0130。

$$\text{mean}(D1) = 4.0195 \quad (5\text{-}1)$$

$$\text{std}(D1) = 0.0130 \quad (5\text{-}2)$$

高斯分布如图 5-5 所示。

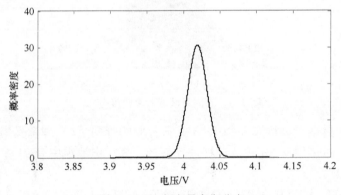

图 5-5　$D1$ 行向量高斯分布

根据多层次数据筛选算法，认为故障值在 $(\mu-3\sigma, \mu+3\sigma)$ 区间之外，计算上下限为

$$\mu + 3\sigma: 4.0195 + 3 \times 0.0130 = 4.0585 \quad (5\text{-}3)$$

$$\mu - 3\sigma: 4.0195 - 3 \times 0.0130 = 3.9805 \quad (5\text{-}4)$$

3σ 范围为

$$(3.980\,5,\ 4.058\,5) \tag{5-5}$$

第 4 位置和第 41 位置偏离值为

$$D1(6)=4.09 \tag{5-6}$$
$$D1(41)=4.1 \tag{5-7}$$

经过 3σ 第 2 层筛选，发现第 6 个数据和第 41 个数据超出 3σ 范围，筛除这两个数据，再用另一个矩阵 **D**2 记录其他数据，即

$$D2(41)=[\ ] \tag{5-8}$$
$$D2(6)=[\ ] \tag{5-9}$$

重新计算均值和标准差：

$$\text{mean}(D2)=4.017\,8 \tag{5-10}$$
$$\text{std}(D2)=0.006\,4 \tag{5-11}$$

用筛选过的数据 $D2$ 重新建立高斯分布，从图 5-6 中可以明显看到高斯分布向中心值收紧。从标准差可以看出去掉个别超出 3σ 范围的数据后，标准差下降到原来的 49.2%。

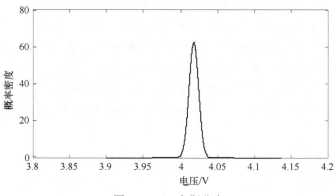

图 5-6　$D2$ 高斯分布

从图 5-7 可以看出，经过一次 3σ 筛选计算后，第二层的数据与第一层的数据中心值存在一个差值（图 5-5 中绿色直线在 x 方向投影），这个差值就代表了一次筛选后对原来中心值进行的调整。从原始 $D1$ 数据可以看到，大部分数据都落在 4.00~4.02，因此均值约为 4.01；但因为第 6 和第 41 数据异常偏大，导致均值偏离到 4.019，所以去掉个别超出 3σ 范围的数据后得到的中心值将更能反映该无故障系统整体的中心位置。这样做的目的是为了在下一步的研究中更能反映无故障系统整体的高斯分布，来定位故障或异常在高斯分布中的位置及置信水平。

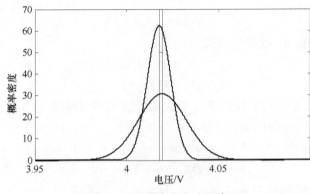

图 5-7 两次高斯分布距离

多层次 3σ 筛选算法的优点：一是这种方法一次筛选能同时去除所有超过 3σ 置信区间的数据，处理效率高；二是这种方法能按照置信区间来调整阈值。为后期车辆数目、车辆种类、不同时间等多维度的大数据处理，提供了高效的算法。在后期也大大地节省了运算的时间，提高了运算的效率。

为了后期对电池组组内电池单体之间故障规律进行预处理，该算法用故障矩阵 R 将超过 3σ 的数据位置保存。在实际中经过计算，发现一次筛选后，第二次的中心值就足够精确，因此将程序直接编写为两次筛选，提升了计算速度，简化了程序。电池系统单体端电压故障诊断模型是根据得到的端电压数据形式并结合统计学算法进行建立的，其算法流程如图 5-8 所示。

其中过程 1 到 2 为故障判定核心处理算法，其流程如下：

① 根据某时刻采集到的电动汽车电池单体实时端电压数据，建立端电压数据矩阵：

$$U_t^{(0)} = (U_{t,1}^{(0)}, \cdots, U_{t,n}^{(0)}) \tag{5-12}$$

进行高斯分布建立计算：

$$U_t^{(0)} \sim (\mu_{t0}, \sigma_{t0}) \tag{5-13}$$

② 去除 3σ 范围之外的端电压数据，并建立新的数据矩阵：

$$U_t^{(1)} = (U_{t,1}^{(1)}, \cdots, U_{t,n}^{(1)}) \tag{5-14}$$

再次进行高斯分布建立计算：

$$U_t^{(1)} \sim (\mu_{t1}, \sigma_{t1}) \tag{5-15}$$

③ 重复步骤②，对数据进行 m 次过滤得到最终理想分布：

$$U_t^{(m)} \sim (\mu_{tm}, \sigma_{tm}) \tag{5-16}$$

第 5 章
新能源汽车的运行大数据统计分析与应用实例

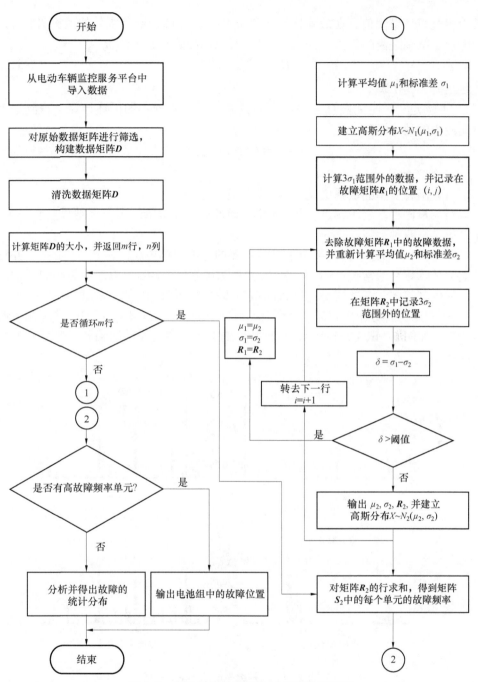

图 5-8　电池系统单体端电压故障诊断模型

④ 设定参考故障诊断范围 $(\mu_{tm} + \beta \cdot \sigma_{tm})$，对得到的最终分布进行比较判断，

其中 β 是可调节阈值。在故障诊断矩阵 $\boldsymbol{R}_t$ 中，把故障诊断范围外的数据设为 1，故障诊断范围之内的数据设为 0，建立 t 时刻的故障诊断矩阵 $\boldsymbol{R}_t$ 为

$$\boldsymbol{R}_t = (R_{t,1}, \cdots, R_{t,n}) \qquad (5\text{-}17)$$

在这里，$R_{t,i}$ =0 或 1。

⑤ 选定一个时间段 $(t_0 \sim t_1)$，进行从步骤①～步骤④的循环计算，得到这个时间段内的故障矩阵：

$$\boldsymbol{R}_t = (R_{t,1}^{\mathrm{T}}, \cdots, R_{t,n}^{\mathrm{T}})^{\mathrm{T}} \qquad (5\text{-}18)$$

3. 处理结果

（1）两种类型的故障定义

对大量同种车型车辆进行故障诊断，通过对这些车辆的大数据结果整合分析，在这里定义两种故障：

① 对于小部分车辆，某个不确定位置的电池单体电压经常超 3σ 范围，并且它们的故障频率通常超过 90%。定义这种故障为偶然故障，原因为某些偶然的问题（如生产问题、意外情况）导致的该单体故障概率比较大，如图 5-9a 所示。

② 对于大部分车辆，有一个或几个固定位置的电池单体，它们的故障频率低于 35%，如图 5-9b、c、d 所示。这种故障的原因主要是设计缺陷和一些固有的系统问题。

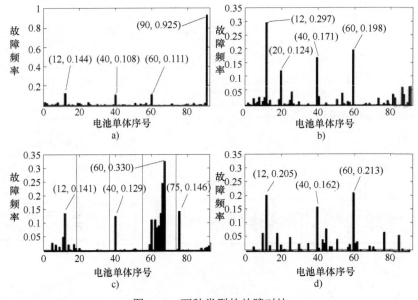

图 5-9　两种类型的故障对比

（2）实车对照分析

建立 3 层的 BP 神经网络来对第二种故障进行特征拟合。用大量的数据样本

对诊断结果进行计算,第二种故障的统计规律如图 5-10 所示。其中位置编号为 12、40、60 的电池单体,故障程度较为严重。下面对此数据挖掘规律并进行实车对应分析。

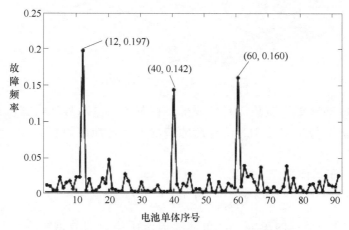

图 5-10　神经网络拟合第二种故障的统计规律

研究的某车型的电池组排布如图 5-11 所示。从图中可以看出电池组的排布为：1~58 号电池为卧式排布；59~91 为立式排布。我们用三维视图对电池组中单体进行描述,并将故障电池单体及其临近部分在实车电池组中用红色圆圈标识出来,如图 5-12 所示。实车对照的诊断结果表明在纯电动汽车的电池组的前底部,电池单体的故障概率更大。

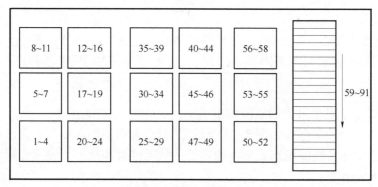

图 5-11　电池组排布图

4. 在时间维度上电池的故障诊断
（1）建立以天为单位的时间维度上的月度诊断模型
为了分析在一段时间内的电池故障状态的特性和变化,本案例建立了以天

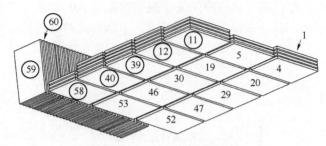

图 5-12 实车故障发生位置

为单位的纯电动汽车电池故障月度分析。将车辆的电池故障状态以天为单位进行统计和分析，得到在短期时间跨度的情况下，电池故障状态的改变。其算法如下：

纯电动汽车单体端电压数据：

$$U_{\text{mouth}} = (U_1^{\text{T}}, U_2^{\text{T}}, \cdots, U_i^{\text{T}})^{\text{T}} \tag{5-19}$$

式中，U_{mouth} 是一个月内车辆电池单体端电压所构成的数据矩阵；U_i 是车辆每天电池单体端电压构成的数据矩阵。经故障诊断算法计算后，得到整月的故障矩阵为

$$R_{\text{mouth}} = (R_1^{\text{T}}, R_2^{\text{T}}, \cdots, R_i^{\text{T}})^{\text{T}} \tag{5-20}$$

式中，R_{mouth} 是整月的故障矩阵；R_i 是第 i 天的故障矩阵。

一个月的故障频率矩阵由故障矩阵计算得

$$FF_{\text{mouth}}^j = \frac{1}{n} \sum_{i=1}^{n} R_{\text{mouth}}^{i,j} \tag{5-21}$$

式中，i 是第 i 天的故障矩阵；j 指电池单体在电池组中的编号；FF_{mouth}^j 是电池组中第 j 个电池单体整月的故障频率；$R_{\text{mouth}}^{i,j}$ 是 R_{mouth} 矩阵中第 i 行 j 列的值。

$$FF_{\text{mouth}} = (FF_{\text{mouth}}^1, \cdots, FF_{\text{mouth}}^j, \cdots, FF_{\text{mouth}}^n) \tag{5-22}$$

式中，FF_{mouth} 是整个月份的故障频率矩阵。

整月的故障频率矩阵如图 5-13 所示，从图中可以得到在以月份为跨度的时间段内，电池单体的性能状态是基本稳定的，故障位置和故障程度也相对稳定，不会发生较大的改变。

（2）建立以季度为单位的时间维度上的年度诊断模型

为了分析在较大时间跨度上的纯电动汽车电池的故障特性和变化，建立以季度为单位的年度故障诊断分析模型。下面分析北京地区纯电动汽车全年的故障情况，以季度为单位运用神经网络模型拟合每个季度的故障分布。

第 5 章
新能源汽车的运行大数据统计分析与应用实例

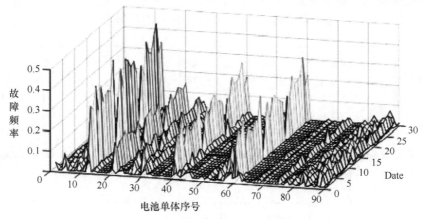

图 5-13 整月故障频率矩阵

纯电动汽车单体端电压数据为

$$U_{\text{year}} = (U_{\text{Spring}}^{\text{T}}, U_{\text{Summer}}^{\text{T}}, U_{\text{Autumn}}^{\text{T}}, U_{\text{Winter}}^{\text{T}})^{\text{T}} \tag{5-23}$$

式中，U_{year} 是全年的电动车辆电池单体端电压矩阵；U_{Spring}、U_{Summer}、U_{Autumn} 和 U_{Winter} 分别是四个季度的纯电动汽车电池单体端电压矩阵。

春、夏、秋、冬四季电池电压数据为

$$U_{\text{Spring}} = (U_2^{\text{T}}, U_3^{\text{T}}, U_4^{\text{T}})^{\text{T}} \tag{5-24}$$

$$U_{\text{Summer}} = (U_5^{\text{T}}, U_6^{\text{T}}, U_7^{\text{T}})^{\text{T}} \tag{5-25}$$

$$U_{\text{Autumn}} = (U_8^{\text{T}}, U_9^{\text{T}}, U_{10}^{\text{T}})^{\text{T}} \tag{5-26}$$

$$U_{\text{Winter}} = (U_{11}^{\text{T}}, U_{12}^{\text{T}}, U_1^{\text{T}})^{\text{T}} \tag{5-27}$$

式中，$U_1 \sim U_{12}$ 分别为 1 月~12 月的电池单体端电压数据矩阵。

四季的故障频率为

$$FF_{\text{Spring}} = (FF_2^{\text{T}}, FF_3^{\text{T}}, FF_4^{\text{T}})^{\text{T}} \tag{5-28}$$

$$FF_{\text{Summer}} = (FF_5^{\text{T}}, FF_6^{\text{T}}, FF_7^{\text{T}})^{\text{T}} \tag{5-29}$$

$$FF_{\text{Autumn}} = (FF_8^{\text{T}}, FF_9^{\text{T}}, FF_{10}^{\text{T}})^{\text{T}} \tag{5-30}$$

$$FF_{\text{Winter}} = (FF_{11}^{\text{T}}, FF_{12}^{\text{T}}, FF_1^{\text{T}})^{\text{T}} \tag{5-31}$$

式中，$FF_1 \sim FF_{12}$ 分别为 1 月~12 月的故障矩阵。

如图 5-14 所示，在北京地区，当车辆运行在春、夏、秋三个季节时，电池运行的性能差距较小，故障的位置和频率相对稳定。然而在冬季，电池故障频率上升得非常显著。四个季节的电池故障频率为 [0.0200, 0.0191, 0.0195, 0.0384]。

其值在夏季最低,在冬季最高,并且在冬季故障频率比其他三个季节平均要高出96%。同时,这个结果也量化地反映了电池在冬季的故障程度。

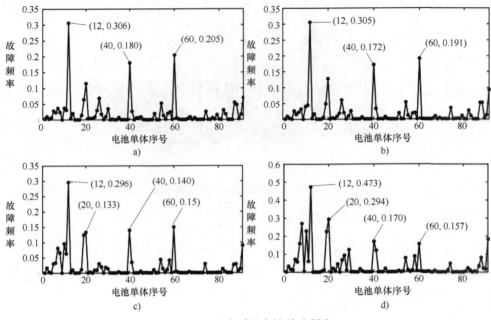

图5-14 四个季节电池故障频率

5.2.2 动力电池系统健康状态评估

1. 应用场景

动力电池电压故障是动力电池主要故障之一,目前比较有效的电压故障预警管理办法非常少,尤其针对实际运行中的车辆,大多数方法仍是基于实验数据开展的研究。所以对新能源汽车动力电池系统进行早期故障评估和预警研究是非常必要的。目前大数据挖掘方法更多的是用于大数据平台的管理与服务,尤其是对于新能源汽车大数据管理平台的数据展示、运行数据分析、故障数量统计等方面具有得天独厚的数据优势。但是随着纯电动汽车安全事故频发和各种电压故障的增加,急需一种可以对动力电池电压安全实时评估和预警的方法。

2. 处理流程

(1)香农熵和Z分数

香农熵的概念是由香农在1984年提出来的,主要用来解决信息量化度量问题,目前被广泛应用在信息科学、图像处理等众多领域,其中主要用在对系统的混乱程度的描述。计算公式为

$$H(x) = -\sum_{i=1}^{n} P(x_i) \log P(x_i) \tag{5-32}$$

其中，$H(x)$ 为样本熵值；$P(x_i)$ 为在第 i 区间内的时间发生的概率密度；n 为区间个数。

Z 分数（Z-score）也叫标准分数（standard score），在统计和金融领域具有风险预测的功能，是一个分数与平均数的差再除以标准差的过程。用公式表示为：

$$Z = (x-\mu)/\sigma \tag{5-33}$$

式中，x 为某一具体分数；μ 为平均数；σ 为标准差。

Z 的值代表原始分数和母体平均值之间的距离，是以标准差为单位计算。在原始分数低于平均值时，Z 为负数；反之则为正数。标准分数可以表示一个给定分数距离平均数多少个标准差，在平均数之上的分数会得到一个正的标准分数，在平均数之下的分数会得到一个负的标准分数。

标准分数是一种可以看出某分数在分布中相对位置的方法。标准分数能够真实地反映一个分数距离平均数的相对标准距离。如果我们把每一个分数都转换成标准分数，那么每一个标准分数会以标准差为单位表示一个具体分数到平均数的距离或离差。

为检测异常的电池单体，确定一个合理的实时检测和评估标准，建立基于 Z 分数的异常系数，计算公式如下：

$$A = \frac{|E - E_{\text{ave}}|}{\sigma_E} \tag{5-34}$$

式中，E 为某一电池单体香农熵值；E_{ave} 为香农熵值平均值；σ_E 为香农熵值的标准差。

在熵值计算过程中，需要不断地进行迭代处理。但是随着采集车辆运行数据量越来越多，计算量就越来越大，对电脑硬件要求较高，对实时监测提出了更高的要求。因此需要对香农熵的计算方法进行适当修正以满足实时在线的检测需求，改进后的电压异常诊断和预警算法流程图如图 5-15 所示。

（2）电压预警处理

本案例是基于国家级新能源汽车监控管理与服务平台（National Service and Management Center for Electric Vehicles，NSMC-EV）的数据展开研究的。

为了验证该方法的可行性、稳定性和可靠性，选择京 B1Y×××的实车监控数据进行分析，所有数据都是来自于 NSMC-EV 的实车实时监控数据。京 B1Y×××于 2016-05-09 的 09:50:16～10:10:16 发生了过压报警（单体电压大于 3.6V，属于大数据平台二级故障）。分析故障发生前 1 小时和前一天的数据，并画出其电压曲线以及熵值曲线。图5-16a和b分别显示故障发生前1小时的电压曲线和熵值曲线，图5-16c和d分别表示故障发生前一天的电压曲线和熵值曲线。可以看出，71号单体的电压发生了故障并具有异常变化，且熵值曲线变化异常。由此可以推断，我们至少可以提前1小时或者提前一天将即将发生异常的单体电池检测出来。

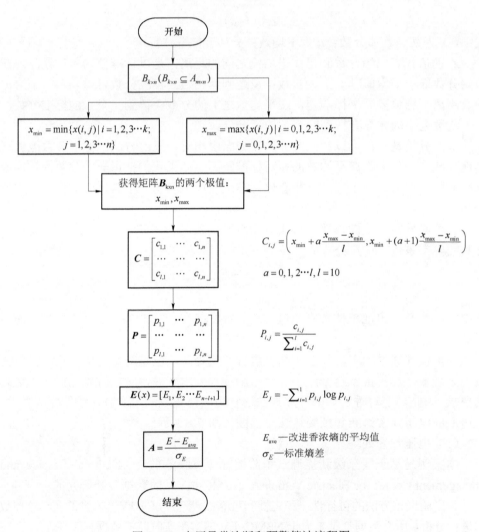

图5-15 电压异常诊断和预警算法流程图

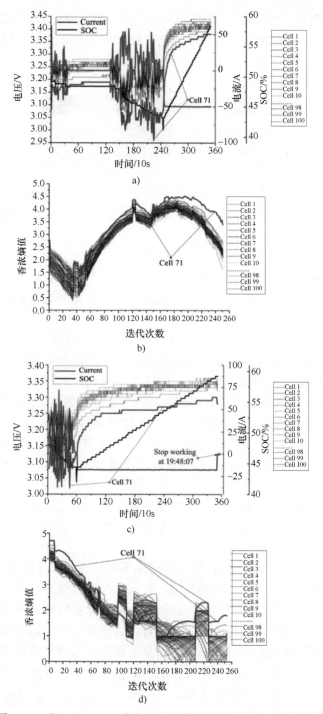

图 5-16 京 B1Y×××发生过压报警前的电压曲线和香浓熵值

为实现精确的电压故障预测,我们从大数据平台提取了大量的实车监测数据,并对该方法进行了分析验证。通过试错法,根据异常系数 A 的值将电压健康状态实时评估和预警策略分为三个级别,如图 5-17 所示。

图 5-17 电压健康状态实时评估和预警策略

第 1 级:当所有的单体异常系数都符合$|A|\leqslant 3.5$ 时,被检测车辆的动力电池电压无异常,是安全状态。

第 2 级:当任何一个单体的异常系数符合 $3.5<|A|<4$ 时,被检测车辆的动力电池在二级预警状态,其中有异常电压但是暂时无电压故障风险。在这种情况下,继续观察几个小时,因为可能是由于车辆运行状态突变引起误报警。当电压异常系数下降到$|A|\leqslant 3.5$ 时,二级预警消除。

第 3 级:当任何一个单体的异常系数符合$|A|\geqslant 4$(图 5-17)时,被检测车辆的动力电池发出异常报警。该电池组检测到异常电压,若不及时采取过电压报警或欠压报警等措施,有可能会发生电压故障或者热失控。

图 5-18 所示为京 B1Y×××不同时期的异常系数曲线。根据图 5-17 所示的电压健康状态实时评估和预警策略,71 号单体的异常系数均符合$|A|\geqslant 4$,都属于第三级预警,京 B1Y×××的动力电池发出异常报警。所以 71 号单体肯定至少前一天(2016-05-08 18:48:17~19:48:17)就已经存在电压异常波动,如图 5-18c 所示。结果表明,该方法可预先检测 71 号单体的异常电压,避免过电压故障报警。结果表明,该方法能够可靠准确地实时评估电压健康状态,并可以预测电池组内电压故障的时间和位置,在电压故障前发出异常警告。

3. 处理结果

基于新能源汽车大数据平台,提出了电池系统电压故障诊断与实时预测方法,可以实现电压健康状态实时评估和预警,将改进的香农熵应用于监测数据分析。分析结果表明,改进后的香农熵可以通过较小的计算量检测出具有异常电压的单体电池,有效地预测异常发生的时间和位置。这使得它在实际的动力电池安全管理系统中可以得到有效的实现。通过对大量不同的监测数据进行分析,验证了该方法的可行性、稳定性、可靠性和预测能力。该方法不仅适用于新能源汽车,也适用于具有复杂异常起伏环境的其他应用领域。

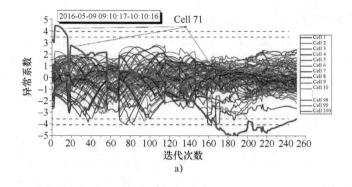

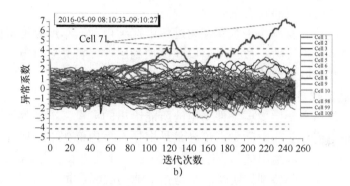

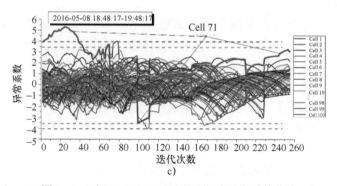

图 5-18　京 B1Y×××不同时期的异常系数曲线

5.2.3　动力电池系统梯次利用分析

1. 应用场景

随着新能源汽车的逐步产业化，动力电池的产量将大幅提高，随之而来的问题是，不再适用于电动汽车上的动力电池该如何回收和处理。动力电池中含有铅、镍、钴、锂等金属材料和电解液，一旦废弃的动力电池不能得到有效的回收处理，不仅会造成资源浪费，对环境污染也尤为严重。

根据国家有关规定，当锂离子电池容量衰退至额定容量的80%时，就不再适合在纯电动汽车上继续使用，为降低整车成本，在锂离子电池各功能元件有效、没有破损、外观完好的情况下，可对其进行梯次利用。梯次利用是指某一个已经使用过的产品已经达到原生设计寿命，再通过其他方法使其功能全部或部分恢复的继续使用过程，且该过程属于基本同级或降级应用的方式。车用退运锂离子动力电池，可用于储能系统或低速电动车；再次淘汰下来的锂离子电池即可进行回收、拆解和再生。通过梯级利用方式来延长电池的使用寿命，让锂离子动力电池的性能得到充分的发挥，降低动力电池全寿命周期成本及整车成本，对于推动新能源汽车行业的健康发展具有重要意义。

由于动力电池本身制作工艺和使用过程中在纯电动汽车所处位置的不一致，导致退运电池特性不一致。故在退运电池梯次利用前，首先要对电池各个参数特性进行研究，其中以电池的容量特性、内阻特性为主。

2. 梯次利用锂离子电池容量特性

电池容量是指在一定放电条件下电池所能给出的电量。电池容量直接影响电池的最大工作电流和工作时间。理论容量是根据电池内部化学变化计算的，额定容量是由电池生产厂商给出的。理论容量和额定容量只是未使用电池的参考指标，本节中所用的容量，除特别标明时，都是指电池的实际容量。

（1）容量测试

梯次利用锂离子动力电池容量测试包括电池箱容量测试和单体电池容量测试。若电池处于长期搁置状态，则在容量测试之前要通过几次充放电循环，对电池进行磨合。

《电动汽车用锂离子蓄电池》（QC/T 743—2006标准）规定：单体电池需按照厂家提供的专用规程进行充电，若厂家未提供充电器，在（20±5）℃条件下，蓄电池以 $1I_3$（3h 放电电流，A）放电，至电池电压达到 3.0V（或企业技术条件中规定的放电终止电压）时停止放电，静置1h，然后在 20℃±5℃ 条件下以 $1I_3$（A）恒流充电，至电池电压达 4.2V（或企业技术条件中规定的充电终止电压）时转恒压充电。充电电流降至 $0.1I_3$ 时，停止充电，充电后静置1h。据此，建立电池容量标定步骤见表5-1。

表5-1 电池容量标定

步骤	操作过程	结束条件
1	25℃恒温箱静置	4h
2	1/3C 恒流充电	至充电截止电压或 4.2V
3	恒压充电	至电流降至 0.05C

（续）

步骤	操作过程	结束条件
4	静置	1h
5	1/3C 恒流放电	至放电截止电压或3V
6	静置	1h
7	重复步骤2~步骤6	直至相邻两次测试放出容量相差不到±10%

（2）容量不一致性分析

应用上述电池容量测试方法，以2008年北京奥运会某辆电动大客车退运电池为例，分析电池容量的不一致性。

实际测试得到各个电池箱容量值如图5-19所示。其中6号电池箱容量明显低于其他箱。后续对单体电池测试发现6号电池箱中6-1号单体电池实际容量为144A·h，衰退至额定容量的40%。6-1号单体电池在电池箱容量测试过程中首先达到充放电截至电压，使得6号电池箱容量值不到144A·h，也使退运前该车整车电池放电容量不到144A·h，严重拉低整车电池最大可用容量，导致其他电池容量浪费。这说明某个单体电池坏死将影响整车电池容量。如果在车运行时替换出这节坏死电池，则整车容量值可以达到180A·h，最大可用容量将提高10%。在未来新能源汽车的发展中，单体电池容量的定时检测必不可少，采用替换法更换坏死电池，有利于提高整车电池容量值，延长电池使用寿命。从图5-19中也可以看出其他电池箱容量也有一定的差异，而容量衰退的不一致性主要是由于电池的摆放位置、温度、振动程度、连接情况等不同造成的。

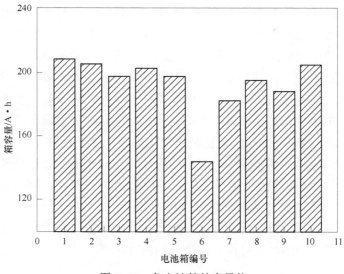

图5-19 各电池箱的容量值

对该车中各小箱内的电池单体进行容量值测试,结果如图5-20所示。从图中可以看出单体电池在电池箱内容量分布随机,并无一定规律,这是因为箱内单体电池热场分布和受到的振动情况较为复杂。同时,电池箱容量偏低,并不是单体电池容量均偏低,而是一致性较差导致电池箱容量利用率降低。

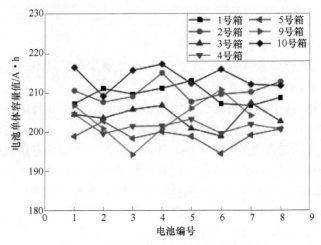

图5-20　各电池箱内单体电池的容量值

(3) 容量分布特性

为了得到电池的容量分布特性,以某辆奥运电动汽车用锂离子电池的全部单体为总体,假设全部单体的容量服从正态分布,对94个单体为样本的容量数据做非参数检验,包括K-S检验和S-W检验。K-S检验与S-W检验的原假设是数据服从指定的分布,当sig(显著性指标,表征假设与实际平均值相等的概率)大于0.05时,说明数据服从指定的分布。sig越大,越能说明数据服从指定的分布。当样本含量$n \geqslant 2000$时,结果以S-W检验为准,K-S检验结果作为参考。检验结果表明,单体电池容量呈正态分布,近似服从$N \sim$(200,34)。另外,对另一辆奥运电动汽车的单体电池分布做非参数检验,检验结果仍呈正态分布,近似服从$N \sim$(200,12)。两辆车的电池容量分布对比如图5-21所示。

从图中可以看出两辆奥运电动汽车均服从正态分布,且分布类似,说明运行工况相似的电动汽车,电池使用历史相似,电池衰退容量分布具有一定的相似性。

3. 梯次利用锂离子动力电池的内阻特性

电池内阻是电池性能最为重要的参数之一,是表征电池寿命及电池健康状态的重要参数,了解电池内阻特性对梯次利用具有重要意义。

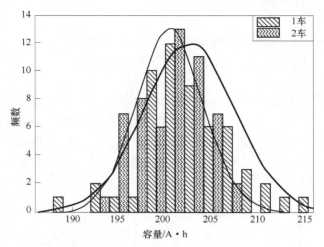

图 5-21　单体电池容量分布图

（1）内阻测试

电池内阻的测试包括欧姆内阻和极化内阻的测试。直流内阻的测量方法采用复合脉冲电流法，通过测量电池输入电流阶跃信号 ΔI 并测定对应的电压变化值 ΔU，利用欧姆定律得到直流内阻 $R = \Delta U / \Delta I$。电流对应的电压响应如图 5-22 所示，当电池开始放电后，有一个瞬间压降 V_1，这是由电池的欧姆内阻引起的。欧姆内阻引起的电压变化一般维持很短时间，一般认为在 1s 以内。本文选择 1s 直流内阻作为欧姆内阻。电压突降之后开始缓慢下降，这主要是由电池的极化内阻引起的。为了防止电池的 SOC 发生变化引起压降，选择 1~10s 内阻为极化内阻。

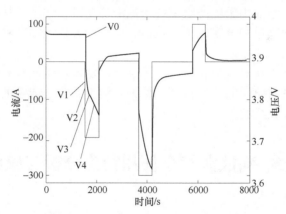

图 5-22　复合脉冲电流及电压响应

具体的内阻测试步骤如下：

① 电池置于 25℃恒温箱 1h。

② 以 1/3C 电流恒流充电至单体截止电压，转恒压充电至电流降至 0.05C，

静置 1h。

③ 以 1/3C 电流恒流放出 50% 的实际容量，静置 1h。

④ 以 1/3C 电流进行脉冲放电 10s，静置 1h，停止。

（2）内阻分布特征

同样以某奥运电动汽车为例，分别测试单体电池的欧姆内阻和极化内阻。为得到电池的内阻分布特性，做与上述容量相同的假设检验。结果表明欧姆内阻和极化内阻均呈近似正态分布。欧姆内阻近似服从 $N(0.46, 0.0021)$ 的分布，极化内阻近似服从 $N(0.066, 0.00024)$ 的分布。画出单体电池拟合统计分布曲线，如图 5-23 和图 5-24 所示：

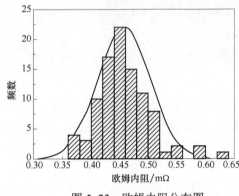

图 5-23 欧姆内阻分布图

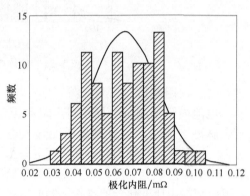

图 5-24 极化内阻分布图

4. 结论

车用退运动力电池由于电池组中各个电池的温度、通风条件、自放电程度等差异，造成了电池容量和电阻的不一致性。进一步分析电池容量、内阻的分布特征，发现都满足正态分布。

利用上述测量方法对电池容量、电阻进行标定，退运没有利用价值的电池，同时考虑电池容量、电阻的分布特征，作为电池重新筛选成组的依据，对情况相近的电池单体进行成组利用。

新能源汽车使用行为分析与应用

5.3.1 驾驶行为分析与应用

1. 应用场景

驾驶员的驾驶行为和驾驶习惯对于车辆的能耗有很大的影响。基于面向大数据的驾驶行为分析，可以实现优化驾驶员行为的功能。其中能耗分析是具有很大应用价值的领域，可以帮助运营单位降低能耗成本，减少车辆故障的识别和诊断成本。要进行驾驶行为和能耗分析，首先需要建设以下四部分基础能力：

（1）道路线路识别

① 根据车辆行驶过程中 GPS 反馈的地理信息，结合外部信息能准确识别行驶道路，即所在地区以及道路名称。同时为了解车辆的运行环境，需要对其所在地的天气数据进行爬取。爬取的内容包括天气数据、气温数据、空气质量数据、降水量数据等，要求数据至少每 4 小时更新一次，并将数据保存在大数据分析平台中。

② 结合识别出来的道路以及站点位置信息识别行驶公交路线，识别信息包括具体的公交路线、公交起始站、公交线路中的停靠站点等，要求每个月更新一次。

③ 结合行驶信息识别目前车辆所在道路的路况。

（2）驾驶行为分析

① 实现对全气候驾驶的各种驾驶行为以及车辆各种行驶指标的统计，驾驶行为主要考虑驾驶的舒适性以及安全性。

② 结合车辆的行驶指标，分析指标与能耗之间的内在关联，考虑到车辆能耗与公交工况强相关，因此需要针对不同的线路优化驾驶行为模型，并排除公交工况的影响因素，从而使驾驶行为模型更准确。相同公交线路的工况会随着车辆的增加或道路规划的变化而变化，因此相同线路的驾驶行为模型也需要具有优化升级的功能，防止模型准确度下降。

（3）安全/节能驾驶指导

① 找出和能耗相关性较强的关联因子，实现驾驶行为与能耗之间的关系关联分析。

② 结合驾驶行为与能耗之间的关联分析，在兼顾安全的前提下，以提高能耗指标为优化目标，为驾驶员提供指导，在驾驶员按照指导意见的操作下，要求能耗下降或者有下降趋势。

③ 实时路线的最优化选择。

（4）其他功能部分

① 具备能耗地图功能，包括同车型不同路线能耗对比、同车型不同区域能耗对比。

② 具有结合驾驶员驾驶习惯和能耗的整车关键系统与部件的故障监控预测功能。

2. 处理流程

驾驶行为分析—能耗分析服务平台核心处理流程包含以下 4 个部分：

① 数据采集。数据按照数据采集标准规定的频率、采集字段以及传感器的灵

敏度进行采集汇总。

② 数据的整合。通过建立完备的数据整合机制，从多源异构的数据平台，将车机数据、路网数据、公交线路数据、环境数据、驾驶人员数据进行有效的整合，为驾驶行为分析及能耗分析提供数据基础。

③ 立体化分析，通过微观指标，从人、车、路线、地区等多维度分析，以建立能耗微观模型、驾驶行为评价体系、绿色驾驶线路画像和绿色驾驶人员画像。

④ 数据服务化，将数据通过服务行驶完成价值转化，为主机厂提供能耗分析结果，为公交公司提供能耗分析管理工具，为公交车驾驶人员提供绿色驾驶教练功能。

3. 处理结果

（1）整合公交、天气、线路数据与车机数据

从网站上爬取公交车辆站点信息以及通过轨迹查询平台获取公交车辆轨迹，结果如图5-25所示。

- 北京,1路(四惠枢纽站-老山公交场站),四惠枢纽站,116.502814,39.912695
- 北京,1路(四惠枢纽站-老山公交场站),八王坟西,116.481685,39.914252
- 北京,1路(四惠枢纽站-老山公交场站),郎家园,116.476507,39.914065
- 北京,1路(四惠枢纽站-老山公交场站),大北窑东,116.471418,39.914304
- 北京,1路(四惠枢纽站-老山公交场站),大北窑西,116.46146,39.914145
- 北京,1路(四惠枢纽站-老山公交场站),永安里路口西,116.454853,39.914255
- 北京,1路(四惠枢纽站-老山公交场站),日坛路,116.448673,39.914359
- 北京,1路(四惠枢纽站-老山公交场站),北京站口东,116.435265,39.914567
- 北京,1路(四惠枢纽站-老山公交场站),东单路口西,116.422595,39.914532
- 北京,1路(四惠枢纽站-老山公交场站),天安门东,116.408087,39.914186
- 北京,1路(四惠枢纽站-老山公交场站),天安门西,116.400097,39.913906
- 北京,1路(四惠枢纽站-老山公交场站),西单路口东,116.384525,39.913394
- 北京,1路(四惠枢纽站-老山公交场站),复兴门内,116.364874,39.913093
- 北京,1路(四惠枢纽站-老山公交场站),南礼士路,116.356624,39.912989

图5-25 公交车辆站点及轨迹查询平台获取公交车辆轨迹

（2）基于公交线路的数据治理与线路识别

基于 GIS（Geographic Information System，地理资讯系统）进行道路及公交线路匹配，进行既有线路匹配，找出 GPS（Global Positioning System，全球定位系统）偏移或丢失的坐标点数据并修复，如图 5-26 所示。若存在未知线路及未知站点，可基于随机空间游走模型，帮助识别未能通过采集获得的公交线路，最终形成公交线路识别的最佳实践。

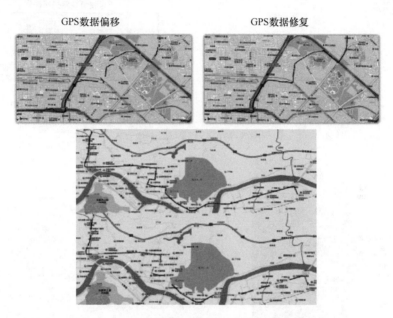

图 5-26　GPS 偏移（或丢失）坐标点数据修复

（3）线路拥堵识别

建立路线拥堵预警模型，为驾驶员实时提供行驶路线拥堵状况，帮助驾驶员合理规划出行路线，如图 5-27 所示。

（4）能耗分析立体化

① 对全国、省份、城市、线路等多个级别的典型工况进行能耗分层次分析研究，建立各个级别的能耗热力图，如图 5-28 所示。

② 建立绿色驾驶能耗模型，其中能耗模型分析因子主要包括环境、驾驶时长、速度、平稳度和驾驶时段五个方面。基于能耗模型，构建绿色驾驶行为评价体系，帮助提醒驾驶员绿色驾驶，如图 5-29 所示。

③ 绿色驾驶能耗监测相关数据产品展示如图 5-30 所示。该产品能够监控车辆在行驶过程中的能耗情况并进行评估打分，帮助驾驶员合理规划出行路线。图 5-31 是对某一车辆的能耗分析报告，可对车辆的能耗进行定性的评价。

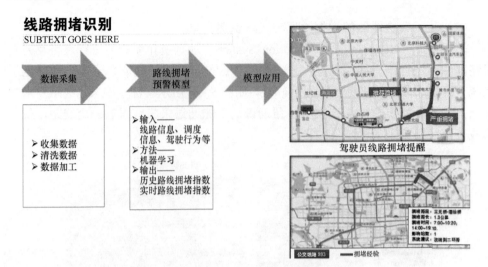

图 5-27　线路拥堵识别

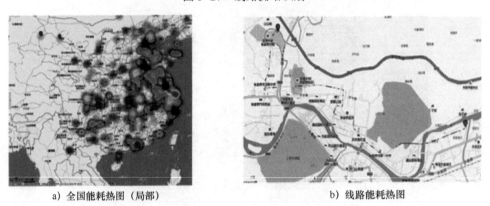

a）全国能耗热图（局部）　　　　　　b）线路能耗热图

图 5-28　全国能耗热力图（局部）及线路能耗热图

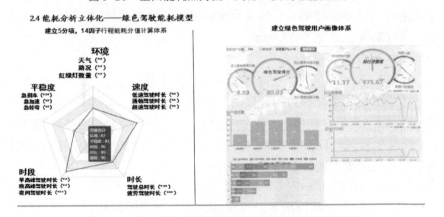

图 5-29　能耗模型分析因子与用户画像体系分析图

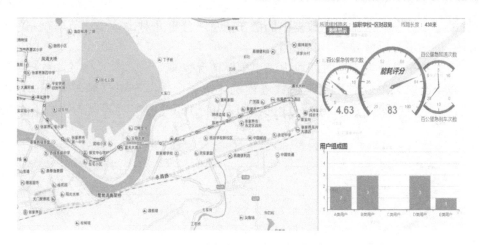

图 5-30　车辆行驶过程能耗情况图

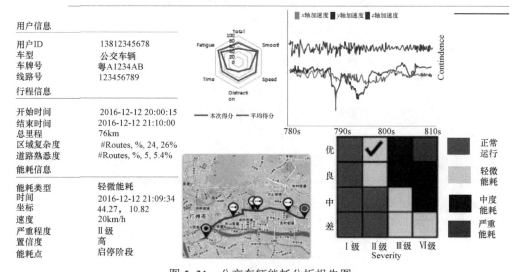

图 5-31　公交车辆能耗分析报告图

5.3.2　充电行为分析

1. 应用场景

新能源汽车作为一种特殊的用电负荷，它的充电行为具有随机性和间歇性。因此我们需要充分了解车辆充电行为的特点并在充电设施、电力调度上做出改善。利用大数据对车辆充电行为进行分析，可以更好地得出车辆充电行为的变化特点，并进一步分析原因，在充电桩建设等方面做出改进。

2. 处理流程及处理结果

按季节分类，收集北京市 2016 年每个季节纯电动出租车充电数据，按照数据挖掘的基本方法，挖掘充电数据中的潜在信息，分析并对比每个季节车辆充电行为，并进一步分析差异产生的原因。

（1）按季节分类不同时间段内充电车辆情况

以半小时为单位对充电车辆数进行统计，每个季节充电高峰时段规律基本相当。充电时间集中在 20:30～03:00 和 12:30～16:00 两个时间段内，如图 5-32 所示。

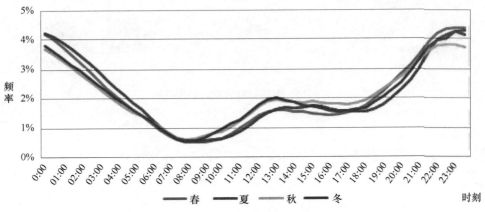

图 5-32　不同时间段充电车辆数情况

（2）按季节充电开始 SOC 值占比

春季由于气温比较适宜，驾驶中不使用空调设备，驾驶员减少了对续驶里程的忧虑，故充电开始 SOC 值在 0%～20%的频率明显高于其他季节。由于冬季气温较冷，电池的损耗增加，驾驶员对续驶里程的忧虑增加，在 SOC 为 50%～100%开始充电的频率明显高于其他季节，如图 5-33 所示。

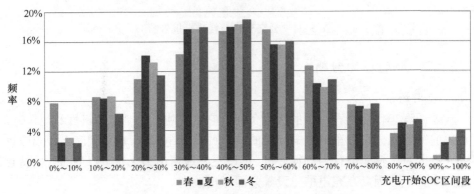

图 5-33　不同区间段充电开始 SOC 频率图

(3) 按季节每日充电开始时刻频率图

如图 5-34 所示，按照半个小时分段统计显示，充电时长频率峰值出现在夜间 21:00～04:00 时间段内，中午 11:30～15:00 时间段也出现充电时长的小高峰，说明驾驶员会在中午进行短时的补电。冬季和秋季在中午高峰段内的频率略高于春季和夏季，冬季和秋季中午时段充电峰值开始的时间也略微比秋季和冬季提前，间接说明冬季电动出租车充电需求更大。

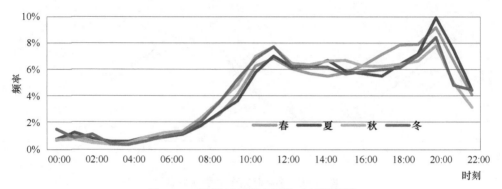

图 5-34 不同时刻充电开始时刻频率图

(4) 按季节不同时间段充电时长情况

如图 5-35 所示，按照半个小时分段统计显示，充电时长频率峰值分别在 21:00～04:00 时间段和 12:00～15:00 时间段内。说明更多驾驶员在冬季倾向于晚上对出租车进行充电。

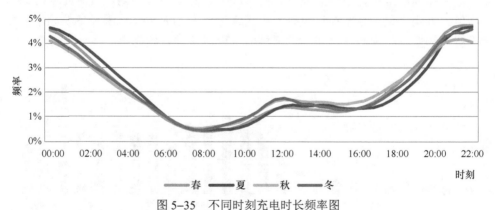

图 5-35 不同时刻充电时长频率图

(5) 按季节不同时间段平均充电量情况

如图 5-36 所示，按照半个小时分段统计显示，充电量频率最高峰值在 11:30～13:00 时间段，次高充电量峰值在 14:00～15:00 时间段，另一个充电量峰值在 22:30～23:00 时间段，充电量与充电时长并未同步变化，说明有快充慢充的情况存在。且出租车会在中午和下午这两段时间，进行大量的快充补电，为下午运营做好准备，同时大部分新能源出租车也会选择在夜间对车辆进行慢充充电。同时对不同季节的充电量进行比较，可以看出，冬季进行快充补电的充电量明显大于秋季，秋季进行快充补电的充电量明显大于春季和夏季，这说明随着天气的渐渐变冷，纯电动汽车需要的快充充电量也随之增加。

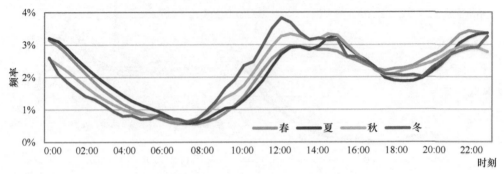

图 5-36　不同时刻充电量频率图

（6）按季节每日首次充电时刻频率图

由图 5-37 可看出，每季度充电开始时刻频率变化基本一致，春季和夏季的变化相近，秋季和冬季的变化相近。11:00～13:00 时间段内，首次充电时刻有一个小高峰。这段区间内，秋季和冬季频率明显高于春季和夏季，说明在这两个季节，驾驶员更加提前地进行车辆的补电。在 20:00～22:00 时间段内，首次充电时刻出现峰值，说明大量出租车在这段时间内结束运营开始充电，秋季和冬季频率明显低于春季和夏季，说明秋季和冬季更早地结束运营并开始充电。

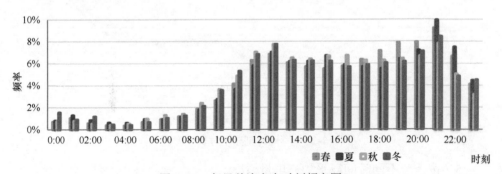

图 5-37　每日首次充电时刻频率图

（7）2016 年单车日均充电量情况

如图 5-38 所示，对每个月份日均充电量情况进行统计做出以下树状图，不同方块的面积对应每月日均充电量情况。冬季充电量最大，春季充电量最小，秋季和夏季充电量情况相当。1月份的日均充电量大于其他月份，5月份的日均充电量最小。

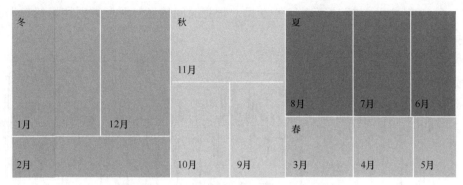

图 5-38　不同月份单车日均充电量树状图

5.3.3　行驶里程分析

1. 应用背景

近年来，北京市政府一直鼓励和支持公共服务企业和个人使用新能源汽车，并努力构建绿色、低碳、环保的城市环境。在公共交通领域，北京市已先后在公交、环卫、出租等领域开展新能源汽车示范应用。2009年9月，北京市试点运营30辆环卫车。2011年1月，延庆试点运营了50辆纯电动出租车。2011年6月，1060辆纯电动环卫车和50辆公交车投入示范运营。到2012年年底，公共服务领域新增3000辆新能源汽车。得益于政府的大力推广，截至2016年年底，北京市电动出租车的数量已经增加到2164辆。然而，目前纯电动汽车普遍存在着续驶里程不足和充电时间较长等问题。在目前的动力电池和新能源汽车技术背景下，为了充分利用续驶里程，减少消费者的里程焦虑，研究行驶里程的影响因素并为驾驶员提供驾驶建议以尽可能延长行驶里程具有重要意义。

2. 处理流程

基于对车辆历史运行监控数据的分析，可以发现电动出租车日行驶里程均在一定范围内波动。图5-39展示了某出租车2016年行驶日的行驶里程变化情况，该纯电动车汽车日行驶里程在44~366km的范围内波动，全年内的日均行驶里程为254.6km。通过本案例的研究，发现行驶里程受许多因素影响，包括环境温度、驾驶行为和充电行为等。本案例将详细分析以上三个因素对行驶里程的影响。

（1）环境温度

动力电池的性能很容易受到温度的影响，因此环境温度在很大程度上会影响纯电动汽车的能耗和行驶里程。为了研究温度与行驶里程之间的关系，我们收集并分析了 2016 年北京地区每日的环境温度数据以及实验车辆的行驶里程数据。图 5-40⊖展示了 2016 年北京地区的温度变化情况，图中阴影区域代表每日的温度变化范围，实线代表每日的平均温度。同时从新能源汽车监控平台中导出了 10 辆实验车辆的历史运行数据，根据时间信息对温度数据和运行数据进行了匹配。

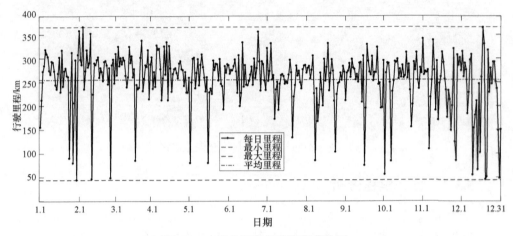

图 5-39　某出租车行驶里程变化图

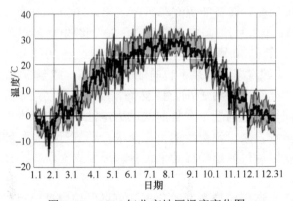

图 5-40　2016 年北京地区温度变化图

对原始数据进行预处理后，绘制图 5-41 所示的行驶里程与环境温度的散点图。图中的实线代表两变量之间的高斯回归结果。图示结果表明，在环境温度为 20℃左右时，纯电动汽车的行驶里程达到最大；当温度升高或者降低时，行驶里

⊖ 资料来源：Information on http: //www.weather.com.cn。

程均会下降。造成里程下降的原因是多样化的,一方面,随着环境温度的降低,电池性能会明显下降。Gong X 等人的研究结果表明,在低温环境下,极化效应将导致纯电动汽车的电池性能受限,在 0℃以下,锂离子电池将会有 10%的容量衰减。另外一方面,当环境温度超过人体的舒适水平时,驾驶员将会更加频繁地使用空调,从而导致额外能源消耗。Samadani E 等人的研究结论表明,使用空调会导致纯电动汽车在标准循环工况下的行驶里程平均减少 19%左右。此外,在较低的环境温度下,动力电池性能的衰退和续驶里程的减少会使得驾驶员产生更多的"里程焦虑"。因此尽管电动汽车有足够的剩余能量,驾驶员仍有可能停止驾驶以确保不会在没有充电站的地方被迫停车。

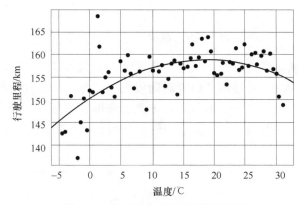

图 5-41 温度与行驶里程的散点图

(2) 驾驶行为

驾驶行为是驾驶员对车辆实时工况做出的即时反应,更直观地表现为驾驶员如何操纵加速踏板和制动踏板。不同的驾驶行为将造成能耗和行驶里程上的明显差异。激烈的驾驶行为将会增加能耗,进而减少电池的剩余能量和行驶里程,而相对冷静的驾驶行为将会在一定程度上延长纯电动汽车的行驶里程。

使用行驶过程中的加速度分布情况来衡量驾驶模式的激烈水平。图 5-42 展示了实验车辆某段行驶过程的车速和加速度分布情况,阴影部分代表速度变化,实线代表计算得出的加速度变化曲线。

根据车辆加速度的分布,驾驶行为可划分为冷静、普通和激进三种典型模式。加速度标准差越大,意味着驾驶行为的激进程度越高。图 5-43 展示了三种驾驶模式的加速度分布曲线及其标准差,从图中的结果可以看出随着加速度标准差的增大,加速度的分布更加离散,这意味着驾驶员在驾驶过程中有更多的急加速和急减速行为,换言之,驾驶行为更激进。

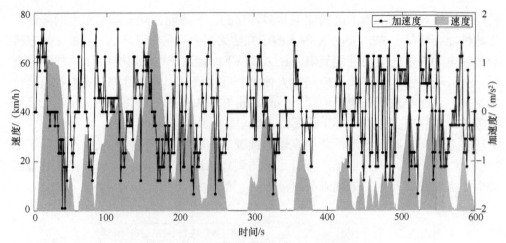

图 5-42　研究车辆的速度和加速度曲线

为了排除环境温度的影响，使用实验车辆在 6 月和 7 月的行驶数据研究驾驶行为的影响效果。图 5-44 展示了研究时间段内实验车辆的加速度标准差和行驶里程的散点图以及回归结果。结果显示，车辆加速度标准差和行驶里程之间存在着明显的负相关关系。也就是说，激进的驾驶行为会在一定程度上减少行驶里程。

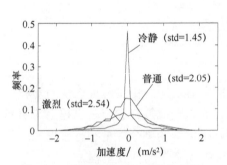

图 5-43　不同模式下加速度分布图

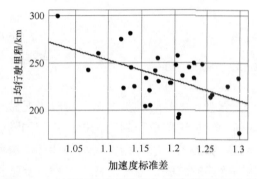

图 5-44　车辆加速度标准差与行驶里程的散点图

（3）充电行为

电动汽车的充电时间一般较长，因此充电行为（包括充电次数和充电量）成为影响行驶里程的重要因素，合理安排充电行为可以在一定程度上增加行驶里程。图 5-45 展示了充电次数与行驶里程的散点图以及回归结果。图示结果表明车辆的充电次数和行驶里程之间存在着强烈的正相关关系，平均每日充电三次的出租车比每日充电两次的车多行驶 100km，比每日充电一次的车多行驶 175km。

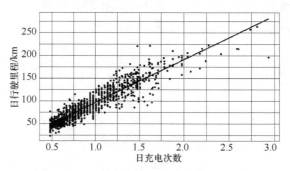

图 5-45　日充电次数与行驶里程的散点图

此外，充电量的多少直接影响了行驶里程。图 5-46 展示了充电量与行驶里程的散点图以及回归结果，图中黑色和灰色分别代表夏季和冬季的统计结果。可以看出，行驶里程随着充电量的增加而增加。同时可以注意到，在相同的充电量下，夏季的行驶里程明显高于冬季。

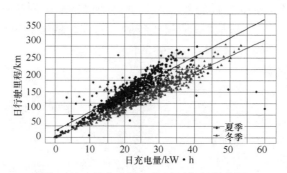

图 5-46　日充电量与行驶里程的散点图

通过对充电数据的统计和分析可以发现出租车驾驶员平均每两天进行一次快速充电，平均一天左右进行一次慢速充电，总体上快慢充选择比例约为 1:2.5，慢充次数多于快充次数。造成这种状况的原因有：快充充电桩数量较少；在家里进行慢充所产生的费用低于在公共领域充电。因此驾驶员倾向于选择在家中进行慢充。

（4）其他因素

除了以上分析的三种影响因素之外，还有其他一些因素，如车型、行驶区域和行驶日期等，也会影响电动出租车的行驶里程。本节将对这些影响因素进行简要的分析。

目前，北京市在怀柔、房山、顺义等 10 个区域投入使用了电动出租车。图 5-47 中的日均行驶里程箱线图展示了不同区域的电动出租车的行驶里程分布情况。可以看出，不同区域的行驶里程分布存在着明显差异。这种差异一般是由区域之间经济发展的差异和乘坐出租车出行需求差异造成的。

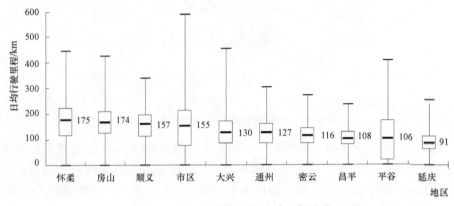

图 5-47 不同地区的日均行驶里程对比

由于电池容量和车辆配置的差异，五种电动出租车车型在行驶里程上有不同的表现。图 5-48 所展示的结果表明日均行驶里程和车辆续驶里程密切相关，一般来说，日均行驶里程约为车辆标定续驶里程的 75% 左右。

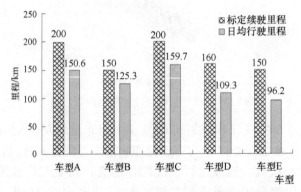

图 5-48 各车型日均行驶里程与标定续驶里程对比图

对于行驶日期，图 5-49 分别展示了电动出租车在工作日、周末和节假日的行驶时长和行驶里程。不同日期的行驶时间和行驶里程可按降序排列为工作日、周末和假日。造成这种结果的原因可能是人们更倾向于在工作日选择电动出租车在工作地点和家庭之间通勤。在周末和假期，一些乘客可能基于其他出行目的而选择多样化的出行方式。

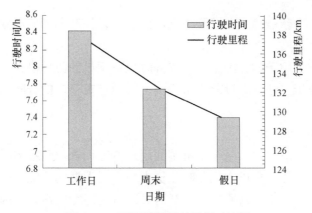

图 5-49 不同日期行驶里程对比图

3. 结论

本案例基于北京市电动汽车监控与服务中心提供的车辆历史运行数据，分析了影响电动出租车行驶里程的主要因素。分析结果表明，环境温度、驾驶行为和充电行为会显著影响电动出租车的行驶里程。首先，温度的影响可以概括为：环境温度为 20℃时，行驶里程最大，在 20℃以外，随着温度上升或下降，行驶里程均会下降。其次，激烈的驾驶行为会增加能量的消耗，减少行驶里程，而相对冷静的驾驶行为会在一定程度上延长行驶里程。最后，行驶里程随着充电次数和充电量的增加而增加。值得注意的是，充电行为会明显地受到充电基础设施建设和充电费率标准的影响。除此之外，一些其他因素如车型、行驶区域和行驶日期，也会影响行驶里程。

根据本案例的研究结论，驾驶员可以采取适当的措施以延长行驶里程。例如尽量减少急加速和急减速行为，保持冷静的驾驶模式；政府应当加快充电设施的建设并降低充电费用以满足电动汽车消费者的充电需求。此外，可以基于上述分析开发驾驶辅助系统。为驾驶员提供驾驶建议，帮助他们调整驾驶行为，保障电动汽车处于最佳行驶条件，延长行驶里程。

5.4 新能源汽车宏观经济分析与应用

5.4.1 分时租赁应用

1. 应用背景

随着道路交通需求持续快速增长，很多一线城市的出行需求增长已经远远超过道路交通供给增长水平，出行的供需矛盾日益尖锐，分时租赁应运而生。发展分时租赁不仅符合新能源汽车发展规划，而且可以提升车辆使用效率，缓解交通压力，减低环境污染。

本小节介绍了用于估计纯电动汽车分时租赁规模的两种研究方法：相关性分析方法和回归分析方法。并以北京市为例，对北京市目前的分时租赁市场规模进行预测。

2. 相关性分析方法

相关性分析方法主要是基于小范围的用户特征调查得到总体用户特征，并且找出相关程度最大的变量以定位分时租赁市场适用人群的特征；成功的分时租赁项目是为了解决上班族日常通勤以及社区居民日常出行的需求。因此需要基于一定的原则选出符合分时租赁目标用户特征的区域，再从区域的居住和工作人口入手，进行分时租赁规模预测。

（1）处理流程

① 粗略筛选。基于区域人口普查数据及居民使用非私家车出行的比例，筛选出符合要求的区域。

② 精细筛选。具体方法是，依据区域站点周边车辆数目的不同，将该区域的分时租赁预计发展情况分为两类：低速发展（可行，但是增速有限）和高速发展（很有可能增速迅猛），并且调查统计与之最相关的特征值，最后进行描述性统计的汇总。

③ 根据区域人数，结合一定的估计方法进行需求估计。考虑到获取驾照的年龄段以及人员对新鲜事物的接受程度，统计第二步筛选区域中21～55岁的居民和工作人数，依据一定的市场渗透率估计潜在的会员数目，依据一定的人车比（会员数与分时租赁车辆数的比例）估计需要的车辆数目。

市场渗透率是指参与分时租赁的会员数目占区域总人口的比例。根据行业和地区的不同，市场渗透率的选取也有所不同。人车比是指注册会员人数与分时租赁车辆的比例，即一辆分时租赁车辆服务的会员人数。由于注册会员有活跃与非活跃之分，实际统计往往未剔除非活跃会员人数，因此理论上一辆车服务的会员数要比实际的多。

（2）计算实例

以北京为例，利用相关性分析预测分时租赁的市场。

由于短期内难以调查获取较为精确的区域特征数据，在实际计算时，区域范围以北京16区进行划分。2013年北京16区的户均私人汽车保有情况见表5-2。

表 5-2 2013 年北京市民用汽车保有情况　　　　（单位：辆）

区县	民用汽车拥有量	私人汽车	平均每户私人汽车保有量
全市	5 189 020	4 265 008	0.55
首都功能核心区	876 770	677 751	
东城区	423 885	310 686	0.85
西城区	452 885	367 065	0.72
城市功能拓展区	2 556 891	2 186 341	
朝阳区	951 511	801 693	0.53
丰台区	596 932	521 075	0.57
石景山区	147 044	123 735	0.49
海淀区	861 332	739 838	0.66
城市发展新区	1 363 847	1 108 086	
房山区	207 361	170 403	0.47
通州区	258 377	202 695	0.42
顺义区	210 941	171 533	0.50
昌平区	357 047	303 772	0.53
大兴区	330 121	259 683	0.53
生态涵养发展区	391 584	292 830	
门头沟区	65 446	47 353	0.38
怀柔区	88 705	62 307	0.40
平谷区	99 425	68 751	0.43
密云县	81 851	68 925	0.33
延庆县	56 157	45 494	0.37

第一步筛选时，由于没有获取到各区的出行结构，暂时采用区域户均私人汽车保有量作为筛选标准。以 0.45 辆的户均私人汽车保有量作为分界线，将生态涵

养发展区的五个区县排除。同时，考虑到通州在北京的规划发展战略地位，将其纳入分时租赁考虑的发展区域中。

在第二步筛选中，由于具体数据缺乏，暂时将所有区都纳入备选区。

在第三步筛选时，统计各区职住人口（在职居住人口），因为采用的是常住人口，已经包含工作人口，所以只需要直接进行21～55岁人口筛选，得到的这部分人数是1181万人。

① 人车比和渗透率的选取。人车比和渗透率的选取参照成熟市场的发展经验，表5-3是美国分时租赁不同发展阶段的人车比和渗透率情况。可以看出，北京现阶段分时租赁发展情况与美国初期发展情况一致。

表5–3 美国三个发展阶段的人车比和渗透率

	美国			北京（绿狗租车）
时间	2003.07	2008.07	2013.07	2015.03
车辆数	1093	7507	20 830	700
会员数	32 647	318 898	1 149 258	15 000
人车比	29	42	55	21
渗透率（$1/10^4$）	0.03	0.27	1.14	—

本案例中，人车比采用的是美国2003年、2008年和2013年的人车比数据，分别代表了初期、中期和稳定期三个不同阶段的发展水平。

在选取渗透率时，结合北京的实际情况，现在接入监控平台的分时租赁车辆已经有3000辆左右。此外，在进行人口统计时，采用的数据是北京市常住人口（全年经常在家或在家居住6个月以上，而且经济和生活与本户连成一体的人口），而未考虑短期旅游和商务出差的人口（实住人口），其实这部分人的需求对总需求也是有影响的。综合以上情况，估计有需求时的渗透率为3%～10%。

② 会员数和车辆数估算。配合选取的不同的渗透率和人车比，对会员数和车辆数进行估计，如图5-50所示。

从美国的发展情况来看，市场渗透率和人车比随着发展情况由小变大。假设北京未来分时租赁发展变化趋势也与美国变化趋势一致，则图中的红色虚线是较为合理的发展趋势。可见目前发展初期的会员数目有将近35万人，发展到中期有77万人，发展到稳定期有118万人；对应的车辆数目为1.22万辆（初期），1.69万辆（中期），2.15万辆（稳定期）。

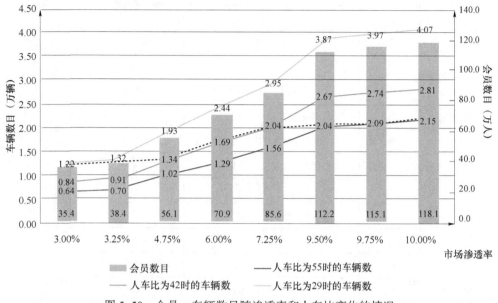

图 5-50 会员、车辆数目随渗透率和人车比变化的情况

3. 回归分析方法

回归分析方法主要是通过建立回归模型的方式建立租赁市场规模相关变量（如站点用户活跃度、普通人选择分时租赁的概率等）与各类因素之间的数学关系。根据回归数学模型，输入某个特定区域的区域特征，即可输出区域的需求。前期调查的样本容量越大，基于回归分析的预测就越准确。

（1）处理流程

在美国交通研究学术委员会 2005 年的报告中，试图建立起美国各大城市已有的分时租赁站点周边 0.5km 半径圆形区域内的分时租赁车辆数目，与该区域内的地理特征、家庭组成、汽车保有情况和交通出行模式（一共 13 个变量）之间的多元回归模型，并且选出了拟合程度最好的一个多元回归模型如下

$$LOS=11.305-6.564v+0.002\,13w \quad (5-35)$$

式中，LOS 为服务级别，表示站点周边 0.5km 半径圆形区域范围内的分时租赁车辆数目；v 为区域内户均车辆数目；w 为区域内步行通勤人数。

根据回归模型给定一个站点周边的区域特征，就能计算出站点所需要配置的车辆数目。但是这个回归模型不能对需求人数进行预测，且回归模型的系数也会随着区域的改变而改变。

除此以外，该报告还给出了所有特征与 LOS 之间的相关系数，见表 5-4。

表 5-4 区域特征概览

特征分类	特征名称		相关系数值	针对范围
	代号	解释		
地理特征	G_{RD}	社区密度	0.174	
	G_{ID}	交叉口密度	0.290	
家庭组成	H_{1P}	一人户比例	0.478	
	H_C	有小孩住户比例	-0.412	区域内居民
	H_R	租房住户比例	0.301	
汽车保有情况	V_A	家庭平均汽车保有量	-0.458	
	V_0	无车家庭比例	0.399	
	V_1	有 1 辆车家庭比例	0.488	
交通出行模式	M_{SOV}	驾车上班的人数占比	-0.431	
	M_{CP}	拼车上班的人数占比	-0.363	
	M_T	地铁公交上班的人数占比	0.104	区域内的工作人士
	M_B	自行车上班的人数占比	-0.003	
	M_W	步行上班的人数占比	0.512	

该模型并不是严格的多元线性回归模型，而只是一种无法获取数据下的近似计算。

具体计算方法为：

$$P = N_1 + N_2 + N_3 + N_4 \quad (5-36)$$

式中，P 为站点周边居民的需求人数；N_1 为地理特征对应的需求人数；N_2 为家庭组成对应的需求人数；N_3 为汽车保有情况对应的需求人数；N_4 为交通出行模式对应的需求人数。

其中：

$$N_1 = [0.174 G_{RD} + 0.290 G_{ID}]S \quad (5-37)$$

$$N_2 = [0.478 H_{1P} - 0.412 H_C + 0.301 H_R]R \quad (5-38)$$

$$N_3 = [-0.458 V_A + 0.399 V_0 + 0.488 V_1]R \quad (5-39)$$

$$N_4 = [-0.431 M_{SOV} - 0.363 M_{CP} + 0.104 M_T - 0.003 M_B + 0.512 M_W]K \quad (5-40)$$

式中，S 为站点周边区域面积；R 为区域住户数目；K 为区域内的工作人数。

考虑一个地区的居民和上班族对于分时租赁的需求，初步拟定估算步骤为：

① 区域划分与筛选。结合区域发展情况和特点，选出一定的发展区域（可以依据相关性分析中提到的指导标准），最好能够细化到 0.5km 半径圆形区域以内。

② 统计各个区域各类特征对应的变量，计算区域内存在需求的会员人数。前面论述已经提及，这时的计算并不是依照严格的线性回归，而仅仅是一种近似计算。

③ 结合第二步筛选出来的会员人数，结合人车比估计所需的车辆数目。人车比的估计参考与前述方法相同，还是采用 29、42 和 55 代表初期、中期和稳定期三个不同发展阶段进行估计。

（2）计算实例

同样以北京为实例，利用回归分析去预测分时租赁的市场。

第一步筛选时，与相关性分析的方法一致。

在第二步中，对各区域的各个变量进行了一定的数据收集与估算，如图 5-51 所示。

区县	社区密度	交叉口密度	不同类型家庭比例 1人	有孩子	租房	户均汽车保有量	无车家庭比例	有1辆车家庭比	驾车出行比例	拼车出行比例	公交地铁出行比例	自行车出行比例	步行出行比例
全市	0.1742173		25.97%	43.55%	37.15%	0.55227346	45%	40%	11.10%	4.7%	55.90%	9.70%	12.30%
首都功能核心区													
东城区	4.4672719	14	23.91%	48.63%	40.80%	0.85483649	15%	65%	11.10%	4.7%	55.90%	9.70%	12.30%
西城区	5.046507	14	23.26%	46.83%	39.47%	0.71989202	28%	52%	11.10%	4.7%	55.90%	9.70%	12.30%
城市功能拓展区													
朝阳区	0.8525973	14	31.04%	37.98%	38.38%	0.52624797	47%	33%	11.10%	4.7%	55.90%	9.70%	12.30%
丰台区	0.971223	14	25.28%	43.54%	40.82%	0.56687593	43%	37%	11.10%	4.7%	55.90%	9.70%	12.30%
石景山区	1.7314991	14	20.52%	47.38%	30.92%	0.48674352	51%	29%	11.10%	4.7%	55.90%	9.70%	12.30%
海淀区	1.3233348	14	28.44%	42.48%	41.07%	0.65549021	34%	46%	11.10%	4.7%	55.90%	9.70%	12.30%
城市发展新区													
房山区	0.2930326	14	16.73%	52.63%	20.85%	0.46943737	53%	27%	11.10%	4.7%	55.90%	9.70%	12.30%
通州区	0.6454959	14	23.47%	44%	23.02%	0.4183721	58%	22%	11.10%	4.7%	55.90%	9.70%	12.30%
顺义区	0.5108394	14	20.91%	46.58%	31.79%	0.50366407	50%	30%	11.10%	4.7%	55.90%	9.70%	12.30%
昌平区	0.3684297	14	24.39%	43.07%	35.31%	0.52887649	47%	33%	11.10%	4.7%	55.90%	9.70%	12.30%
大兴区	0.6793268	14	25.40%	43.37%	39.18%	0.52837453	47%	33%	11.10%	4.7%	55.90%	9.70%	12.30%

图 5-51 北京市各区区域特征数据收集情况概览

结合相关系数的计算方法，计算得到各类需求人数见表 5-5。

表 5-5 需求人数分类计算及汇总表

	根据地理特征计算的需求人数 P_1	根据居民特征计算的需求人数 P_2	根据上班族出行结构计算的需求人数 P_3	总需求人数（P_2+P_3，没有包括 P_1）
全市				1 180 715
首都功能核心区				
东城区	202	8248	14 134	22 382
西城区	250	37 126	21 110	58 236

（续）

	根据地理特征计算的需求人数 P_1	根据居民特征计算的需求人数 P_2	根据上班族出行结构计算的需求人数 P_3	总需求人数（P_2+P_3，没有包括 P_1）
城市功能拓展区				
朝阳区	1915	326 980	31 845	358 825
丰台区	1293	143 888	13 635	157 522
石景山区	368	29 450	4495	33 945
海淀区	1848	162 622	35 451	198 073
城市发展新区				
房山区	8179	19 632	5559	25 191
通州区	3781	71 332	7484	78 816
顺义区	4231	38 023	15 179	53 202
昌平区	5541	87 113	9783	96 896
大兴区	4330	82 117	15 511	97 628

因为地理特征中的交叉口密度数据难以获得，所以在结果汇总中剔除了地理特征对应的需求，计算出当前发展初期，北京的居民和职业人士对分时租赁的需求数量为 118 万人。

第三步，将该需求人数除以人车比得出车辆需求。不同人车比下的车辆规模如图 5-52 所示。

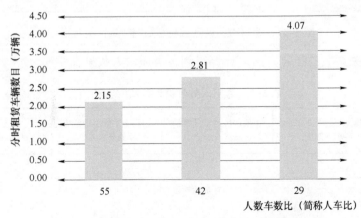

图 5-52　依据不同人车比估计的分时租赁车辆数目

如果认为现在是发展初期，118 万的会员规模只是初期会员的规模，则应该采用 29 的人车比计算出来的车辆规模——4.07 万辆；而如果认为现在是稳定期，118 万会员数目已经是极限，则推荐采用 55 的人车比计算出来的车辆规模——2.15 万辆。

上述计算过程中各个变量对 118 万需求人数的影响如图 5-53 所示。

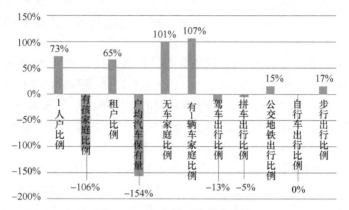

图 5-53　各分量对总量的占比

可见，对于给定区域住户数和上班人数的情况下，家庭结构特征与私家车保有特征对于总量的影响最大，而区域内上班人口的通勤特征对总量的影响并不大。该结果可能受区域内统计的上班人数与住户数目之间的数量差异影响，也可能受到相关系数的影响（地铁公交出行比例最大，但是相关系数的值很小）。正相关占比较大的变量按照占比大小排列分别是：有一辆车的家庭比例、无车家庭比例、1人户比例和租户比例；而负相关占比较大的变量按照占比大小排列分别是：户均汽车保有量和有孩家庭比例。

需要注意的是，该计算实例因为其中涉及的变量数值的改变会有改动，更精确的计算需要获取更小范围的区域数据。

4. 处理结果对比

根据前述的两种方法，尝试从两种角度对北京市的分时租赁市场规模进行估计。

第一种估计是定性筛选，根据一定的原则将北京分成一个个小区域，将符合要求的区域选出来，再针对该区域的居民和工作人口进行统计得出总的需求人数，结合市场渗透率的概念筛选出潜在的需求人数，再结合人车比得出潜在的车辆数目。这种估计方法比较直观，简单易行，但缺点是需要进行大量的数据调研，区域划分得越小，调研和统计的工作难度会更大。其中一些数据的准确性也有待评估，例如区域内拥有一辆车的家庭的比例等。

第二种估计是定量建模分析，将能够体现区域内分时租赁发展规模的变量（例如每平方千米的分时租赁车辆数目、站点用户活跃度等）作为因变量，然后将站点所在区域内居民的家庭组成、汽车保有情况、区域的地理结构、居民和上班族的出行模式等作为多元自变量，基于大量的调研与统计得到的数据，建立因变量和多元自变量之间的数学模型，在统计学上满足一定的置信度之后，用这个模型去预测在新的区域设置站点后周边的需求。这种估计方法对于前期调研工作量的要求更大，且对于数学模型的处理和建模效果的评估也有较高的要求。

第一种估计找到了1181万总需求人数（作为对比，截至2016年5月，北京市驾驶员数为1012万人），乘以3%～10%的市场渗透率后，我们认为，如果将2015年作为新能源汽车元年，也是分时租赁的初始年，则在未来发展初期阶段会有35～118万的目标用户，按照一个较为平稳的发展态势来看（如图5-48中的虚线所示），则需要1.22～2.15万辆分时租赁车辆。

第二种估计直接找到了118万的目标用户，因为采用的相关系数是美国2004年调研得到的，而当时美国正处于发展初期，因此有理由认为118万人的需求也是比较符合中国当前的发展阶段的。结合人车比信息，估计出分时租赁的车辆需求为2.15～4.07万辆。

5.4.2 对城市交通运行的影响分析

1. 交通拥堵影响分析

（1）应用背景

新能源汽车的快速发展在带动我国经济、降低环境污染、落实节能减排的同时，也极可能会带来机动化出行需求的进一步增长。因此在现有机动化水平的基础上，如何在促进新能源汽车的发展的同时，不对或少对交通产生影响，是需要讨论的课题。

（2）处理流程

自然需求是车辆以自由流速度完成行程所需的时间，单位为h，能够较为真实地反映理想交通条件下的交通需求。剩余需求为车辆在当前时刻会完成的自然需求，单位为h。

为研究全天各时段内产生的出行自然需求变化情况，分别做新能源汽车与传统燃油汽车的出行自然需求与出发时间的联合概率分布图，如图5-54和图5-55所示。首先求出每个行程的自然需求，再以5min为时间间隔，统计各个时间间隔内出发的行程数。联合分布图中x轴为出发时间，y轴为自然需求大小，z轴为具有相同出发时间和自然需求的行程数量。

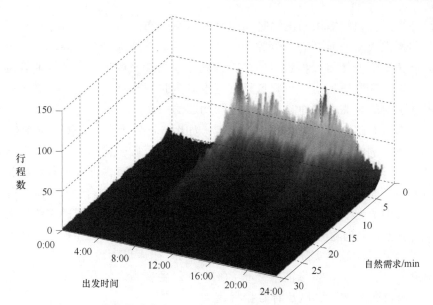

图 5-54　传统燃油汽车出行自然需求与出发时间的联合分布概率

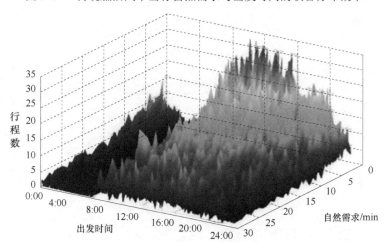

图 5-55　新能源汽车出行自然需求与出发时间的联合分布概率

需求包括需求特征和需求规模两方面，新能源汽车作为一种具有特殊需求特征的汽车，其对拥堵的影响由其需求特征和发展规模共同决定，以各自规模为权值，将燃油车和新能源车的需求特征进行加权求和，可获得路网的总需求，如式（5-41）所示。

$$W = X_1Y_1 + X_2Y_2 \tag{5-41}$$

式中，W 为路网总需求；X_1 为新能源需求特征；Y_1 为新能源车需求规模；X_2 为新能源需求特征；Y_2 为新能源车需求规模。其中，规模为保有量和出车率的乘积；

需求特征为出行自然需求与出发时间的联合概率分布。

路网需求大意味着在途车辆数多。在途车辆数的增加降低了路网运行速度，路网运行速度降低使得行程延误增加，行程延误增加又增加了车辆同时在途的可能性，在途车辆数增加进一步降低路网速度。为推算交通拥堵情况，获取路网均速，根据求得的总需求，建立需求与路网均速的关系。

建立需求对路网速度的系统仿真模型，如图 5-56 所示。需求作为外部输入，具有进入路网的空间、时间和行程距离等特征。为了归一化道路条件对需求的影响，以完成行程所需的时间 u 代替行程距离作为需求测度，即完成行程所需对路网占用的最少时间，与行程出发时间一起构造需求的二维联合分布 $\hat{P}(u,i)$ 作为系统输入，其中 i 为出发时间。在系统 F 中，系统输入为出行需求的二维联合分布 $\hat{P}(u,i)$，系统输出为随时间变化的路网均速 $v(i)$，B 为需求管理策略。系统 F 由多个内部要素组成，包括实际需求分布 $P(u,i)$、同时在途车辆数 $r(i)$、在途车辆数与路网速度的函数 $h(r)$、剩余需求分布 $\bar{P}(u,i)$ 等。各要素之间互相影响，系统递归运行，系统参数由实际路网运行数据标定。

其中，函数 $h(r)$，经对比，指数函数拟合效果比较好，即

$$h(x) = ae^{-bx} + c \qquad (5-42)$$

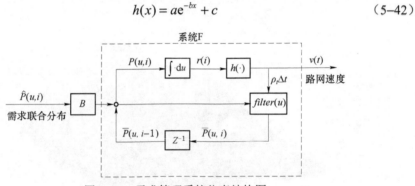

图 5-56　需求管理系统仿真结构图

（3）评估实例

为评估新能源汽车发展规模对城市交通运行的影响，可进行不同量级的新能源汽车发展规模对交通拥堵影响的评估，以及增加同量级汽油车对交通拥堵影响的比较。

利用北京市 2017 年某周内 5 个工作日路网数据，在现有汽车保有量基础上，分别单独增加 10 万、30 万、50 万的新能源汽车和传统燃油汽车，仿真路网均速在高峰时段（早 07:00—09:00，晚 17:00—19:00）和全天（06:00—22:00）的变化，其中对出车率和样本比例均作了归一化处理，分别单独对每天计算结果，然后多天求均值，结果见表 5-6。由表可看出，同样增量的新能源汽车对拥堵的

影响显著大于传统燃油汽车，对全天均速影响大于对高峰时段均速影响，对晚高峰的影响比对早高峰更明显。

表 5–6　新能源汽车与传统燃油汽车保有量增加对路网均速影响对比

（单位：km/h）

	路网均速	增加 10 万		增加 30 万		增加 50 万	
		新能源	燃油车	新能源	燃油车	新能源	燃油车
早高峰	20.31	19.97	20.00	19.33	19.44	18.74	18.91
变化幅度		−1.68%	−1.54%	−4.85%	−4.29%	−7.73%	−6.90%
晚高峰	21.17	20.85	20.95	20.06	20.34	19.34	19.80
变化幅度		−1.97%	−1.51%	−4.33%	−4.33%	−9.05%	−6.89%
全天	27.77	27.13	27.44	25.92	26.81	24.82	26.22
变化幅度		−2.31%	−1.19%	−3.45%	−3.45%	−10.63%	−5.58%

为充分评估新能源汽车发展规模及政策对城市交通运行的影响，还可进行不同测算情景下的估计，例如：估计对新能源汽车取消不限行政策后，不同发展规模新能源汽车对城市交通拥堵的影响。通过上述方法分析最后可得到以下结论：

新能源汽车低成本高强度的使用导致其对拥堵的影响显著大于传统燃油汽车；对非高峰时段影响大于高峰时段。空间资源是城市交通的约束性条件，新能源汽车和传统燃油汽车对道路资源的利用效率都不高，制定发展策略需要利弊兼顾。此外，由于充电时间远大于加油时间，供需矛盾会导致充电站附近形成局部拥堵，充电站规模及分布特征也是影响路况的重要原因。

2. 节能减排效益分析

为评估新能源汽车在私家车领域推广的效果，需要分析车辆实际的行驶工况，并与传统汽油车进行对比分析。

基于实际运行工况的新能源汽车节能减排效果评估主要有以下几个工作内容：

（1）确定影响车辆能耗、排放的关键影响参数

通过测试发现，影响车辆能耗排放的关键参数主要有能源类型、车龄、速度、品牌型号等。影响排放的关键参数还有排放标准。

① 车用能源类型简单划分为传统汽油车和新能源汽车。车辆能源类型与能源消耗总量有直接相关的关系，同时，车辆燃烧不同的能源产生的污染物的量也不同，因此能源类型是能耗排放测算的关键指标之一。

② 机动车辆车龄与能耗排放呈现正相关关系，随着车龄的增加，车辆能耗排放也会增加，因此车龄作为能耗排放测算的关键指标之一。

③ 从大量的测试数据发现,驾驶员的驾驶行为直接影响了车辆的能耗排放。而驾驶员的驾驶行为主要体现在车辆的速度上。其次,车辆行驶工况也直接影响能耗排放,例如加速和减速的过多出现,怠速时间加长,都直接导致能耗排放增加。因此速度和行驶工况,都应作为能耗排放测算的关键指标。

④ 车辆品牌型号因其发动机的效率不同,导致百公里油耗和排放有一定的差异,因此品牌型号也应作为能耗排放测算的关键指标之一。

⑤ 排放标准是直接影响车辆排放的指标,也应作为排放测算的关键参数之一。

(2) 通过大数据提取城市交通运行工况

结合实时监测数据进行关键参数的提取能耗、排放合算的关键参数,需要提取的关键参数有:

① 行驶里程。在实时监测数据中,涉及里程的计算有三种:累计里程计算、速度计算、经纬度计算。按照要求,新能源汽车实时监测数据采集的周期为30s。采用速度积分计算的方法,数据准确性较差,且极易受到数据丢包的影响。因此考虑选用累计里程计算或经纬度计算。经纬度计算法主要将定位落在 GIS 图层上,与道路 LINK 匹配,将行程途径的 LINK 距离进行加和统计。累计里程则为行程首末点的累计行程相减求取。

累计里程主要从车辆直接传输得到,不存在数据丢包风险,经纬度计算受丢包影响相对较小。经过三种计算方法对比可看出,累计里程和经纬度计算里程的误差较小,所以选取累计里程法作为行驶里程核算的方法。

② VSP。机动车比功率(Vehicle Specific Power,VSP)定义为发动机机每移动 1t 质量(包括自重)所输出的功率,单位为 kW/t。VSP 变量可以将车辆的瞬时运动状态与油耗和排放联系起来,且相对于速度和加速度,VSP 与油耗和排放的关系更为密切。

随着基于 VSP 变量的建模方法的深入研究和应用,目前已形成了相对较为成熟的 VSP 计算方法。VSP 可由机动车逐秒的速度、加速度数据推算得到。本小节采用美国环保署(EPA)开发的 MOVES(Motor Vehicle Emissions Simulator)模型中的 VSP 理论作为汽车能耗与碳排放因子的构建基础。VSP 计算公式为

$$VSP_t = \frac{Av_t + Bv_t^3 + Cv_t^3 + mv_ta_t}{mf} \qquad (5-43)$$

式中,v_t 为 t 时刻速度,单位为 m/s;a_t 为加速度,单位为 m/s²;m 为质量,单位为 t;A 为滚动阻力,单位为 kW·s/m;B 为旋转阻力,单位为 kW·s²/m²;C 为空气阻力,单位为 kW·s³/m³;f 为换算系数。参数取值见表 5-7。

第 5 章
新能源汽车的运行大数据统计分析与应用实例

表 5-7 VSP 公式的参数取值表

车辆类型	A	B	C	f
出租车、小客车	0.156 461	0.002 001 9	0.000 492 65	1.478 8
公交单机	0.746 718	0	0.002 175 84	17.1
公交双层/铰接	1.094 4	0	0.003 587 02	17.1

在 VSP 理论中,需要将获得的 VSP 进行 VSP 区间划分,对其按照不同的 VSP 区间(将此区间单元定义为 Bin)进行平均油耗及排放率计算。划分 VSP 区间应注意两个原则:一是不同区间产生的平均油耗有明显区别;二是单个区间的平均油耗不足以代表车辆行驶过程中的总油耗。也就是说,划分区间应包含车辆的各个行驶工况(加速、减速、怠速、制动)。本节中采用的 MOVES 模型中 VSP Bin 的划分见表 5-8。

表 5-8 VSP Bin 划分表

VSP Bin	车辆运行工况	VSP 范围/(kW/t)
1	制动	VSP<-2
2	怠速	-2≤VSP<0
3	低速运行	0≤VSP<1
4	匀速/加速	1≤VSP<4
5	匀速/加速	4≤VSP<7
6	匀速/加速	7≤VSP<10
7	匀速/加速	10≤VSP<13
8	匀速/加速	13≤VSP<16
9	匀速/加速	16≤VSP<19
10	匀速/加速	19≤VSP<23
11	匀速/加速	23≤VSP<28
12	匀速/加速	28≤VSP<33
13	匀速/加速	33≤VSP<39
14	匀速/加速	VSP≥39

VSP 分布的形态在不同速度区间存在较大差异,主要表现在:随着平均速度的增加,VSP 的峰值逐渐降低,且向高 VSP Bin 移动;平均速度较低时,VSP 分布比较集中,平均速度高时,VSP 分布更分散。故建立 VSP 分布前,需要根据车辆行驶速度范围进行速度区间进行划分,速度区间划分间隔根据实际情况选取。图 5-57 所示为对某车型进行车速区间划分后,不同平均速度下的 VSP 分布特性图。

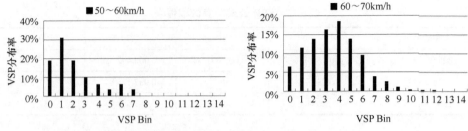

图 5-57 某车型某两个车速区间下的 VSP 分布图

③ 各平均速度下油耗和排放因子的计算。基于建立的各速度区间的 VSP 分布，各平均速度下油耗和排放因子的计算方法为

$$EF_k = (\sum_i ER_i \times Bin_i)/v \times 3600 \qquad (5-44)$$

式中，EF_k 为第 k 平均速度区间的油耗和排放因子，单位为 g/km；ER_i 是第 i 个 VSP Bin 的油耗率和排放率，可基于 PEMS 车载尾气设备收集的车辆油耗和尾气排放数据进行统计计算，单位为 g/s；Bin_i 是第 k 平均速度区间第 i 个 VSP Bin 的分布值；v 是第 k 个平均速度区间的中值，单位为 km/h。

（3）搭建新能源车辆减排测算模型

在排放预测中，主要考虑速度对排放因子的影响，预测计算方法为

$$E_1 = \sum E_m = \sum_i^n W_i S_i e_{vj} \qquad (5-45)$$

其中，E_1 为路网消耗总排放，单位为 t；E_m 为不同污染物种类如 CO、NO_x、PM 的排放；n 为车辆类型数；i 为第 i 种车辆；W_i 为第 i 种车辆的车辆保有量；S_i 为第 i 种车辆的行驶里程，单位为 km；e_{vj} 为速度为 v_j 下的排放因子，单位为 g/100km。

根据关键参数的提取和分析初步建立测算模型，核算车辆减排的情况，如图 5-58 所示。

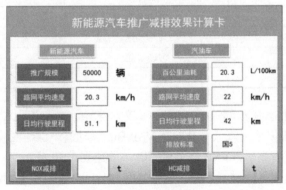

图 5-58 新能源汽车推广减排效果计算卡

此计算卡利用上述的计算方法,以推广规模和路网平均速度作为自变量,减排量作为因变量,计算由推广新能源汽车带来的减排效果。因为新能源汽车运行过程中零排放(纯电动汽车),所以新能源汽车减排效果即为汽油车的排放。

利用此模型基于上节测算情景进行计算,最终得到的结果见表5-9。

表5-9 新能源汽车推广的排放变化情况表

测算环境	情景	增加10万辆		增加30万辆		增加50万辆	
	能源类型	新能源	汽油	新能源	汽油	新能源	汽油
存量	CO	1.4%	0.7%	6.1%	2.5%	9.0%	5.0%
	HC	0.7%	0.3%	4.4%	1.5%	6.7%	3.5%
	NO_x	0.7%	0.4%	4.7%	1.6%	7.2%	3.8%
增量	CO	0.0%	2.2%	0.0%	6.7%	0.0%	11.4%
	HC	0.0%	2.2%	0.0%	6.6%	0.0%	11.3%
	NO_x	0.0%	2.3%	0.0%	7.1%	0.0%	12.0%
合计	CO	1.4%	2.9%	6.1%	9.2%	9.0%	16.4%
	HC	0.7%	2.5%	4.1%	8.1%	6.7%	14.8%
	NO_x	0.7%	2.7%	4.7%	8.6%	7.2%	15.8%

从表5-9可以看出,增加同等数量的新能源汽车对减排的影响明显高于传统燃油车。随着机动车数量的不断增加,排放总量不断增加,且增幅不断加大。

(4)搭建新能源车辆节能测算模型

在能耗预测中,主要考虑速度对能耗因子的影响,预测计算方法如下:

$$E_2 = \sum_{i}^{n} V_i S_i e_{vj} \qquad (5-46)$$

其中,E_2为路网消耗总能耗,L;n为车辆类型数;i为第i种车辆;V_i为第i种车辆的车辆保有量;S_i为第种车辆的行驶里程,单位为km;e_{vj}为速度为v_j下的能耗因子,单位为L/100km。

根据关键参数的提取和分析初步建立测算模型,详见图5-59用以核算车辆能耗的情况。

此计算卡利用上述计算方法,以推广规模和路网平均速度作为自变量,以节油量和节能量作为因变量,计算由推广新能源汽车带来的综合节油量和节能量。

利用此模型基于上节测算情景并代入推广规模及路网均速估值进行计算,得到的结果见表5-10。

图 5-59　新能源汽车推广节能效果计算卡

表 5-10　新能源汽车推广的能耗变化情况表

测算环境	情景 能源类型	增加 10 万辆		增加 30 万辆		增加 50 万辆	
		新能源	汽油	新能源	汽油	新能源	汽油
存量	油耗变化	2.2%	1.2%	5.8%	2.6%	10.8%	5.0%
	能耗变化	2.2%	1.2%	5.8%	2.7%	10.9%	5.0%
增量	油耗变化	0.0%	2.2%	0.0%	6.7%	0.0%	11.4%
	能耗变化	1.9%	2.2%	6.0%	6.6%	10.6%	11.3%
合计	油耗变化	2.2%	3.4%	5.8%	9.3%	10.8%	16.4%
	能耗变化	4.1%	3.3%	11.8%	9.3%	21.5%	16.3%

据表 5-10 可以看出，增加同等数量的新能源汽车对油耗的影响明显低于传统汽油车，但对能耗的影响明显高于传统汽油车。且随着机动车数量的不断增加，油耗总量增加的幅度不断增大。

第 6 章
大数据分析在未来交通出行中的应用及发展前景

在未来的交通出行中，汽车仍将是人们出行主要的交通工具，但"互联网+"的思想将重新定义现有汽车行业的模式，用第三次互联网革命带来的特征——全新、高效和及时的服务替代原来低效的组织管理形式和资源配置方式，汽车产品和服务的提供者、使用者的角色将被互联网用户重新定义。汽车行业将发生巨大的变化，而大数据技术则是推动这一变化的主要力量。

在这样全新的浪潮中，数据将起到重要的作用。数据将打造未来的终极移动空间，而不仅仅是实体的汽车新材料或模块化的汽车零部件。要想让汽车变得"耳聪目明"，需要数据从中传递信息，获取联系。大数据的精准定位和实时分析功能成为移动互联时代的利器，而大数据的收集、存放、传输，离不开云储存。大数据、云储存保证汽车通过车载智能设备顺畅、及时地连接到互联网，整个车联网生态环境将成为汽车这一终极移动空间的重要保障。软硬件技术就像车联网的自来水龙头，将整个系统的信息传递到每一辆车。现如今，用户在汽车内打开手机APP，就能够获取来自移动互联网的源源不断的信息。而在将来，这些源源不断的信息将和车相连，通过车载中央处理器进行计算，其结果直接反馈至车辆的运行。在另一方面，多样、多变、可定制的内饰外观设计也会基于强大的数据库而建立，最终推动未来汽车朝着个性化、智能化的方向发展。

6.1 未来的交通出行

6.1.1 未来的汽车出行

在未来的交通出行中，汽车仍然是很重要的组成部分。但未来的汽车，不仅是实体的钢板和零件，而是一个功能十分齐全、智能化程度极高的个人移动空间。

未来汽车是一个数据中心，可以接收来自周围环境以及相关服务机构的各种信息，为乘车人的出行提供更多便利。汽车可以实时接收天气和路况信息，为乘车人提供最佳的穿衣选择和出行路线选择；汽车可以接收各种新闻信息，并根据乘客的喜好为乘客提供对应的新闻播报服务；汽车还可以根据乘车人之前输入的日程规划，自动进行日程提醒；汽车也可以向数据平台传输汽车的各项实时运行数据，使数据平台对汽车实时监控。当汽车的运行状况出现问题时，数据平台可以通过传输数据的异常及时检测出汽车可能发生的故障并对驾驶员进行警示，减少事故的发生。同时，数据平台还可以通过对全市或者全区的汽车整体运行状况进行交通拥堵的预测，并提前采取措施进行疏导，减少可能发生的拥堵。

同时，未来汽车还可以实现自动驾驶，这样就可以在乘车人不适合开车的情况下代替其驾驶汽车，或者当汽车主动测量到按照现在的模式继续行驶会产生安全问题时，接管汽车驾驶，来保证驾乘人员的安全，同时还可以实现自动泊车等功能。汽车的自动驾驶也需要大数据的支持。例如，汽车可以接收附近路网的红绿灯情况，从而相应地调整车速，尽量减少汽车通过每个有红绿灯路口时的等待时间。汽车可以接收附近路网的拥堵信息进而在前方道路拥堵时提前自动选择其他道路绕行，还可以接收附近车辆的信息，实现对其他车辆的避让。汽车之间的信息交互可以解决当前城市中车流量较大的时候经常会出现的"幽灵堵车"问题。"幽灵堵车"是指在车流量较大时，因为车与车之间的协调不够，车流中只要有一辆车没有保持好车速和车距，就会造成连锁反应式的制动。但当建立起车辆和周围环境的联系后，每辆车都能实时监控周边车的车速、车距、轨迹等，在车联网这个总指挥下保持好车速和车距。这样，"幽灵堵车"将不复存在。

未来汽车功能会更加丰富，也将更具个性化。大量私人购买的汽车将会实现定制化，当今车身的制造都是利用模具进行生产，因此必须要进行同一种车身的大量制造才能降低成本。在未来，车身的制造技术将会更加柔性化，3D打印等技术的发展使车身可以不利用模具来进行制造，这样就为小批量个性化制造提供了条件。未来车身的外形将会根据车主的喜好进行定制，同时仪表盘的布置也可以根据车主的爱好进行改变。车主还可以选择更多的辅助设备来使汽车的功能更加丰富。线控技术的发展也使车身内部的空间更大，使车主可以有更舒适的驾驶体验。

6.1.2 未来的交通网络

交通网络是一个区域发展程度的标志之一。高速公路的建设，可以大大缩短两个区域内的通勤时间。铁路的建设可以加速区域内的货物的贸易交流，机场的建设可以加强与外界的沟通，交通网络的建设可以促进区域的发展。在过去的100年中，全球的交通网络建设都有很大的发展，使人们出行更加省时，不同区域货物的贸易更加方便。然而，如今交通网络仍然使用着传统的管理方式，随着交通压力的不断增加，诸如交通拥堵等许多交通问题正在变得越来越严重。解决这些交通问题，除了改善交通网络的硬件条件（加宽、新修道路等），还可以通过大数据技术改善管理方式来缓解这些问题。

1. 大数据方便个人出行

大数据将给未来的交通出行带来翻天覆地的变化。在未来，交通出行领域的信息处理已经不再局限于车、船、轨道、飞机等各领域分开单独进行信息处理，而是通过完善的空天地一体化信息网络传递各种环境信息、交通信息、物流人口流动信息等，并经过大数据平台的精确计算、判断，来选择最适合人们出行的路线和方式。例如：乘坐飞机出行时，在去机场的路上，甚至在出发之前，就能通过空天地一体化信息网络提前观测好大气环境数据，结合未来的降雨概率，以及周边区域道路情况等数据进行大数据分析，规划最省时的出行线路和航班，大大减少因为天气而产生的旅途延误耽搁。

2. 大数据改善交通管理

轨道、船舶、飞机等交通出行领域有大量的数据与车辆出行息息相关。静态数据方面，如行政区划、城镇居民点、资源分布、环保、水系等基础数据，如补贴机制、票价模式、班次运行计划、各项运行指标等标准规章数据；动态数据方面，如车务机务船务数据、交通工具运行数据、工务电务数据等专业数据，如客流数据、环境数据、安全数据等反映一定社会特征的数据。在仔细分析、计算的情况下都能对车辆的交通出行进行指导。例如，在将来，若在一段时间内高铁站接收到大量的客流出站数据，证明短时间内将有大量旅客需要从轨道交通转乘其他车辆交通方式，那么可以适当增加公交班次、出租车调度等，来缓解出站交通压力，减少等待时间；又如，机场收集周边汽车、轨道交通车辆测得的环境湿度、风速等数据，可以迅速计算出小范围区域内的天气变化情况，从而可以在恶劣天气产生变化时，及时、灵活地选择起飞时机，减少行程耽搁。

6.2 未来交通出行中大数据的分析与应用

大数据的技术与应用起源于快速发展的互联网。在 2000 年前后，互联网页面呈爆炸式增长，谷歌首先建立了世界范围的主页索引库，其搜索引擎提供的精确搜索服务，方便了用户使用互联网，奠定了大数据的技术基础。大数据的发展给世界带来了巨大的改变，掌握着数据就掌握着知识，掌握着巨大的价值。

通俗来讲，大数据分析就是将原始的极大量数据进行一系列的算法分析之后，从数据中挖掘出有用结论的过程。交通出行大数据与互联网大数据、金融大数据等传统大数据相比，具有其独特的"个性"。首先，交通出行大数据的特点是输入的持续性，即在分析阶段也有源源不断的新数据输入；其次，交通出行大数据分析具有反馈的即时性，不能像传统大数据分析那样可以将数据提取出来，耗时几个月甚至几年时间进行分析。例如，汽车的行驶状况关系到驾乘人员的安全，而且像路况信息、实时导航等内容都具有很强的时效性，不可能进行孤立、延时的计算分析。

这两个特点决定了交通出行大数据分析必定需要借助云技术，未来对数据的存储和分析不再是只能单纯地在某一特定的中央处理器进行处理，相反，随着服务器和云存储技术的不断成熟，数据的存储和分析将是随时随地的。而现在很多公司已经针对自身的数据平台，建立起了大数据实时分析模块，实现了实时分析功能，这些平台在不久的将来会更进一步地推广和深化。

那么，通过大数据分析出来的结果，又会有哪些结论和指导意见呢？会给我们现有的交通出行模式提出哪些建议呢？可以想象，其覆盖面将是出人意料的庞大，包括汽车生产、销售、售后，交通系统的调度以及交通设施的建设等。还可以通过数据预处理，识别出每个客户的详细信息，采集客户的网上行为数据，进行全网客户识别。比如通过分析某一款车车主的行驶路线和常去的目的地，便可以得出这款车车主的普遍爱好，继而了解到购买这款车的主流客户群体特征，为下一步营销做准备。下面就介绍交通出行大数据分析的几个未来应用设想。

6.2.1 未来汽车行业——以人为本

1. 汽车设计制造

传统的汽车设计制造几乎都是由整车厂负责进行，当然，大部分车身造型设计工作外包给了设计事务所。消费者在其中的参与度很低，大部分车型只能在购买时挑选颜色、选装配件，这远远无法满足个性化要求越来越高的社会需求。如同顶级的衣物定制品牌的意义，汽车厂家也可以利用大数据来设计更加贴合消费者对汽车性能、驾驶体验等一系列要求的汽车。

车型设计将不再局限于专家的思维。通过社交网站上展开的投票，例如福特公司开展的关于新车型选用手动行李箱还是自动行李箱的投票，就是很好的例子。这样的举动可以增加消费者的参与感，也可以充分了解消费者的喜好，让工程师对设计的把握度更高。

2. 汽车销售

未来的营销也可以做到对各种特定的客户群精心设计，通过分析事先搜集好的大数据，各个汽车相关产业链企业可以准确把握产品的潜在客户，以及这些客户的习惯爱好。除了客户喜欢的汽车特性参数（如空间、动力等）、汽车外形、汽车品牌等，还可以分析出客户最喜欢的营销内容与营销手段，把相同的产品"卖"出不同的风格，实现所有的营销都准确围绕消费者，精准营销，节约成本。

具体方法是通过过去各种车型或者品牌的买家数据，设定一些指标，例如年龄、家庭情况、收入等，然后通过大量的数据匹配来找出这些买家群体的特定爱好，在新车推广上就可以相应地侧重于拥有相似特点的客户，并且在之后的车型设计上也可以做与之相对应的改进。例如对同为豪华品牌的路虎与沃尔沃的买家调查，就表现出了非常有趣的结果。通过大数据研究显示，喜欢路虎的买家中高中以下学历者所占比例相对较高，而沃尔沃的买家群体中硕士及以上学历者占比则是第一。由此可见，同样是在高收入人群中推广，路虎和沃尔沃的营销策略就要有所不同了，要抓住自己的优势。在将来，通过大数据分析还能知道各种细分人群对于汽车的颜色、品牌、性能方面的独特爱好，使得销售方面的策略和行动更加准确积极，既减少了营销成本，也使消费者更容易找到心仪的车辆。

3. 驾乘感受

在汽车的使用过程中，消费者始终是处在至高无上的地位，未来的汽车就像是读取车主心理的庞大数据库，时刻为车主进行贴心的服务。例如，在汽车行驶过程中，通过以往的大数据分析，根据当前的环境状况和驾乘人员身体情况，时刻为消费者提供最适合的车内环境，包括音乐、温度、灯光、空气质量等。

云端数据可以根据每一位消费者的兴趣爱好和驾驶习惯，将大数据直接共享到整个汽车行业的各个领域，为消费者提供可定制的服务。汽车本身也是一个可以收发、存储和共享数据的移动终端，在人们驾驶车辆的同时，可以通过汽车上网收发邮件、处理事务或参与视频会议等，使汽车成为一个办公室管家。

在未来，汽车或许已经不是传统的交通工具，而是一个服务机器人，具有高度的人工智能化。这个机器人能随时听从主人的差遣，服务主人，也能协助主人管理各种事务，甚至可以做自我检查，自主预约修车时间，以及自动驾驶前往维修站进行维修。此外，在物联网的推动下，汽车和周围环境中的各种电器将建立密切的联系，共同为消费者营造一个舒适、便捷、高效的生活氛围。

而这一切，首先要充分利用获得的大量数据，利用机器学习等人工智能方法，使汽车具备像人一样思考的能力。

4. 售后维修保险

想必有车的人士或家庭一定对到 4S 店去做汽车保养和维修深有感触。一般修车流程是先检查，然后选择修车方式（或换或修），再进行修车处理。这个过程充满着漫长的等待，许多车主往往要为此耗费一天甚至更多的时间，汽车维修店本身的效率也较低下。此外，汽车维修行业还有一些诸如维修标准不统一、维修内容不透明、维修管理技术落后等诸多问题，也在制约着汽车维修行业的发展。

而在未来，这些问题都将得到改善。汽车将成为一个独立的数据分析处理平台，汽车对于自身的每个零部件状况都了如指掌，结合过往经验数据和当前的零件状况，加以强大的数据分析，每一辆汽车都能通过车载计算机分析出何时需要保养何种零件，并评估各个项目需求。这些需求将会第一时间发送给消费者进行确认，并根据消费者的收入、习惯以及车型配置，制定出完美的维修保养计划。

这些维修保养计划不仅会发到车主手里，也会发到对应的维修店。店家可以通过该信息提前安排好汽车维修时间，并提前准备好汽车维修所需要的工具、需要更换的零配件等，大大减少维修过程中的等候时间，也能很好地提高维修效率和服务质量。此外，汽车维修保养信息平台的建立还可以保障保养的质量和收费透明化。未来的汽车将记录所有的保养记录，对负责的保养人员与材料进行完整的存档，这样车主对汽车的所有保养项目就一目了然了，所有数据信息都将输入汽车系统，保有"证据"。而保养平台的公开推广，也将逐步推进维修保养价格的透明化。将所有保养价格与质量公开给每一位消费者与其他保养店铺，不仅使所有数据一目了然，也提高了维修保养店的市场竞争效果。

在大数据时代，各保险公司也将搜集保险理赔数据，与从其他平台搜集到驾驶员驾驶特性数据结合，利用复杂的数学模型，最终计算分析出客户风险级别，以此作为依据对客户的下一次投保进行灵活的处理，既为保险公司规避了风险，也在一定程度上督促客户谨慎驾车。例如，如果客户日常行驶数据中加减速的次数较多，加速度较大，则从一定程度上反映了该客户驾驶习惯比较激进，有可能具有较高的风险等级，那么在保费上就应该慎重考虑。

6.2.2 未来交通系统——智慧出行网络

现有的智慧交通系统是针对城市交通中出现的拥堵、停车设施供需矛盾突出、公交车和出租车服务与监管水平不高、机动车交通诱导水平低、交通设施管理水平不高、桥梁和路面技术状况监测力度不足等一系列问题，通过部署大量车载移动传感器网节点和路边固定传感器网节点，来建设一批基于物联网技术的智能交通业务应用系统。该系统通过对海量信息汇集、处理、分析、管理和服务的智能交通运输物联网综合处理，构建广泛互联的交通要素感知网络，实现更加丰富、更加准确、更加人性化的公众信息服务，形成一个智慧和谐的交通出行环境。

随着智慧交通的发展，以及计算机计算能力、存储能力的提升，大数据分析在智慧交通中将起到越来越重要的作用。综合考虑实时交通数据、历史交通数据、气象数据、社会媒体及活动数据、传感器数据等，通过轨迹挖掘、交通决策分析等，让交通运输系统具有感知、预测以及解决问题的能力，达到客运和货运的需求，最大化地合理分配资源。实时的交通环境、居民的生活习惯以及货物运输的稳定性与安全性也逐渐成为考虑的要素之一。交通引导从时滞性向实时性发展、从被动式向主动式发展，传统的交通信息发布方式如网站、广播、电视等缺乏个性化和针对性，在将来会逐渐被淘汰，取而代之的是一种主动交互的交通信息服务模式。在该模式下，交互平台每隔一段时间就将向车辆推送一次交通路况信息，

第 6 章
大数据分析在未来交通出行中的应用及发展前景

结合路段的速度、时间等信息进行融合，进一步提升交通路况信息的精度及覆盖面。此外，推送的信息还可以为驾乘人员提供特定的智能化应用和服务，根据不同时间和客户群体精准推送。

在信息时代，交通系统的运营和维护不再是只能依赖大量的交通警察在现实世界里来回奔波去维持，我们要做的只是一切交给数据，一切交给计算机终端。道路拥挤、交通系统运载能力不足是阻碍汽车发展的一大难题，大都市中常常出现的"惊天大堵"成为人们的噩梦。而大数据和车联网技术能从时间和空间维度提高车辆对周边环境的感知能力。在时间维度，通过互联通信，系统能够提前获知周边车辆的操作信息、红绿灯等交通控制系统信息以及气象条件、拥堵预测等更长期的未来状态信息。在空间维度，系统能够感知交叉路口盲区、弯道盲区、车辆遮挡盲区等位置的环境信息，从而帮助自动驾驶系统更全面地掌握周边交通态势。在出发或行驶过程中，如果驾驶员事先知道了每条城市道路的拥堵情况，则路线选择一定会比盲目凭借以往经验选择道路要好很多。

也许现有的一些软件已经部分实现了智能交通系统的某些特性，比如实时查看路况，了解拥堵情况，但是在新的智能路线的决策选择上，还是有很多驾驶员的主观因素。举个简单的例子，假设一条环路上显示的是较为拥堵，而市区道路显示的是通畅，那么这时候往往很难抉择：环路上并没有红绿灯，再加上宽阔的车道，其最终到达目的地的用时不一定比走市区通畅道路要长。未来的出行方案绝对不局限于了解每一条道路的拥堵情况，毕竟智能的路线选择才是智能出行方案的最终目的之一。在传感器高度发达的未来，将会有更多的路况信息传递到大数据云端，比如车流情况、车流速度、实时信号灯情况、周边环境影响因素乃至细微到通过车辆种类情况，再结合相同条件下的过往数据，精确计算出耗时最少的线路或是油耗最少的线路等，以供驾驶员选择。

同时，自动驾驶技术的发展也离不开大数据与车联网技术，汽车可以利用车联网技术收集周围汽车的运行信息以及周边道路的拥挤情况、红绿灯情况等，根据周围车辆的运行情况和道路环境决定是否超车、变道以及选择更合适的路线。车联网可以给自动驾驶汽车的决策提供更多的信息，使其能够做出更正确的决策，提高自动驾驶汽车的安全水平。

大数据影响下的智能交通系统，不仅仅缩短了驾驶员与乘客的出行时间，对于整个城市道路资源的合理利用、城市节能减排效果的提升也具有很大的意义。此外，交通事故发生时的救援车辆引导，给其余车辆传递避让信息，在挽救事故损失、争取救援时间方面也具有重要的意义。

将来智慧出行网络不再局限于汽车，而是构建海陆空一体的智慧出行格局。在上海，已经初步建立起了一个智能交通信息三级平台，其一级平台为综合交通信息平台，已汇聚道路交通、公共交通、对外交通、区县枢纽等各类交通数据 259 项，以及对1000条公交线路、11条轨道交通线路、700个营业停车场、2个国际机场、3座铁路客运站的线路分布、实时泊位、航班等动静态数据的收集。每年数据在线存储量8T，基本实现了2min更新一次的上海道路交通信息的采集、处理与发布。在未来，这些信息平台将更加贴近用户，除了基础信息之外，将提供更多的私人化服务。

下面以铁路运输方面的未来智慧出行为例。未来的铁路智慧出行服务，将从旅客踏出家门的第一时间就开始进行，直到旅客到达目的地的下榻地点为止，在各个环节都可以设定相应的服务项目。从出发阶段的专车接送、快速安检、智能候车，到车上根据旅客个人喜好制定的个性化服务，以及结合旅客身体状况和环境因素的贴心化服务，到站后的专人接送、快速出站服务，还有根据目的地城市的天气状况为旅客提供雨伞、口罩等关怀服务，让旅客的铁路出行全程无忧。此外，铁路公司将联合餐饮、酒店、旅游风景区等公司进行贴心的客运延伸服务，根据旅客的过往出行数据、个人喜好、到达时段以及评价，精准推送目的地相关服务信息，制定符合用户需求的延伸服务产品。

6.2.3　未来社会发展——国计民生

俗话说"要致富，先修路"，一个地区的交通基础设施的建设对于该地区的经济发展起到了重要的促进作用，交通设施通常被认为可以缩短城市间的距离，改善地区可达性水平，推动区域间经济、社会、文化等方面的相互作用和联系，进而提高区域的社会经济发展潜力及扩大经济活动区位优势。交通的繁荣与否影响着当地的人流量、物流量，而丰富的人流和快捷的物流无疑是经济发展的助推剂。从人口流动情况的大数据观察可以很直观地体会到区域经济发展的状况，人往高处走，人们总是乐于追逐更加美好的生活。

一则关于美国人口迁徙情况的大数据调查分析如图6-1～图6-3所示。图6-1中展露了人口迁移的起终点信息，根据线段的密集程度，可以分析出美国的东西海岸是人口迁移的重点地区，尤其是加州的洛杉矶、旧金山和纽约附近地区，线条十分密集。显然，这几个地区也是美国经济最发达、最繁忙的地区。

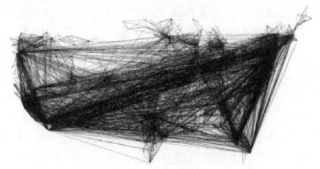

图6-1　人口迁徙数据原图

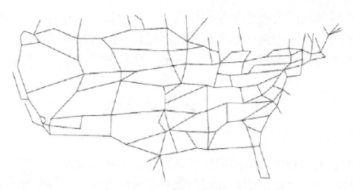

图 6-2　美国公路交通数据图

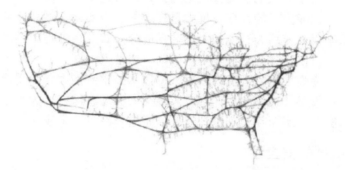

图 6-3　人口迁移与交通情况绑定分析图

将图 6-1 与图 6-2 结合得到图 6-3，将人口迁移信息与道路交通信息相结合进行分析，使得数据维度得到提升，数据内涵更为丰富。从图 6-3 可以清晰看出，东西海岸及南部的公路交通流量巨大，非常繁忙，而北部和中部的山地则线条稀疏，同样，经济发展迟缓甚至倒退的五大湖老工业区也不再有昔日的荣光。通过这一张图的分析，就能大致得出美国道路交通利用情况以及地区经济发展态势，为政府的宏观调控工作提供支援。

在未来，交通出行信息将不仅仅是人流量，信息维度将更加丰富，所能反映的问题也将更加精确。例如物流热度是根据物流业的基础设施建设程度和物流业务繁忙程度决定的，而物流企业的区位选择具有市场、服务对象等需求指向特征以及交通区位指向特征。引入物流热度信息，对不同尺度下物流热度分布特征进行分析，可以充分反映出区域经济实力与交通区位的差异，及时反映出物流业发展的区域不平衡，给政府提供大量的信息以及决策建议，来解决物流资源优化配置难度大、货流双向流动不平衡等问题，减少物流成本支出，从而提高经济发展效率。

此外，综合一段时间内的交通出行大数据，比如将人口流量、车辆流量、轨道交通流量、空港流量等大数据信息导入到云平台，进行缜密快速的计算，可以很快对交通出行领域配套设施的建设提出指导性意见，同时也可以形成周期性的数据统计报告，从宏观的角度严密观察社会运行和经济发展的状况，使得政府能够更加全面地掌握当前经济发展状况，也更加及时果断地进行调控。

6.3 未来新挑战

在未来的交通出行中，大数据技术将为智能交通的发展带来巨大的变化，这是由大数据技术的特点决定的。大数据能够及时地对交通大数据分析、处理，做出快速响应，从而帮助人们快速发现交通异常，方便交通管理。大数据技术具有高效率的数据挖掘能力，能快速发现大量交通数据中的内在规律，从而提高交通管理的运营效率以及道路通行能力。大数据的分布式并行处理能够对复杂的块表进行关联分析，可以支撑高并发多用户访问，帮助人们在交通紧急事件中快速处置、多方协作，提高数据处理能力。大数据技术的预测能力帮助用户预先了解交通拥堵情况，尽量避开拥堵路段，实时监控交通的动态运行。大数据技术能够有效地解决未来交通中所面临的难题，但是也面临着许多的挑战。

6.3.1 数据的安全性

科技发展日新月异，既诞生了像智能手机这样方便全人类的发明，也衍生出了电话诈骗、电话推销等诸多问题。未来的车载数据也是一样，既有着重要的使用价值，也会带来一系列的安全性问题。未来的车载数据盗窃会呈现出隐蔽性、快速性及随时性的特点，数据安全将成为汽车大数据应用的头等大事。

未来车载信息的覆盖面之广足以包括消费者的各种习惯、爱好和其他基本信息。相比手机信息泄露，车载系统被盗窃和入侵将造成更为严重的后果。车载系统首先包括了消费者经常出入的地点，例如上班地点、家庭住址、家庭成员活动地址等；使用汽车通话已经不是新鲜的技术，因此车载系统还包括了消费者与家人的联系方式；当然，未来使用汽车支付的场所除了收费站以外还将增多，因此账户信息也会存在汽车里；甚至还可以根据消费者的日程安排计算出消费者的喜好、购买力等，使汽车成为新一轮的垃圾信息推广的重灾区。

监管平台和监管条例还需要完善和改进。由于现行法律的滞后性，消费者在车辆上遗留的很多信息无法界定是否为隐私，于是许多车厂和软件平台在这样的灰色地带大肆搜集消费者的各项数据。如何界定哪些数据是可以获取的？车厂和企业如何保护消费者的数据？这些数据应该如何使用？现在还没有完善的法律法规体系来规范这些操作，也没有一个专业的监督管理部门来处理这些问题。这样就使消费者的数据处在一个无人监管的状态下，许多侵犯消费者隐私的行为无法从法律上加以制止，因此我们应当加快建立对消费者数据使用的监管机制，对车厂或者其他平台使用消费者数据的行为进行监管，防止有人利用这些数据进行非法的活动。

尽管可以预见大数据将给我们的交通出行带来诸多的便利，但是既往的教训告诉我们，科技发展其实是一把双刃剑。要扩大有利的那一面，防范不利的那一面，扩大优势，减少劣势。充分利用好交通领域大数据的同时维护好数据安全，任重而道远。

6.3.2 数据的复杂性

在未来的交通出行中，各种类型的信息都会被记录成为数据，包括驾车人的行为数据、天气路况、铁路车辆运行、航班运行信息等，这样就会导致数据量的急剧上升。同时，这些数据的种类也十分复杂，包括结构化、半结构化、非结构化数据，有数字信息、语音信息、图文信息等各种类型，平台需要对这些数据进行及时有效的接收和存储。这就对数据平台接收数据、存储数据的能力提出了挑战。平台需要有强大、可扩展的数据存储能力，才能应对大数据时代的挑战。

云存储是在云计算概念的基础上发展起来的一种新的存储方式，它是指通过网格计算、集群文件系统、分级存储等现有技术，将网络中大量的存储设备通过硬件/软件的方式集合在一起，并对外提供标准的存储接口，以供个人或企业调用并存储数据的存储方式。云存储对于使用者来说，不再是指某一个具体的设备，而是指一个由许多个存储设备和服务器所构成的集合体。使用者不是使用某一个存储设备，而是使用整个云存储系统带来的一种数据访问服务。相比传统的存储方式，云存储的出现使得一些企业或个人不需要购买价格高昂的存储设备，只需要支付较少的费用便可以享受近乎无限的存储空间。云存储对于没有足够能力搭建大数据平台但是却有数据存储需要的公司、机构来说是一个很好的服务。

但是数量的庞大不代表着质量的提高，在大量的数据中有许多是无用甚至错误的数据，对大量的数据进行数据清洗，得到需要的数据，也是我们需要解决的问题。

6.3.3 计算的复杂性

在未来的交通系统中，要想对大量的交通数据进行分析并得出相应的结论。需要进行复杂的运算。而且为了及时对交通系统进行调控，处理数据的速度要快，这就给交通大数据的计算带来了很大的挑战。

大数据计算不能像处理小规模数据集那样做全局数据的统计分析和迭代计算，由于数据量的庞大，在分析大数据时，往往需要重新审视和研究它的可计算性、计算的复杂性和求解算法。大数据样本量巨大，内在关联密切而复杂，价值密度分布很不均匀,这些特征对建立大数据计算方法提出了挑战。例如,对于PB级的数据,即使只有线性复杂性的计算也难以实现,而且,由于数据分布的稀疏性,许多计算可能都会成为无效运算。

大数据计算本质上是在给定的时间、空间、计算条件的限制下,如何实现"算得多",即分析出尽可能多的交通系统的信息。从"算得快"到"算得多",考虑计算复杂性的思维逻辑有很大的转变。所谓"算得多",并不是计算的数据量越大越好,而是需要计算出尽可能多的有用的结果。需要探索从足够多的数据,到刚刚好的数据,再到有价值的数据的按需约简的计算方法。近几年自动驾驶汽车取得重大进展就是很好的案例。

6.3.4 系统的复杂性

交通系统大数据对计算机系统的运行效率和能耗提出了苛刻的要求,因为交通系统大数据分析需要消耗巨大的计算机软硬件资源,所以需要对处理系统进行优化。大数据处理系统的效能评价与优化问题具有挑战性,不但要求理清交通系统大数据的计算复杂性与系统效率、能耗间的关系,还要综合度量系统的吞吐率、并行处理能力、作业计算精度、作业单位能耗等多种效能因素。

针对大数据的价值稀疏性和访问弱局部性的特点,我们需要研究大数据的分布式存储和处理架构。

在大数据应用中,计算机系统的负载量发生了本质性变化,计算机系统结构需要革命性的重构。信息系统需要从数据围着处理器转变为处理能力围着数据转,关注的重点不是数据加工,而是数据的搬运;系统结构设计的出发点要从重视单任务的完成时间转变到提高系统吞吐率和并行处理能力,并发执行的规模要提高到10亿级以上。构建以数据为中心的计算系统的基本思路是从根本上消除不必要的数据流动,必要的数据搬运也应由"大象搬木头"转变为"蚂蚁搬大米"。

大数据技术在管理未来交通系统方面还面临着许多挑战,但是随着大数据研究的进一步深入,相信这些问题最终都能够得到很好的解决。未来交通将成为大数据驱动下的智慧交通系统。

参 考 文 献

[1] 何蔚. 面向物联网时代的车联网研究与实践 [M]. 北京：科学出版社，2013.

[2] 徐晓齐. 车联网 [M]. 北京：化学工业出版社，2015.

[3] 王翠，蔡呈祥，徐晓峰，等. 浅谈车联网在汽车上的应用[J]. 汽车电器，2016（10）：11–14.

[4] 张翔. 智能汽车及车联网市场研究 [J]. AT汽车制造业—汽车及零部件，2012（06）.

[5] 潘鸣宇，张禄，孙舟，等. 电动汽车领域的大数据处理与分析 [J]. 电气应用，2016（9）：25–29.

[6] Pang-Ning Tan, Michael Steinbach, Vipin Kumar. 数据挖掘导论 [M]. 北京：人民邮电出版社，2011.

[7] 韩家炜. 数据挖掘：概念与技术（英文版·第2版）[M]. 北京：机械工业出版社，2006.

[8] 张良均. 数据挖掘：实用案例分析 [M]. 北京：机械工业出版社，2013.

[9] 周英，旧金武，卞月青. 大数据挖掘：系统方法与实例分析 [M]. 北京：机械工业出版社，2016.

[10] 田大新，王云鹏，鹿应荣. 车联网系统 [M]. 北京：机械工业出版社，2015.

[11] 王震坡，孙逢春，刘鹏. 电动汽车原理与应用技术 [M]. 北京：机械工业出版社，2014.

[12] 任磊，杜一，马帅，等. 大数据可视分析综述 [J]. 软件学报，2014（9）：1909–1936.

[13] 曹芳宁，李易. 互联网+汽车：人类终极的移动空间 [M]. 北京：电子工业出版社，2016.

[14] 李得伟，张天宇，周玮腾，等. 轨道交通大数据运用现状及发展趋势研究 [J]. 都市快轨交通，2016，29（6）：1–7.

[15] 耿庆田. 基于图像识别理论的智能交通系统关键技术研究 [D]. 长春：吉林大学，2016.

[16] 傅颖勋，罗圣美，舒继武. 安全云存储系统与关键技术综述[J]. 计算机研究与发展，2013，50（1）：136–145.

[17] 孙涛. 汽车维修行业发展现状、问题及对策 [J]. 长江大学学报（社会科学版），2012，35（5）：79–80.

[18] 彭俊杰. 基于数据挖掘技术的汽车保险理赔风险控制研究 [D]. 长春：吉林大学，2014.

[19] 顾成杰，江同洋，潘鑫. 基于业务感知的空天地一体化信息网络流量分类技术 [J]. 中国电子科学研究院学报，2015，10（5）：485–491.

[20] 王雅琼，杨云鹏，樊重俊. 智慧交通中的大数据应用研究[J]. 物流工程与管理，2015（5）：107–108.

[21] 王少华，卢浩，黄骞，等. 智慧交通系统关键技术研究 [J]. 测绘与空间地理信息，2013（s1）：88–91.

[22] 刘源. 智慧出行：基于位置的个性化交通信息服务 [J]. 上海信息化，2012（8）：56–60.

[23] 陈博文，陆玉麒，柯文前，等. 江苏交通可达性与区域经济发展水平关系测度——基于空间计量视角 [J]. 地理研究，2015，34（12）：2283–2294.

[24] 聂俊岚，辛姝悦，张继凯，等. 一种改进的地理交通信息热图可视化方法 [J]. 四川大学学报（工程科学版），2015，47（4）：118–124.

[25] 李国旗，金凤君，陈娱，等. 基于物流热度的中国物流业空间格局 [J]. 地理科学进展，2015，34（5）：629–637.

[26] 杨静，张晓，王立群. 大数据技术在智能交通中的应用研究 [J]. 科技风，2015（19）：110–110.

[27] 李国杰. 对大数据的再认识 [J]. 大数据，2015，1（1）：1–9.

[28] 孙小红. 车联网的关键技术及应用研究 [J]. 通信技术，2013（4）：47–50.

[29] 董锋格，孙晓佳，张立. 车联网技术发展与趋势 [J]. 汽车零部件，2016（5）：90–91.

[30] 日志采集系统 [EB/OL]. http://www.cnblogs.com/Andon_liu/p/7508107.html.

[31] 数据可视化、信息可视化、知识可视化三者的区别和联系 [EB/OL]. http://dataunion.org/3554.html.

[32] 哈希值 [EB/OL]. https://baike.baidu.com/item/%E5%93%88%E5%B8%8C%E5%80%BC/5896926?fr=aladdin.

[33] 李红松，邓旭东. 统计数据分析方法与技术 [M]. 北京：经济管理出版社，2014.

[34] 周英，旧金武，卞月青. 大数据挖掘：系统方法与实例分析 [M]. 北京：机械工业出版社，2016.

[35] Zhao Y, Liu P, Wang Z, et al. Fault and defect diagnosis of battery for electric vehicles based on big data analysis methods [J]. Applied Energy，2017.

[36] Hong J, Wang Z, Liu P. Big-Data-Based Thermal Runaway Prognosis of Battery Systems for Electric Vehicles [J]. Energies，2017，10（7）：919.

[37] 冯红晶. 基于VSP的山区高速公路商用车油耗计算模型研究[D]. 西安：长安大学，2016.